天下文化 豐富閱讀世界

像什麼事都沒發生過似的，
我，還是個孩子，
沒有戰爭、沒有黨派鬧事，
我沒有坐牢，
我的光明前途並沒有失去，
但是，一切，已不是過去
——但是，必須過去。

●那年，我十八歲，與張雁（左）相戀，沈浸在青春和愛情的甜美中。

●1945年我（前排左二）自四川國立劇專畢業，五年勤讀，奠下我的戲劇藝術生命。

●二十二歲的我。

●1947年在南京演出舞台劇「夜店」，我（左）在當中反串小流氓，旁邊是劇專同學姚思誠。

●十六年的中廣歲月，我輝煌的生命在此度過。（本圖為中廣舊址新公園）

●中廣節目部主任邱楠（左）與我（右）。是他的邀請，使我進入廣播界的。

●除了擔任中廣導播之外，我（最左）也是中廣劇團的導演。這是當年我指導劇團排演的情形。

●中國小姐劉秀嫚（中）播演「第二夢」，我（右）在一旁協助，左後方是我的學生劉引商。

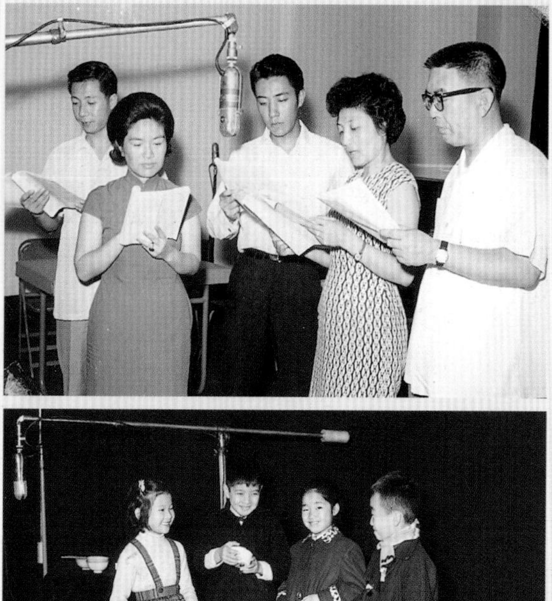

●香港電影明星楊群（中）來台參與廣播劇播演。（左一）李汝明、（左二）白茜如、（右一）王孫、（右二）趙雅君，均是優秀的播音人才。

●為求真實精緻，我也邀請小朋友來參加播演。

●一次又一次的排練，演員們最期待我的這個「OK」手勢。

●「小說選播」節目選播「紅樓夢」時，我（左三）特別赴中研院請教胡適先生（後排右三），同行的還有邱楠（後排右二）、王鼎鈞（右一）及王大空（左二）。

●這是我在「千金丈夫」中的扮相，我的第一部電影。

●我（中）與小丁皓（左）、唐菁（右）在「懸崖」一片的定裝照。

●白馬上，我戴著新疆小帽，在新竹拍攝「馬車夫之戀」外景。

●「街頭巷尾」一片深刻描述底層百姓的苦樂，我（中）在片中飾演一個守著孫兒過活、仍慷慨助人的老奶奶。右邊是名台語演員胖哥，左邊則是楊凡。

●1959年我以「懸崖」一片，獲得第六屆亞洲影展最佳女配角銀鑼獎。

●同年，童星張小燕（左）也獲得銅鑼獎，因此有人建議我們倆乾脆合作一齣戲叫「兩小無猜」。

●（左起）崔福生、導演李行與我，在「貞節牌坊」的拍攝現場。

●我（右）的皇后學生白蘭（中）來影棚探班，左邊是柯俊雄。

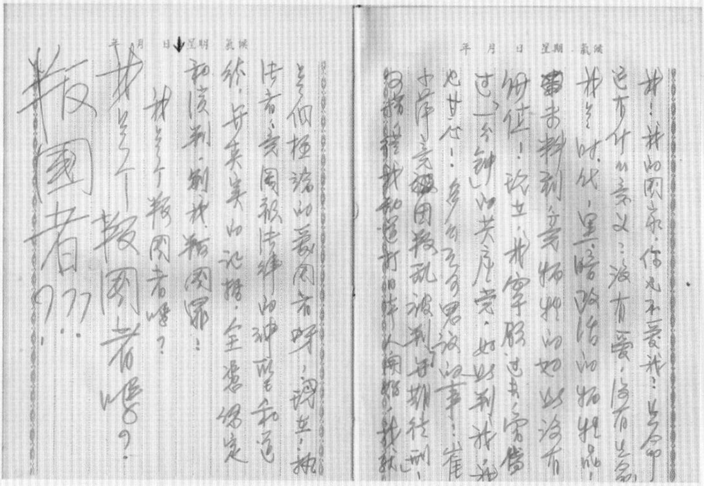

●1968年調查局誣告我叛亂，一審竟判無期徒刑，我用紅筆寫下悲憤，然而，存留在心中的血淚豈止這些。

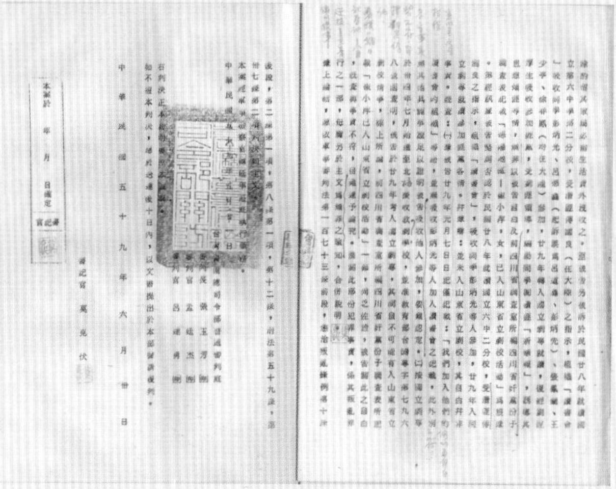

●二審覆判判刑十四年，我的事業與愛情因之毀滅。

●圍牆內，小橋樓亭花海繽紛，時光彷彿靜止，人兒也不顯老。

●我囚禁在仁愛莊時的愛貓BB。

●在仁愛莊，一群可憐的男孩女孩們參加歌詠比賽，由我（前排最左）指導。（為保護其他受刑人，本圖片經過特別處理）

●1977年我獲得減刑出獄，二十一年後，中廣為我舉辦「風華再現」記者茶會，並邀請我執導「經典劇場」。（羅錦昌 攝）

●1999年我（右二）在中廣「經典劇場」改編戲劇大師曹禺名著「原野」，過去合作過的好朋友（左起）尹傳興、白重光、王玨、王孫、王玫、毛威、張文靜，再一次齊聚在空中。（羅錦昌 攝）

●2000年我獲得廣播金鐘獎終生成就獎，陪我走過苦難歲月的摯友們，笑中帶淚。

十年冤獄，二十幾年失業，我並沒有失去活著的勇氣——
因爲一雙有釘痕的手總是在托著我；雖然傷痕累累，
但是仰望雲天，仍然充滿希望！

社會人文 ⑯⓪

封面設計／沈月蓮

天鵝悲歌

資深廣播人崔小萍的天堂與煉獄

崔小萍　著

序

崔小萍編導，必屬好戲！

——兼記《天鵝悲歌》出版的一段因緣

張作錦

高希均教授不久前告訴我，他到一所國立大學向數百位學生演說，提到方勵之、雷根的名字。他要求學生，知道這些人是誰的請舉手。結果，舉手的人寥寥可數。是歷史流動得太快，還是現代人有意迴避歷史的荒謬、失序與不仁，因而不願記憶與回顧。如果青年人連方勵之、雷根這些「熟人」都不知道，當然更不會知道崔小萍。其實崔小萍像方勵之和雷根一樣，都應在這一代中國人的生活中留下一個印記。在台灣，若不提崔小萍，這五十年的日子就連串不起來。

民國四十年代，島上唱著「八百萬軍民煉成鋼」的「愛國歌曲」，八百萬軍民的士氣也許不低，但生活水平卻相當低。多數人家裡沒有電話，沒有電扇，燒煤球，水果是奢侈品，看電影是件大事。唯有在星期天晚上，大家搬個板凳，圍坐在

操場上、院子裡、走廊上，守著一架老舊的收音機，聽中國廣播公司每週一次的廣播劇。當收音機流出「崔小萍導演，李林配音，于恆報導……」，以及演員王玫、白茜如、趙剛、白銀這些熟悉的名字，聽眾們鴉雀無聲，心情隨著劇情起伏轉化。一個小時過去，全劇結束，大夥或歡笑、或惆悵、或沈思，相互討論一會兒故事情節，隨即回房就寢，準備明天起再努力工作一個星期。

民國五十七年的某一天，這種規律、平淡但有味的日子，忽然中止，因為崔小萍「不見了」。沒有她，當然就不再有廣播劇。慢慢地，社會上有了傳聞，崔小萍是「匪諜」，被抓起來了。在「白色恐怖」年代，這種事常有，外人不能問，也無處可問。

民國六十六年，被判無期徒刑的崔小萍，被減刑，放出了監獄。這時候，新一代的台灣居民是看彩色電視長大的，遙控器上可轉出上百個頻道，有「家庭劇院」設備的人家比比皆是，誰還會想到廣播劇？誰還會注意崔小萍這個人又重回人間？

民國九十年一月間，我忽然接到一位陌生女子的電話：「我是崔小萍。」乍聽到這個名字，眞有點意外；曾經那麼熟悉，又感覺那麼生疏、遙遠。她說，她寫了一本回憶錄，希望某家公司替她出版。那邊她沒有熟人，知道我有些淵源，希望我

能幫忙。感於她對一位素昧平生者的信託，我立即替她接洽，對方因爲當時沒有出版這類書的計畫，婉謝了。我又把稿子推介給「天下文化」，高希均教授毫不介意他是「第二選擇」，一口答應：「崔小萍的自傳，好啊！可以補上這段歷史的空白。」

幾天後和崔小萍女士見了面，我一眼就認出了她，她正是我想像中那個模樣：敏捷、健談，也誠懇。坐了十年冤獄，卻一點不憤世嫉俗。她愛這個國家，愛台灣這片土地，只希望今後沒有暴力，沒有迫害，人人都有免於恐懼的自由。她要求大家都不要有恨，因爲愛和恨不能並存。

所以，崔小萍也原諒了陷害她的那些人。八十九年廣播金鐘獎頒給她「終生成就獎」，她在致詞中說：「我在台灣度過五十幾年的時間，從年輕到今天的白髮。五十幾年的歲月，有甜有苦，風風雨雨，就像廣播劇一樣，仍然感到無限的甜美。……雖然我被誣告陷獄近十年，失業將近二十幾年，但是我沒被那股惡勢力打倒，因爲我有信、望、愛的支持，我心中有喜樂……，我原諒那些陷害我的人，因爲他們不知道他們犯了什麼罪。」

《天鵝悲歌》是崔小萍前半生的總結。憂患苦樂，都成過去。崔小萍的心此時

已經「淨空」，騰出了位子，才能裝更多的好東西。以她的堅忍、智慧和閱歷，另一半人生可以更充實、更美、更有意義。

接受「終生成就獎」的那天晚上，她問朋友們：「這是不是我的最後一場戲？」朋友們齊聲回答：「不是，還有更精采的在後面！」

和崔小萍「一同走過從前」的那一代人，就像當年星期天晚上屏氣凝神所等待的一樣，他們相信：崔小萍編導，必屬好戲！

（本文作者為《聯合報》社長）

自序
我不再哭泣

崔小萍

當你翻閱這本書的時候，也許你會想：這個作者是個什麼樣的人？這本書的內容是什麼？是寫歷史嗎？還是個人的羅曼史？這些，你必須「看」了以後，才知道這本書所寫的是一個眞實故事——True Story！也許你不明白書裡所指的「白色恐怖時期」是怎麼一回事，事實上，有多少人在那個時期，喪失了性命、名譽、家產，喪失了無法挽回的一切！雖然這已是前一個世紀的事，但是，受過冤的人傷口仍在流血。

這本書的作者，崔小萍，曾經在這個島上荒蕪的藝術土地裡，獻出了她藝術的生命。後來，因爲國共兩黨的鬥爭，她被誣告爲「叛亂犯」，入獄十年，這是在所謂「自由中國」，一個藝術工作者所受到的政治迫害，因爲她來自那個古老的中

國。

在山東省濟南市，她有一個溫暖的家。就在一九三七年，當日本帝國主義侵略者占據該市的前夕，她隨兄姐逃至他鄉，因為日軍燒殺淫掠的獸行是全亞洲聞名的，近三十萬人被屠殺，雖然至今日本仍否認。她在八年抗戰時期，完成了她的戲劇藝術的學業。一九四七年，她參加了一個母校劇專的同學們所組織的戲劇團體，來台巡迴公演舞台劇，在台北中山堂演出多部大戲，都由她擔任女主角。就在一九四九年，大陸變色，兩岸隔絕，她也無法回到她生長的地方。

從梳著兩條長辮的女孩子，到如今滿頭銀髮，她，已經在這塊土地上活過半個世紀，她沒有放棄她的所學，她散播戲劇藝術的種子，致力在大專院校戲劇系中教學。當年，一個偶然的機會，她被一位知人善用的長者聘為台灣中國廣播公司的導播、廣播劇團的導演，培植廣播劇的種子，在台灣扎根。一九四九年跟隨國民黨政府撤退來台的軍民，多數是貧困的，收聽中廣的廣播劇是他們一週中唯一的娛樂，也是最大的安慰！「崔小萍導演、李林配音……」，這段廣播劇的前奏，幾乎變成了口頭禪。老老小小的聽眾都會記得，每個星期日的夜晚，他們一家老小守著一架破舊的收音機，聆聽劇中喜怒哀樂的故事。崔小萍在中廣，無怨無悔地工作過十六

年，突然，有一天，她的聲音、她的名字在廣播網上消失了……。

誰也不知道她到哪兒去了，誰也明白她「失蹤」了，誰也不敢說，那就是白色恐怖時期的社會現象，謠言滿天飛！因爲，在當年的「反共抗俄」時期，人人都要注意：「小心，『匪諜』就在你身邊！」在「懲治叛亂條例」的法條中，凡是被抓到的人，無一倖免，軍法獨立審判，無證無據仍然能判個無期徒刑。她，崔小萍，就是在幾十年前的四川初中學校裡，因爲演戲得罪了幾個國民黨的職業學生，名列一紙黑名單之上，就使她陷獄十年！罪名是說她在十四、五歲時，做了什麼，犯了什麼……；都已經過去了三、四十年，她如何辯駁自己當年沒做什麼的證據？於是，被判定是「叛亂犯」！多少無辜良民，當年就是如此失去自由，這就是白色恐怖！

沒失掉過自由的人，不知道自由的可貴！沒受過刻骨刺心痛苦的人，不懂得長夜哭泣的滋味！失掉過生命的人，才了解生命之可愛！那就是「活著」！

一九七七年（民國六十六年），她被減刑，出獄。

十年冤獄，二十幾年失業，她並沒有失去活著的勇氣——因爲一雙有釘痕的手，總是在托著她，帶她走出幽暗的蔭谷，使她躺臥在青草地上，使她安歇在水

邊；雖然傷痕累累，但是仰望雲天，仍然充滿希望！

基督耶穌說過：「……一粒麥子不落在地裡就死了，仍舊是一粒。若是死了，就結出許多子粒來。愛惜自己生命的，就失喪生命，在這世上恨惡自己生命的，就要保守生命到永生。」（〈約翰福音〉第十二章第二十三～二十五節）

❖

事隔三十幾年以後，我出版這本書，只是摘要地記載在那個危險時代，我所受的損傷和侮辱而已。即便是控訴的話，也無法補償我所失去的一切！關於獄中日記部分，在獄中所遭受的是眞實的記載，現在寫回憶，有時會有現在的感受，在重抄時寫出當日的心情，所以請讀者看書時，要了解時空的轉換，昔時、今日不同的筆調。特別聲明的是，本書中所提到的名字，也許是「你」，請您原諒，因爲它是個事實，無法泯滅。

很謝謝您買我的書。

二〇〇一年復活節

天鵝悲歌

目錄

資深廣播人
崔小萍的天堂與煉獄

第一篇
廣播人生

天鵝悲歌

第三篇 冤獄十年（1968～1977） 255

編者按：

本書為崔小萍女士自傳，收錄崔女士自一九四七年來台至今，歷經廣播、電影以及冤獄等三個人生的高峰與低谷。由於作者整理寫作時間歷時三年，並引用大量的新聞報導、文章、劇本、日記，致使內容時空今昔交錯，為尊重著作之原創性，編輯均予以保留。

另外，為幫助讀者了解當時的人事物背景、大環境變換之梗概，本書紀年以西元為主，民國為輔；並增加注解於相關處。

「崔小萍導演、李林配音……」
這段廣播劇的前奏，幾乎變成了口頭禪。
老老小小的聽眾都曾記得，
每個星期日的夜晚，一家老小
守著一架破舊的收音機，
聆聽劇中喜怒哀樂的故事……

第一篇

廣播人生

一九四一年十二月，美日兩國正在設法促成談判、停止戰爭之際，日本飛機偷襲珍珠港，造成美國海軍基地損失慘重，又在中途島以自殺飛機狂炸美國艦隊；因此，逼得不想參戰，只想做和事佬，不願犧牲子弟上戰場的美國站出來，羅斯福總統宣布與英、俄兩國結盟，共同來制裁瘋狂進攻歐洲的希特勒，以及在東南亞戰場燒殺淫掠、無人性的日軍。一九四五年，美國在日本的長崎、廣島投下兩顆原子彈，終於迫使日本無條件投降，結束了第二次世界大戰，也使中國慘痛的八年浴血抗戰獲得勝利。

那年八月，我在四川江安，國立戲劇專科學校五年畢業。

「勝利」來得太快，戰時生活雖然艱苦，卻不覺得日子難過，勝利後反而覺得眼前落寞一片，因爲家鄉的雙親已逝，已無家可歸，何去？何從？幸好，學校劇團邀我加入工作，離開了學校還能有立錐之地，不愁衣食，但是，如無機會出國深造，就不得不依靠劇團做一個「職業演員」了。

一九四七年六月，劇專劇團和學校相繼從四川復員南京，我在上海與男友雁子（張雁）相聚，在南京又和久別的童年好友S重逢。本來應該是一齣喜劇，S以小萍的長輩身分來參加我的婚禮，但他變成了「第三者」之後，三個人的團聚，最後竟

是各自分飛。

雁子當時已是電影明星，在上海拍片很忙；而S居住南京正在辦理「傘兵退役」，他一身像美國大兵般的外表，就連劇專劇團的同學們，對他也是「另」眼相看。他們並不知道我們小時候在家鄉的故事，以爲我是移情別戀。但S一直是一往情深，他對這個由「小妹」長成大姑娘的人不能掩飾的愛戀，使他很痛苦。我的男友雁子更不諒解，他認爲這位「外來者」破壞了他和我六、七年之久的情誼。

爲了割斷這條情絲，S遠航去了台灣；而雁子和我在冷戰中，我飛去蘭州，和我哥哥崔超演了「秋海棠」舞台劇，住在蘭州兩個月。

一九四七年十月，我自蘭州回到南京，接到同學劉厚生的一封信，說現在他們電影公司正在休假，組織了「上海觀眾演出公司」（簡稱「觀眾公司」），將去台灣，爲那兒的糖廠做巡迴公演。他問我是否願意參加？我的情感正值低潮，當然喜歡到陌生的地方去玩玩！那時，台灣剛剛光復，從日本帝國占據了五十年之後，回歸中華民國政府。我告訴劉厚生，如果張雁參加，我就不去，他回答張雁拍電影，不能去。年輕的個性，眞是有滿腹「初生之犢不畏虎」的衝勁兒，而沒有古人所教育我們的「三思後行」之美德。

於是，我到了上海，和觀眾公司的同學們會合，一行人將在次日晚上登船。那晚，我借住電影廠的宿舍，當然也看見了張雁。經過半年多的冷戰，誰也不服輸，誰也不認錯；兩個人就在長夜痛苦的哭泣之後，第二天上午，我在宿舍門前看著他離去拍戲，沒說「再見」。傍晚，我登上停在黃浦灘碼頭邊的華聯輪，他也沒來送行。就是如此「一」別，再見面已是半個世紀以後，海峽兩岸變成了「兩個國家」；而我們也都白了少年頭，碎了的心永遠無法修補。正像有一首歌：

時光一去永不回，
往事只能回味。
憶童年時竹馬青梅，兩小無猜，日夜相隨。
春風又吹紅了花蕊，你已經也添了新歲，
你就要變心像時光難倒回，我只有在夢裡相依偎。

1. 候鳥南飛

愛情的夢碎了，似乎心也碎了，我懷著一顆受傷的心，踏上這個像是異國的土地——台灣。她曾被敵人日本國占據了五十年，空氣中散發著日本人的氣味，景象也是日本人的，晚間踢踏的木屐聲，正像是從前統治者的腳步，響徹夜空。

台北的街市是昏暗的，路燈很少，對面不見來者，窮苦的同胞們只能有一套破布衫可以蔽體。日式房屋的拉門、破爛的矮圍牆、荒棄的家園，那時我不清楚台灣同胞在日本人的高壓下是怎麼生活的？因爲，我正年輕，歷史的眞相還弄不清楚。我只想，自己在這座島上是一個過客，等觀光了全島之後，我就會回到我原來生長的地方。

然而，意料不到的，是捉弄人的命運。我剛到台灣的時候，還是梳著兩條長辮的少女，現在，我寫這部回憶錄時，卻已是白髮滿頭的老人了。在這座島上，我成

了連續劇的主角、廣播劇中的「名人」。走過五十幾年的歲月，風風雨雨、甜甜苦苦，在大風大浪裡浮沈，被惡人推下了牢獄，我竟然又活了過來，我自己也以為不可思議！但是，我活著，仍是要繼續受苦嗎？不，時光雖然一去永不回，但我覺得，我「活」得很有意義！

就從「上海觀眾演出公司」到台灣以後的情形說起吧！

「上海觀眾演出公司」是由劇專學校前後期同學們所組成的，前幾屆畢業的學長包括名演員耿震、沈揚、陽華。嚴格說起來，論畢業屆數，我是屬於第六屆；論劇校改制後，我則是屬於第一屆。因為我在校五年，在江安同過校的同學大多結識我；但我卻對後屆的同學多不相識。

一九四七年，應該是十月十六日吧？又是一個黃昏，我們在基隆港下船，站在碼頭上，初識被日本占據了半個世紀的台灣，緊接著，就是把身上從大陸穿來的寒衣從棉、裌，脫到只剩一件襯衫、一條長褲，才知道台灣是一座在亞熱帶的島，沒有冬天。再來是吃大批的香蕉，大陸南方雖然也生產香蕉，但沒有台灣的香甜。

小時候，我曾吃過山東各地生產的上好水果，像煙台的蘋果、洛菱的棗兒、肥城的肥桃、青州的甜瓜、萊陽的梨，還有大粒的櫻桃，全都是我爸爸每次從外地買

回來給我這個小女兒享受的。但是，山東不出產香蕉，他沒辦法買得到；山東也不出產橘子，他就拜託朋友從日本帶來一種很甜的小橘子，名叫「金錢橘」。九九登高時，爸爸還會買給我像飯碗大的柿子，我記得好像叫「荷柿」吧。家裡除了媽媽，一姐一兄都寄宿在學校，而媽媽不愛吃水果，因此，我可以獨享各種名產水果。

在我的童年裡，有享不盡的父愛，更有享用不盡的水果大餐。

觀眾公司一行人從基隆乘汽車到了台北，第一個落腳的地方是仁愛路三段中國廣播公司（簡稱中廣）宿舍旁邊的大院子，那裡有一個大廳，聽人家說那是以前日本皇軍軍官們的俱樂部，地板上鋪著草墊子，後來才知道那叫「榻榻米」。男團員睡在大廳，女團員則住在院旁的幾間小屋裡。當年，爲什麼會住在中廣公司的後院？我不清楚，聽說是有一位中廣公司的記者負責接待觀眾公司，因此第一站就在那兒落腳了。可是，我自己也不曾料到，多少年後，我竟在中廣成爲廣播劇導播，工作了十六年之久，而且還在那個後院的宿舍裡住過一段時間，自己更忘了那間三個榻榻米大的小屋，就是我初來島上住宿過的。

現在，那間大廳已分隔成幾個小室，供單身人住宿，而昔日日本皇軍的俱樂部

也改成中廣工作人員的食宿之地了。當中廣大樓蓋起來的時候，從前那些辛勤工作者所獻出來的血汗，誰還會記得呢？

後來觀眾公司包租了一家小旅館，地點是在「艋舺」（現改名「萬華」）。全團的食宿、行政、排戲都在那個小旅館裡進行，請了一個廚師負責伙食。小旅館附近有一個夜市，燈火點點，每在排戲後，或是演完了戲，團員們便在那兒吃宵夜。記得我愛吃的是「當歸鴨」——從前，在我們家沒有什麼「藥罐子」，我從沒聞過中藥的味道，只有在我小學畢業時忽然得了一種疹子，西醫不能治，媽媽只得去請中醫，使我喝下一大海碗黃湯，疹子全消，病了一個多月，最後竟把畢業考給耽誤了。雖然經過補考，卻忘了去拿回畢業證書——當年的小旅館四周飄散著當歸香，我每晚都忍不住去吃一碗解解饞。

◎中山堂大戲

觀眾公司來台演出的第一齣戲是「清宮外史」，楊村彤老師的著作，劇場在中山堂。中山堂是當年台北唯一的會堂，日本占領時開會的地方，國民政府光復台灣以後改名為中山堂。

「清宮外史」是觀眾公司在上海排好的戲，沒有我的角色，我只有提提燈籠演個宮女，再來就是排隊聽戲看戲的份兒了。但是，我記得在排演時有一個「龍柱子」道具，斜砸在我的頭上，這是不是「不吉之兆」？因爲當時年輕，摸摸頭覺得沒出什麼毛病，事後也就忘了。

有關觀眾公司行政方面的計畫，我都不清楚，也沒資格去過問。「清」劇演畢，有一部分演職員有事先回上海，後來繼續排演的幾齣大戲都選我做女主角，如「岳飛」劇中的王夫人（秦檜之妻）；「續弦夫人」的夫人；「萬世師表」的師母爾媃；只有在「雷雨」一劇中，我飾演四鳳的母親魯媽。每一個角色年紀不同、身分不同、知識教育程度不同，因此，對於我所學的表演藝術是一大挑戰，但那時，我抱持著哪一種角色我都能嘗試去「演」的心情，所以並不害怕；一旦上了舞台，除了「劇中人的生活」，我自己的私生活、個人的情感問題，全都忘在腦後。

觀眾公司在中山堂的幾齣舞台戲，應該說是很轟動，雖然當年的台胞不懂「國語」，但是由於劇情生動且與歷史相關如「岳飛」，他們多半都能了解，觀眾公司還加譯了日文的說明書輔助。記得「萬世師表」上演時，招待台北各學校師生觀看，整個中山堂座無虛席，走道上擠滿了或坐或站的觀眾。當耿震（飾教授）、我（飾

師母）從台下走上舞台，參加老師和學生們組成的表揚會時，那眞是台上台下歡聲雷動，觀眾和演員沈浸在戲劇中渾然忘我，大家都爲那位教育家喝采，他不畏強權，不怕日本人的欺壓，決心帶大批學生走出淪陷區，在自由的大後方重新建校，培養中國的新生代。我現在回想，張駿祥老師當年編寫這個劇本時，是否有《聖經》舊約裡摩西帶領以色列人走出埃及的意念？然而，他自己卻沒走出大陸，文革時差一點被紅衛兵清算掉。

一九四七年十月至一九四八年，觀眾公司的確在台灣掀起一股戲劇藝術的巨浪。當年在台灣執政的魏道明主席、警備總司令鈕先銘、新聞處長林紫貴，都熱情歡迎觀眾公司來訪，曾在台北賓館——就是現在政府招待外賓的地方——設宴招待觀眾公司。魏道明的夫人鄭毓秀女士是一位很和善且沒官夫人架子的人。

一九四八年元旦之後，觀眾公司開始應邀在南部各糖廠巡迴演出，台中是第一站，然後是新營、虎尾。爲了運景方便，觀眾公司只選擇劇中人物簡單、劇情感人的「雷雨」一劇南下，也因此我在台中認識了當時正在讀高中的於梨華，兩人成爲好友。

到現在，我還記得很清楚，我曾在虎尾糖廠劇場邊的游泳池游泳，游完後再去

劇場化妝演魯媽。至於之後是不是還去了台南?屏東?我已記不清楚了。可我記得在演完「雷雨」最後一場戲時，我在後台大哭，從那刻起，我的戲劇藝術生命結束了，因爲，我忽然有了一個不幸的婚姻啊!

◎自投羅網

我是個典型的「路盲」，一轉頭，就分不出左右!我的學生和朋友們都知道我這個大毛病，所以每次約去什麼地方吃飯或玩，如果我從我的住處出發，他們會指定我在何處下車後，寸步不移，由他們來接我。

記得我六歲時，和媽媽、親戚們進城買年貨，下了車才一轉眼的工夫，我竟找不到她們了!我不敢哭，怕被拐小孩兒的人口販子拐了去；雖然口袋裡有錢，也不敢叫人力車，怕把我拉到什麼地方去了。於是，我順著我們坐的人力車來的方向往回走，順著店鋪的牆根一直走，走走……不知道走了多少時間，我終於走回我們家的巷口，看見媽媽和朋友們的幾輛人力車擁擠在家門口，嘴裡嚷著:「在警察局也報了案!」全家已被「小平平」的失蹤，鬧得人仰馬翻，我那時懷疑，她們爲什麼不找我就坐車回來了呢?原來，我從上午一直走到黃昏，她們也就四處「尋人」到

黃昏，年貨也沒買。這眞是我童年的一件大事。

只是，在我還年輕時，自己沒發現這個毛病，經常是獨行俠，必須自己找尋自己的路。

一九四七年十月，來到台灣的第二天，我從中廣公司的仁愛路走到大馬路上，那時兩邊都是綠油油的稻田。我手裡拿著寫好地址的字條，要去尋找S。一個老者拉著一部有高大車輪的東洋車，我叫住他。我不會說台灣話，他也不懂「國語」，那時台灣剛剛光復，國語還不能通行，指手畫腳，他又看不懂字條上的地址，問路人都搖搖頭，幸好問到一個人，他會說日本話。老頭很高興地請我坐上車，直奔我要去的地方——台北市政府，S的工作地點。

到了市政府之後，我從手提袋裡抽出一張小綠票舊台幣，交給那個車夫，老頭子看了一眼，向我深深鞠躬，然後拉起車飛奔而去。過去，我根本不懂什麼匯率，那是好友柏齡知道我將去台灣，特地從中國銀行兌換了數千圓的台票給我，也有十幾張小綠票，那可能是一百元一張的吧？怪不得拉車的老頭那麼高興，他以爲撞見財神奶奶了吧？其實，我是個大呆瓜！

市政府那兒因爲由從海那邊來的人接收，言語通，一位工友樣的男人請我到樓

上去見那個我要找的人。我站在S辦公室的外邊，遠遠看見S疑惑地從椅子上站起來，他想：是「那一個女人」從海那邊過來？就一眼，他楞住了，他怎想得到這個「小妹」會突然來到台灣，也許，他以爲這一輩子再也不會相見了！也許，他會奇怪，他曾去青島看過的「那個女人」會來台灣？但是，事實上，令他痛苦的人（他也給人痛苦），卻眞眞實實地站在他面前！

我看到的S，已不再是那位南京久別重逢、外表魁梧的中國傘兵。站在我對面的，是個黑瘦的、穿著一身舊西裝的小科員！他竟然想不起來，經過幾個月大風浪的襲擊之後，這個飄散著捲捲長髮，身著白綢襯衫、墨綠色長褲的大女孩兒是誰了？

一時的沈默，引起辦公室裡人們的注意：這兩個人，是陌生人？還是老友？

「你？怎麼來台灣了？」S忽然清醒了似的。

「來找你啊！」似乎是輕描淡寫，但是，多麼忐忑不安啊！

沒有握手，更沒擁抱，S只是雙手握住我的雙臂，微笑了！這是勝利的笑吧？他竟戰勝了他的情敵，我自己來了，他本來是逃避才去台灣的。本想慧劍斬情絲，哪想到在心灰意冷、萬般無奈時，卻從海峽對岸飛來一隻候鳥，使他的生命又出現

了光彩。

「小妹，我絕不讓你再飛走了！」

他的生命有了光彩，卻把「小妹」推下那個無盡的痛苦深淵。是命運嗎？還是我自投羅網？我第二次的自投羅網，造成十年冤獄，是我自己去找調查局澄清一個問題，就那樣，一去不歸。在台灣幾十年的藝術生命，被殺得體無完膚！「憶童年時竹馬青梅，兩小無猜，日夜相隨！」又是那首「往事只能回味」的歌。

我在劇團排戲演戲，每當工作完畢之餘，S就會來接我、送我。他用的已不是在南京時那部愛拋錨的吉普車，和那隻叫 Fellow 的狼犬相陪；在台灣，他換乘單車了，就像我小時候，坐在姐夫齊的自行車上一樣。

嗅著S身上的菸草味兒，迎著亞熱帶的夜風，兩人常在台灣夜深人靜的馬路上行駛，我已忘記海峽那方的雁子，我的初戀情人正咀嚼著失戀的痛心。其實，我初來台灣時，我心底仍希望接到他的信，但他只寄來一張明信片，上面畫了沒有音符的五線譜表，這，是什麼意思？無言相對嗎？但我記著最後見面商談的一句話，他說：「萍，願意回來時，就回來吧！」

「我不回來！」我的尊嚴受了傷，我眞的不回去了。後來，海峽兩岸隔絕，我也眞的回不去了！

2. 廣播・廣播

在許多舊稿件中，我發現我一篇有關廣播劇的文章〈略談廣播劇〉，曾刊載於一九五八年九月《現代影劇藝術》創刊號中，使我不禁想到現在一般人對廣播劇的看法，以及廣播從業人員的製作態度，有的根本不重視或不了解廣播劇的製作、導演技術和藝術方面的重任。

我曾看過一個名叫「談廣播劇」的電視短劇，畫面裡的人「大呼小叫」，當場負責效果的人「雞飛狗叫」，簡直是對廣播劇的一種侮辱和諷刺。這些演出者不明白，在民國四十年代到六十年代廣播劇是如何形成的，自然他們也沒「聽」過當年的那些名劇，還有那些名演播員們最吸引聽眾、最有感情的聲音，他們誤以為廣播劇只是在電波中播散出來的「對話」而已。因此，我把這篇文章重抄一遍，放在這兒，還是很有意義的。

在戲劇的王國裡，廣播劇因爲它本身的改進和發展，到近幾年才算少有成就，自從把舞台劇本放在麥克風前面廣播，發展到電台上廣播的戲劇有專門的劇本爲止，在這一段過程中，從事廣播劇的工作者們，在不斷的檢討和經驗裡得到幾項事實：

第一、確定劇的形式——廣播劇，專藉電波傳送的空中戲劇，沒有劇場，更不必有舞台，麥克風是它演出時唯一的表現工具，但它具備戲劇情感的各種因素。電台上的對話稿，或男女對話稿不能稱爲廣播劇，它只是一段像劇詞似的對話，沒有完整的故事、情節、人物，更沒結構，因此不能稱爲劇。一般人多認爲有「對話」就是廣播劇，實是錯誤（例如最近電台所播廣告，多播男女「對話」方式）。它更能擴大在舞台上所束縛的表現範圍，而把在銀幕上所表現的東西，在聽眾想像的領域中建立起它的空中樓閣、海市蜃樓。這是廣播劇能偷巧的地方，也是它無法表現完美的困難，因爲只利用聲音表現，是它獨特的演出方式。

第二、它不是在舞台，不是銀幕，演員無法「造型」。

第三、它的觀眾只能聽，不能觀看，這種戲的擁護者，只能用耳朵去欣賞。

第四、廣播劇的演員，他們的表現工具只有「聲音」，用不著四肢和五官。

第五、在舞台上，藉助於燈光、布景、色彩光影所表現的氣氛、情景等；在廣播劇中，只能用一種方法表現，那就是聲音。

第六、音樂，帶給聽眾情感的啓示和導引情緒變化的威力，在廣播劇除對話外，是居首要地位的（例如抒情多用小提琴曲、表現力量多用鋼琴曲、混亂熱情利用搖滾樂曲、幽靜多用吉他等）。

第七、效果（effect），在舞台或電影裡稱「音響」，它輔助戲的進行，變幻氣氛，但在廣播劇中，除負有舞台電影方面的作用外，效果本身常自成戲的結構中的「環」，它可以單獨表現一個場面、一種情感，或是人物的特殊心理，所以在廣播劇中，效果是除音樂外居第二重要地位的。

廣播劇是被聆聽的戲劇，所以在表現形式上就必得注重各項聲音表達——因爲聲音是廣播劇的生命，爲要使這個生命產生眾多光彩，那麼負責廣播劇的導演、演員、配音、效果各部門工作人員，就必須設法給這個生命鑲配上一個美麗的靈魂。

廣播劇的製作過程，導演是最重要的人物，他和電影、舞台劇導演比較，彷彿是微不足道的，然而麻雀雖小，五臟俱全，在戲劇藝術裡所占的地位那麼微小，表現方法又只有一種。可是，廣播劇導演在藝術創作的責任上，並不比電影、舞台劇

的導演輕。相反地，在只用「聲音」一種方法表達藝術生命，使導演的設計更困難。這就是說，擔任廣播劇的導演，要如何在限於聲音的小範圍裡，擴大聽眾的想像，並且使這想像擴大到無限，這無限包括人、地、時、故事、情節等等。再者，它的創造工具，主要是演員的聲音，而導演怎樣在演員的「心」裡搭建起對角色，對情節想像的「橋」，而能利用聲音表現出來，這是廣播劇導演最爲吃力的工作。

談到廣播劇的演員，與電影和舞台演員比較，在某一方面是占優勢的，因爲廣播劇無法訴之於聽眾的視覺，它不必創造人物形象，所以演員的胖瘦美醜老小，面孔不美的、身材不多姿的，都不關緊要；最重要的是，有無一條運用自如的聲帶、一張會說話的嘴，和是否會表情的聲音！年齡老的，可飾播年輕的，年輕的也可以飾播老年人，甚至女人可飾播男人，男的可播演女的，當然要使化妝過的聲音更成熟，仍依固定性別來飾演男女劇中人最理想。

假設作爲一個廣播劇的演員，他或她無法操縱他們自己的聲音，他們的前途將不會是樂觀的，因爲他們是無法利用外型來取勝「聽眾」的，除了用聲音！這也是廣播劇演員，在表現方面所受到的最大限制，因此在訓練聲音方面，廣播劇演員是較電影舞台劇演員特別努力的。

廣播劇演員和聽眾之間，情感上的共鳴是完全依靠聲音的，這聲音一定得按照劇中人物的情感做基礎，再因聽眾和演員之間的距離更較銀幕或舞台爲近，所以演員必須利用他本身逼眞的情感，將劇中人的言詞懇切地「說」出來，而不可背誦或朗讀出來，否則便會失去全劇在聽眾的想像中所建立起來的「眞實感」。爲要把握這種眞實感，廣播劇演員的聲音訓練，是較普通演員特別重要的。作爲一個導演的人，更必須具備敏銳的聽覺，有判別聲音的能力，而且他應該有方法如何訓練演員的聲音表情。

廣播劇中的人物，不能扮演給觀眾看，只能播送給觀眾聽，在這種特殊條件下，廣播劇演員，對角色「心理狀態」的「確定」是最重要的。把心裡的活動狀態反映到聲音裡來，變成動聽的言語。不同的言語，表現不同的人物性格；所以演員必須對全劇做「分析台詞」的工作，然後才能進一步做「台詞設計」。設計台詞，是按照角色情緒的變化做根基的，否則演員的聲音一定缺少情感，沒有情感的聲音，是無法和聽眾發生感情的。如果想做一個聽眾所喜愛的廣播劇演員的話，除了美化、武裝、保護他的聲音以外，最最重要的還是使它「充滿情感」。

廣播劇是屬於「靜的戲劇」的一種，我想，不論將來電視是如何發達，廣播劇

在亞洲、在台灣會繼續存在的，因爲「靜的戲劇」正適合我們東方民族的性格。

以上這篇文章，距今已有五十二年了。在我被誣告坐了近十年的冤獄以後，我仍然熱中製作和導演廣播劇，並在一九九八年導演了「經典劇場」。中廣公司仍然有廣播劇的製作，無論廣播的流行節目很多，廣播劇仍然會吸引聽眾的，只要製作得嚴格精采。

◎廣播藝術之美

大概是一九九八年吧？哪個月日，我已不記得。中國廣播公司台中台約我做了一次公開演講，歡迎台中廣播界的同行和聽眾來聽，給我的題目是「廣播藝術之美」。我演講從不寫稿子，上台擬個大綱，然後順著所擬的小題目講下去，這樣可不受文稿的限制，而且講起來會生活化、口語，所以我沒有底稿。

意外地，我在《中廣通訊》上，發現當時台中台節目科長賴勝清女士竟把它整理成一篇文章了，而且比我講的還簡要通順。現在我把它摘錄於後，就作爲紀念吧！

「廣播人」應把「廣播」當成「事業」來從事，而非只是「職業」而已。從事廣播者可享受「給人什麼，人家回報什麼？」的樂趣。

最近中廣公司將重播三十年前我製作的廣播劇，讓老一輩的聽眾能重溫舊夢，也讓年輕的一輩了解過去廣播人的成績。

我在中廣十六年，製播的廣播劇能維持十六年，表示一定有它的水準。而且廣播不限時空，聲音出去，不知有多少人在聽，所以應注意語言的訓練，了解廣播的功力，發揚廣播的藝術之美。

廣播是大眾傳播，以聲音爲訴求，聲音好？壞？見仁見智，因而節目及時段安排上要多費心。電視也是語言廣播的一種，同樣應注意正確使用。

談到語言，應正確、清晰表達，一字一句「說」給聽眾聽，而非「唸」或「背」給人聽。反覆研究文稿該使用的語氣，注意同音異義字的運用，勿造成誤解，聲、韻、輕聲、四聲都應注意。另外，廣播「口語」也是重點，例如×××到某處「視事」，在廣播裡聽起來就變成「逝世」了；如果說「幾部」書，就不如說「幾本」書的清楚。

廣播無遠弗居，聲音傳播無限時空，聽眾只聞其聲，不見其人，神祕感十足。

過去我在自導自演的廣播劇中常扮演老太太，因此聽眾經常來信，還有認我做乾媽的。可是當時的我還年輕，所以我說廣播的魅力應保有神祕感，讓聽眾有想像的空間。

廣播不只傳播訊息、娛樂、知識，它還扮演其他重要的角色。像二次世界大戰期間，日軍向美國大兵傳放信息，削弱他們的作戰勇氣；「美國之音」向大陸播放自由世界之消息；如當年金門砲戰時，台灣和大陸都用廣播「喊話」。

電視永遠無法取代廣播，所以廣播應走廣播路線。就以「廣播小說」節目來說，沒念過書的人，可以從廣播中「讀小說」，當年我製播的空中「小說選播」，將小說戲劇化、立體化，不但讓聽眾沈醉其中，更讓不少作者大大出名，瓊瑤是其中之一。

廣播透過聲音技巧的訓練、感情的發抒與操縱，成爲一門藝術，像新聞播報，聲音不尖不低、醇厚清楚，聽起來舒服。從前中廣公司的王玫小姐，就是箇中高手。

談廣播的藝術之美，就要談「廣播劇」。廣播劇不同於一般戲劇，首先就要注意選演員，什麼角色用什麼聲音。過去我在製播「紅樓夢」時，還請全國聽眾票選

演員呢！廣播劇是廣播的戲劇，所以編劇應注意人物性格、場地，時空劇情要有清楚的交代，不能有「廢話」。

「劇」乃表現人生百態！喜、怒、哀、樂、七情六慾，如何表達，就要透過聲音的訓練、情緒、聲調、技巧、麥克風的利用，都有它的技巧，怎樣哭？如何笑？都要通過聲音的技巧，才能做出得宜的聲音表情，這樣才能使聽眾聽其聲音，如見其人。

另外，在廣播劇中，對時空的轉換，是使用聲效來表現，導演應指導戲劇聲音的設計，研究音樂如何配合劇情，聲音怎樣才像「眞實」的。廣播劇的演員不同於一般的播報員，必須經過戲劇的訓練，說劇詞要感情，空中劇場就是一個舞台。

廣播藝術，不只是「聲音」表現，經過「聲音表情」的特別訓練，自然的說話。

最後，我對廣播人及如何進入廣播藝術之美，有個希望，和各位一起勉勵：

㈠圓、潤、集中——聲音有柔、剛、圓潤悅耳。

㈡樸實、明朗——不做作，清明爽朗。

㈢虛實結合——實際的，與不存的事由結合在一起。

㈣色彩豐富——讓多樣化的聲音，妝點出豐富的色彩。

◎聽衆會投我一票

我有收藏資料的習慣，隨時可發現意想不到的資料。一天，在一堆零星的剪報中，發現一份《中廣通訊》，是發行一百期的徵文，正好有我一篇文章；日期是一九六〇年（民國四十九年）四月二十四日，發行人是魏景蒙，社長是邱楠，題字是董事長梁寒操。該刊編輯得很好，還有畫刊，所輯的文章內容，有播音員們的動向，有關國外播音界的消息，也有演播時的花絮，都是聽衆喜歡的廣播劇演員們在發音室裡喜怒哀樂的情形——他們是劇中人的化身，忘我地站在麥克風面前哭啊、笑啊！做音效的工作人員正在推窗、開門，在「音效道具」上拉拉扯扯……這些動作、這些聲音，都只能請聽衆們去想像了，他們可不知我們是費了多少時間，才能設計出恰到「好」處！

《中廣通訊》一百期的主要內容，編者出了一道題：「播音苦樂談」。

編者說：「本刊出版一百期，我們約請了中國廣播公司的明星們，以『播音苦樂談』爲題，撰文向讀者和聽衆們報導他們播音生活所嘗到的甘苦。由這些文章

裡，你將能分享到他們的樂，使他們增加其樂！你也將傾聽到他們的苦，使他們減低其苦。」

「本大導演」的文章首當其衝，我抄錄了下來：

〔聽眾會投我一票〕

每當，辦公桌上的廣播劇本、小說……堆起來像城牆的時候，意識著一年又將結束了。於是，擦去了灰塵，整理一番，拆掉這道紙牆；可是接著一年已經開始，新的劇本、新的小說又繼續不斷地砌上去，又漸漸地高起來了。歲月就藏在這些紙縫裡，時間已被那些油墨鉛字所融化。每拆掉一次紙牆，都有無限感慨，是辛酸中滿含喜悅，紙牆雖然隨時化爲無有，但因它們而發出的聲音——那些情感，包括了著作人的、演員的、音樂的，製作時眞是傷透腦筋，導演的情感，更包括了聽眾的情感——這聲音永留聽者讀者的心底。如此，時光雖不倒流，這道牆仍願把紙砌砌拆拆，因爲這都是一段段、一篇篇痛苦的美的記憶。

每週一次廣播劇，八年來從未間斷，每個月有四個不同的故事播演，每一個劇本有不同的演員擔任劇中人，播放時間有五十五分鐘，演員沒有龐大的陣容，導演

只有一個——我。每個星期錄製廣播劇，這是精神上最大的負擔。如果星期六上午從九至十二時，錄音進行很順利，演員先生小姐，一個個都演播得很精采，我一定會去趕一場十二時三十分的電影，來舒展一下自己緊張的神經。否則，有時延長到下午一、兩點的時候，饑腸轆轆，頭暈腦脹，那時候眞想「破壞」點什麼東西才感舒適。

五十五分鐘限定時間，也眞難把握，劇作者寫劇本，總不服氣受到刪改，有時這也是實情，有的劇本眞增一分則長，減一分則短。可是，爲把握這五十四／五十五，這一分鐘時間，除了排演時間確實「記」時，在錄製時眞是「傷透腦筋」，翻來覆去，在每場每一段劇詞中，找出合適刪的地方。有時已經錄好了，演員的調子較排演時的節奏慢了，時間超過，只好再試一次放快的調子，聽聽是否能減少這一分鐘時間而「正好」。排演和錄音，演員對戲的節奏，感覺是不相同的，因此，正式演播時，時間總是較排演時要多，往往一分鐘的減和增，我們在發音室和控制室得多被關閉半小時。

演員臨時發生生病請假，也是最感頭痛的問題，排演時好好的，第二天錄音時，忽然嗓子啞了，嚴重傷風感冒，不得不臨時設法換演員。可是新換的演員沒經

過排練，就無法要求他達到你所要求的成績。還有新演員的新聲音，因爲和聽眾之間尚未建立起情感，他們常受到聽眾無情的指責，有時聽眾來信問我：「爲什麼一定要他演？」或是問我：「爲什麼不叫××？或××演？」這個節目是固定的，可是我必須要繼續增加新的聲音來充實這個節目，也許某個演員發音太多了，他們聲音必須休息一段時間，來一新聽眾的耳朵，產生新的好感……這些問題我必須想到。而在每次派角色時，我更得想到他們的聲音、演技，是否適合？甚至他們的私人活動，我都必須事先明瞭，否則，通知發出去，有了「意外」，全體Cast都得重新調整。

至於劇本故事的好壞以及編劇技巧，也是聽眾最關心的，一個月四個劇本，難免中間有不太合適的劇作播出，聽眾的態度馬上就表示出來了：「吹（語帶諷刺，把「崔」說成「吹」）大導演，這樣的劇本你也導嗎？」兩角錢的明信片，會弄得心情不愉快大半天。聽眾雖然是「永遠」是對的，可是我們每個月得約請四個不同的作家，寫出四個不同的故事呀！「聽」起來一個五十五分鐘的戲很簡單，但編起來實在不是幾十個五十五分所能完成的。有時劇本和演員、整個演播，都使聽眾滿意的時候，熱情鼓舞的信也會像「雪片飛來」，那時，因「吹大導演」所引起心上

的疙瘩會不治而癒，因爲聽衆永遠是對的呀！

「小說選播」，這也是我所負責「導播」的節目。在導錄方面，它較廣播劇更爲複雜，小說體裁以戲劇形式演播，書中人物多，演員就多，不能預先排演，而且調動頻繁，增刪改動，都需我來設計，遇到翻譯的名著，那等於重新編寫。因此，一個三十分鐘的一段小說，我們必須用三次錄音後合成。例如：㈠主講敘述，㈡書中人對話部分，㈢配音樂及效果，然後計時。如小說《紅樓夢》，書中對話簡短，人物多，如果出了狀況，就得臨時跳錄，以免浪費規定的錄音時間。可是播出進度比錄製的進度快，不能因演員缺席而使下一次播出空白，就只有請主講改爲敘述方式把「對話」輕輕帶過，因此，常接聽衆來信指出：「爲何不讓××（書中人）說話？」有些聽衆是「照本收聽」的，所以記得特別清楚的。他們怎能懂得我這導播當時的「急迫改編」？有時，我也代演不重要的角色，這是逼不得已的（可以省一個演員的節目費），也會收到這樣的「喝采」：「崔小萍！你自以爲了不起嗎？你什麼角色都能演？」可是他們怎能明白，我是不得不演啊！

物色廣播劇演員，也是一個導演不得不做的工作，在電影界有「星探」，在廣播界卻沒「聲探」。有時忽然發現一個美好的聲音，便設法把他們請來電台試音、

訓練，希望是「可造之材」、是「聲寶」。做人難，製作廣播劇更不容易。我不是向聽眾朋友們訴苦，但你看了前文，能不投我一票嗎？

◎廣播劇唱片

中廣公司鑑於喜愛廣播劇的人太多，每星期天的廣播劇選播，實在不能滿足聽眾的需要，於是想一個妥善辦法來補救。經過仔細研究策畫，目前想出來製成唱片的辦法，由中廣公司業務所發行，製成十六轉十吋的唱片，兩面正好是一齣廣播劇，用高級不碎原料精製而成。現在已經試製了一張，聽起來效果很好，於是決定先製四張唱片爲一套。包括朱白水編劇的「親情深似海」、崔小萍編導的「釵頭鳳」、蘇雲青編劇的「幽蘭之戀」、丁衣編劇的「天倫夢回」等四齣廣播劇，準備在三月發行，並先行預約，現在暫定的價錢每張八十元；在預約期間，整套購買按七折優待，單購一張將按八折優待。

這次灌製唱片的四齣廣播劇，在過去曾經得到次數最多的選播。

「親情深似海」一劇，描寫中年喪妻的丈夫，爲了撫育子女，拒絕了一個秀慧小姐的示愛，但最後在子女的撮合下成就了良緣。以悲劇開始，以喜劇終。劇情極

爲感人，這劇本已經刊印問世，並以本劇劇名爲書名。

「釵頭鳳」一劇，曾賺過不少聽眾的眼淚。詩人陸放翁的愛情悲劇，沁人肺腑，在聽眾心中留下了極深刻的印象，其中一曲白銀主唱的插曲，更經常繚繞於聽眾的耳際，當初第一次播出時，聽眾的讚美函不絕飛來。

「幽蘭之戀」一劇，寫的是一對同父異母的姐妹，共同戀上了表哥，一家人因此鬧出許多誤會，形成一個極爲尷尬的悲劇場面，最後以姐姐的出走，成全妹妹的婚姻爲高潮。這劇播出以後，被許多聽眾譽爲最動人的悲劇，揭示了姐妹之愛的眞諦，令人聽過揮淚之餘，仍有無窮的回味。這劇本曾被選爲香港和砂磱越等海外電台很高的讚譽。

「天倫夢回」是齣家庭倫理劇，現在已改編爲電影，由易文導演，王引、穆虹主演，即將搬上銀幕。這劇本的主題，在描寫人性之本善，寫一個私生子的故事。

描寫完了這篇灌製唱片的新聞以後，我才想起，從前有好多已經「忘」了的事。業務所出唱片，到底賣了多少，我不知道，那時候沒有「智慧財產」的顧慮，劇本版權、音樂作曲都沒有另定的報酬，一個劇本被中廣選用，一切權利都給了公

司。記得公司送我的那張唱片也叫「釵頭鳳」，我送給一個美國丈夫（好像服務於當年美新處）和他的「二婚」太太。爲什麼送給他們，我也已不記得，如果我要留下，也沒唱機可以播放，而我自己當年也沒一架「名牌」收音機播放我的作品。最近聽說，我的「風華再現」，爲中廣公司製作的「經典劇場」五個大戲、十五個廣播劇，本來李慶平總經理要製成CD出售，現在因爲音樂部分是智慧財產，不能出售；至於演員們都已簽了「賣聲契」，不會有問題。

◎福音廣播劇

正聲電台的林蜀華姐妹，有一天打電話給我，她告訴我，趙蔚然牧師從美國回來，要來找我。趙牧師從前在電視公司有個「星期劇院」的節目，他也曾約我寫過電視劇本。我記得，他要了我的劇本，久久沒有播出，我打電話問他，他好像說「不用」，但是他一定得給我「稿費」，因爲是他「徵稿」，而不是我「投稿」。從前，我處事的態度有時缺少圓滑，我並不是重視「錢」，而是「信用」。以後，他寄了幾百塊錢的稿費給我，我們也沒再見過面。隔了這麼多年之後，他還和我談劇本的事嗎？那時他是在美國洛杉磯主持一個「開拓者」廣播電台。

某一天，跟趙牧師見了面，他請我製作導演廣播劇，所需的劇本是用從前「星期劇院」的電視劇本改編爲廣播劇本，由我改寫、導演、負責請人播演！我的報酬只有一千元，每個演員每次五百元。在「信義之聲」錄音室製作錄音。

當我在信義教會挑選那些「星期劇院」的劇本改爲廣播劇本時，才發現這是一個艱鉅的工作：半小時的電視劇，有畫面表現，但在廣播劇中得設法補足那些畫面表現的時間。劇中音樂還得我自己去選，然後固定一個時間和管理唱片的一個小弟兄去 mix（混音）——如果爲了賺一千元，我是不惜放棄的，這工作的一千元，也只夠坐四次計程車，我必須從我遙遠的住處幾次趕到「信義之聲」錄音。而且爲了利用其他電台的名廣播員時間，必須晚上錄音，爲了節省時間，連導帶錄音，一次錄兩個戲，往往工作到晚上十二點以後便得匆匆離台，因爲信義之聲的工友要關門休息。雖然如此，我還是盡心做下去——因爲這是個有意義的工作，是一種利用我的「學有專長」作爲對「祂」感恩的奉獻。

那次，我請了于恆來幫忙，請他負責領發演員們的節目費，以及邀請演員發通告。

于恆是我在政戰學校教過的學生，從中廣公司成立「廣播劇團」以後，他就是

固定擔任報幕及效果工作，但在他結婚以後就拒絕來公司工作，那時我只好請歐陽天來接任。我一直不知道箇中原因，我也不必去問為什麼了。當時，于恆在電視界不得意，婚姻也觸礁，有個女兒，生活困苦，他能再回廣播界，有短暫的工作收入，對他的生活不無小補。一次錄兩齣戲，可以拿到一千元；一個月錄四次，他可以拿到四千元，解決了一部分生活費——對於一個不得重用的電視演員，沒有演戲的機會，就沒有收入，這是很嚴重的問題。

就這樣，忙了一陣子，錄了二十幾齣廣播劇，忽然通知「不要繼續錄製了」。以後，是否播出也沒音信。我請于恆把二十幾回我演、導、音樂所收節目費及支出情況，做了一份細帳寄給在洛杉磯的趙牧師，以後再無音訊。

有一次，我去美國，到「開拓者」廣播電台去拜訪他，也沒提起那次錄製福音廣播劇的事，現在他已退休。從前中廣公司的播音員石城，現在還在那裡做義工，錄製福音節目。

前幾年，聽說于恆已因心臟病逝台灣，他的朋友們送他回河北家鄉安葬。祈求天父，賜他靈魂安息。

慶祝總統、副總統就職，舉辦電視示範表演，本月（三月）二十日開始，共播出七天八場；五月二十日是第三任總統、副總統就職的日子，中廣公司與日本NHK合作，主辦電視表演。

◎電視示範演出

這是一九六〇年五月的台灣大事，那時候還沒有電視公司，台灣民眾還不知道電視是什麼玩意兒，大家都很好奇。這在中廣公司也是一件大事，在電視技術方面由日方負責，節目的排定則由中廣各節目人員負責，日方運來了電視轉播車、電視機，他們也有節目人員來台協助，旅居日本的前中廣機務部翁炳榮擔任節目顧問。他國電視台也寄來電視影片表示祝賀。許多現場節目播出，是借台灣製片場的攝影棚，當年廠長龍芳、劇務主任彭世偉，無論布景裝置、燈光、道具等，都是他們負責辦理。這一次的電視示範表演，動員了中廣各部人員，邱楠是召集人，電視轉播車置放在新公園（今「二二八紀念公園」）內，每天都有不少的群眾圍觀。

在這次節目表演部分，我是負責電視劇導演，編撰組長趙之誠改編劉非烈先生

●我，三十多歲，事業興旺。

的「千里姻緣」廣播劇在電視上演出，事後我還寫了一篇〈談電視劇〉，以下則是摘錄當時的新聞報導：

在五月二十五日的電視示範表演節目裡，有一節約十分鐘的「電視劇」，劇名「千里姻緣」，由趙之誠根據劉非烈原著的廣播劇改編，擔任這個電視劇導演的是崔小萍。在臨播出前半個小時，記者對崔小萍做了一個爲時僅三分鐘的訪問。

崔導演的第一句話是：「我們只求在播出之後，觀眾們能了解劇情，就感滿足了。」

原來崔小萍在導演本劇時，曾遭遇到許多困難。

第一個困難是時間匆促，從劇本到手至正式播出之前，前後僅不過十天。在這十天裡，她要物色演員、研究劇本、畫分鏡頭，所剩排演的時間更短了。她說，總共只排演了四次，如果是舞台劇，劇詞不熟，有「提詞」，但電視沒有；如果是廣播劇，演播不妥，可以重錄，但電視不能。崔小萍說就只這兩個限制，已經使她皺了不少眉頭。

而且，她又說，技術方面也增加了不少困難。開麥拉只有兩部，運用起來，鏡

頭的變化太難靈活了。

崔小萍說，這次電視劇的播出，實在很難稱之爲電視劇，只能說是一個「鏡頭化」的舞台劇。

不過，崔小萍提供了一項信念，她說，這一次電視表演，當然只屬於「表演性質」，在將來有一天成立正式的電視台時，電視劇的導演就該從長計議了。一位電視劇的導演，除了劇情的進行，一個導演還應該如何運用特寫、如何運用開麥拉，在電視播放時是另有導播按鈕捕捉畫面，但是一個導演必須在劇本上畫出強調的鏡頭，畫面給導播。

在一九六〇年，演播電視劇是「現場」，不像現今，能事先以三機錄影，演員都能了解，他們如何在一個場景前，不必顧到三個開麥拉如何攝影，如果出了錯可以再錄。

當年的「現場演播」，可眞會使人緊張得心臟病突發，尤其是「換場」，僅三十秒鐘的配音時間，如果演員要換服裝，那眞得有模特兒的訓練——「快」！後來電視台成立了以後，我在教育電視台、台視都編導過電視劇，那時是「現場」，我只

把部分的鏡頭寫明在劇本上交給導播，就只有坐在一旁為演員們緊張得出汗了。

「千里姻緣」的演員，我請來電影老演員李影（那時他的頭上還沒太禿），與播音員白銀飾演一對夫妻，年輕的一對是儀銘和洪芳，飾演老蕃薯的是葉清標，他的「台灣國語」那個時候就說得很好聽，後來他做了流動攝影師（不固定在某一電視公司），很賺錢啊！他也是我藝專的學生。

電視表演從二十日演出到二十五日，新聞報導說，電視表演圓滿結束，萬千觀眾紛紛讚譽，均盼中廣早日成立正式電視台。各界熱情協助，中廣深表感謝，場內觀眾擁擠，機旁萬頭鑽動，我播後如釋重負，忙碌可以減肥。

在《中廣通訊》上，主要的鏡頭是蔣中正總統穿著長袍馬褂宣誓，向國民致詞，當然，他是這次電視示範表演的唯一「主角」啊！

多少年過去了，現在寫出來，像是「白髮宮女」講古了。現在看來好像沒什麼了不起，然而我們在當年，無論在廣播和電視，我們這幫傻瓜們都是費了不少精神去研究哪！

◎英語廣播老師：鵝媽媽趙麗蓮

每當趙麗蓮博士來中廣公司錄音時，她總微笑地跟我打個招呼，或說兩句問候話，我也算是廣播英語學校的學生，也讀過她教的英語文法班，可是「永遠」學不好英語文，因爲當時我的「公務」太多，沒有時間復習。

記得有一次，我想去美國「深造」，申請某州的一所有關廣播電視戲劇的學院，趙博士曾爲我寫了語文程度的證明，其實，她也懷疑我如眞到美國去讀書，會讀得累死爲止，只是老媽媽不好拒絕我的拜託。那時，我也請教育部給我一份英文的成績單。至於我爲什麼想去美國讀書，原因是當年中廣公司派播音員去日本NHK學習電視節目製播，我在中廣公司算是「首席導播」，我卻沒份，很灰心，想早一點辦退休，用一點退休金去念書好了。意外地，這時調查局卻找上了我，他們說：「怕我跑了。」

於是，沒去美國，卻進了監獄，在那兒念了近十年書，民國五十七年進監獄，六十六年走出監獄大鐵門。

我出獄後，趙博士和我都老了，而且她得了不治之症。她太累了，她是最早在

台灣致力於英文教學的人，幾十年如一日，受教的學生們眞是千千萬萬。聽說她的身世，竟是從不爲人道的悲劇：她病了，還得「募捐治病」。老媽媽在台灣無親無故，除了一些窮學生們，國家在哪裡呢？當年的國民黨政府，是不會注意這些爲人民做「大」事的「小」人物的。趙麗蓮博士，一位百年樹人的好老師，我沒能去看她，只盡了一些棉薄之力。

當年新聞中有一段報導，我不記得那是在何年了。

吾愛吾師（橫題）

鵝媽媽　誨人不倦留教範

學生們　墓園立碑永懷念

「鵝媽媽」趙麗蓮的門生故舊已選定在教師節當天，爲鵝媽媽在金山樂園的長眠處立碑，懷念鵝媽媽的人可以在她的墓碑上讀到她生前對學生的叮囑，句句感人！

「鵝媽媽」今年（編按：一九八九年）六月十一日辭世，爲她治喪的台大校友

人士，昨天十分周到地爲趙博士的奉安儀式做了各種安排，全心全力希望恩師的精神永留人間。

鵝媽媽的墓園與衆不同，墓園一方，將倚立一尊她的半身銅像，供人瞻仰她生前慈容。墓誌銘由詩人余光中先生執筆。墓碑正中，孔德成先生親筆題寫：「愛國愛人，熱愛教育的趙麗蓮教授」，不落俗套。（他這位孔聖人的後代、考試院長，如果早給鵝媽媽實際生活上的幫助，讓她多活幾年，要比這幾句話強多了。）

墓碑左右兩邊，趙麗蓮的學生特別找出老師生前說過的五句感人的話刻於碑上，宛如鵝媽媽仍然殷殷叮囑：

「金錢是重要的，但是它絕不值得我們以整個生命去尋求。」

「我曾親眼看過多少有爲的青年，因爲追求權勢，而反爲權勢所毀。」

「千萬不要養成依靠別人的心理，上帝不也只幫助那自己肯幫助自己的人嗎？」

「在國家多難之秋，我們每個人應該努力目標，應該把份內的工作，做得盡善盡美。」

「我希望你們的一舉一動，做得像一個堂堂正正的中國人，並且，你們更應該以能做一個中國人爲榮。」

「現代的台灣人，既不尊師，更不重道，多國文化占據台灣社會。我們現在的青年人，只知道享受，而不知活著是爲了什麼？」

我也是個教了半生書的教師，到現在我都不願正式回學校教書，邀請我的人問我爲什麼？我說：「我教書一向嚴格，我擔心在我寫黑板的時候，後頭上飛來一球棒，把我打得腦震盪！」我們哈哈大笑，但是心痛二十世紀的教育卻在流血。

歌星鄧麗君也葬在金山，墓園建築很輝煌，還有銅像，每年祭日四面八方來唱歌祭奠的人很多，不知可有人去看過鵝媽媽沒有？被她教過兒童英語的孩子們，如今也都是白髮了吧？

「吾愛吾師」是幾十年前的一部美國電影，由黑人明星雪尼．鮑迪（Sidney Poiter）主演，在一所黑白同處的學校裡當老師，種族的隔離不是問題，而是要有「愛」！

「吾愛吾師」，我現在雖然老了，但對教過我的老師，仍然不會忘記良師所給我的教誨，我對趙麗蓮博士，仍稱她爲我的教師。

3. 我愛廣播劇

當我在中廣主持廣播劇團的時候，屢次邀約作家編寫廣播劇本。當時我們有個編劇小組，想邀約的作家以及學編劇的學生們，都是我開名單給中廣編撰組長趙之誠，由他出面邀請，像以後在編劇家群中出名的張永祥、趙琦彬、黃家燕、張瑄等人，都是編劇小組的主要人物。

張永祥是政戰學校第一屆的畢業生，他從軍隊調過來，年齡比較大。趙琦彬是第二屆的，很會表演，曾演過由俄國高爾基的劇本「底層」所改編的「夜店」，他飾演劇中的「獨眼龍」——一個開夜店的陰險老闆。趙琦彬在日常生活中受了角色的影響，行為舉止總是像獨眼龍，所以當我在教他表演時，總是提醒他不要讓劇中人感染了眞實生活。

政戰學校戲劇組修業時數最初是一年，後來在第四屆時改為大學部戲劇系，前

三期畢業的學生，可以回校補修學分，具有大學畢業的資格。張永祥和趙琦彬兩人都在電視公司（華視）擔任要職，可能因此沒時間回校補修學分。

◎借牛記

張永祥後來是電影界的名編劇家，常常得編劇獎。他在中廣公司寫的廣播劇也很多，所謂鄉土情的「借牛記」，更是海內外皆知。我每次去美國，許多不認識我「崔導演」的老小聽眾們，卻記得「借牛記」。

但是，一齣劇寫得好，如果沒有「好」演員來播演，也不會聽出劇中人的精采生活。有時，我也有些私心，凡是學生們的作品，我都是選最好的演員擔綱，像「借牛記」只有四個人物（劇中人物最少的戲最不容易表現，尤其是一齣五十分鐘的廣播劇，主要人物不能超過六個，否則聽眾在聽覺方面便不易辨認），我選用了他的學弟宋屏。宋屏是我主考他進政戰學校的，他本來是傘兵。我選用他來播演劇中的「長生」，一個幫寡婦家做長工的大男孩，憨厚有點傻氣。劇中人「銀子」，則是請很有演戲天才的老播音員王玫擔任。劇中老爹，是請從北京樂家藥舖來台灣的「小開」樂林擔任，他本名樂慶森，在中廣招考播音員時考進來的，跟他同批錄取

的還有白茜如、徐謙、趙剛，他們日後都成為廣播界的閃閃明星。

樂林的聲音低沈有磁性，可惜聽說在我離開中廣後，他因醫生的誤診而早逝。那時他剛剛要過正常的家庭生活，卻使新婚的妻子守了寡。樂林的性格正如舊社會的少爺人物，愛玩，追名女人，很風流。

最後一件傷腦筋的是，「借牛記」中還另一角「銀子的媽」，四、五十歲的老實寡婦，由誰來播演？劇中那個剛愎自用的山東「老娘們兒」，誰來演？慣演老女人的趙雅君不能體會，劉引商雖然也能播演老婆婆，但是還不能「主」演。到最後，只有崔導演出馬——好的戲，好的角色，我也喜歡過戲癮，但往往也是捧學生們的場，我來擔任劇中重要角色。

劇中人只有名沒有姓，所以聽眾們聽劇中人的稱呼，除了長生、銀子，我就是崔大媽和樂老爹了！

張永祥是山東人，編出了這個鄉村味很濃的「借牛記」，劇詞十分鄉土而有趣，由四個不同年齡、身分的「鄉下人」來播出這齣喜劇。在聽慣了文藝氣息濃厚或是歷史的傳統故事廣播劇的聽眾們，對於「借牛記」，眞是屢聽不厭，一再要求重播，好讓他們坐在收音機前，沏一杯香片，享受「空中劇場」的好戲。尤其從對

岸跟著國民黨撤退來台的老兵軍眷們，他們隨著劇情彷彿回到了從前的農家，回到了家鄉，好像聽到了隔海的鄉音。我想，在張永祥編寫「借牛記」時，他也許不曾想到會引起這麼多的「鄉愁」吧！

「虎子！」崔大媽的「狗兒子」也是劇中的主角之一，聽眾們念念不忘的虎子，狗仗人勢，聽老寡婦的話去咬樂老爹，引來一陣「笑」果。最後兩小成一對，兩老被送做堆，老寡婦雖然不喜歡這個吝嗇的樂老爹，也勉勉強強地答應了，無可奈何的語氣中透著暗暗的喜悅，守寡多年，收個現成的女婿，再包容個老夫，有一隻聽話的狗，以後的日子不「講究」了——皆大歡喜，喜劇收場。

我離開中廣公司之前，並沒有拷過錄音帶自存，所以做了十六年的導演，最後竟是一無所有。「借牛記」的廣播劇錄音帶，還是一位不知名的聽眾在幾十年前從收音機裡錄下來的，除了沒有頭尾，劇中主要情節都保留了下來！不知道中廣所保存的廣播劇中，還有沒有「借牛記」的帶子？我想，現在的張永祥是不會保存的，廣播劇對他而言，已是「小塊待記」（台語）了。

◎羅蜜歐與朱麗葉

莎士比亞（William Shakespeare, 1564-1616）是英國的國寶，也被全世界學戲劇藝術的人稱為「劇聖」。

據說，英國女王伊莉莎白一世在位時，很重視戲劇藝術，那時莎翁就被尊為英國舞台上最著名的編劇家。但是，曾有一個「謎」流傳，說是莎士比亞學識很低，僅是劇院的一個守門僮，為何有如此才華，編寫出那麼多的悲喜劇，尤其是寫宮庭劇，他從未在宮庭中供事，如何知道那麼多的宮庭「祕辛」？據說，背後有些爵士們在幕後支持，以「莎士比亞」這個名字出書。現在只要後人能讀到好作品，也不必研究是否真有莎士比亞這號人了。當然，莎翁既被全世界承認，英國當局就認為他是他們的「寶貝」，向世界宣揚。

我十七歲時，以同等學歷考入國立戲劇專科學校開始學習戲劇藝術，在《戲劇概論》課程裡，初識莎士比亞這個偉大的名字，讀了他許多著名的悲劇，如「哈姆雷特」、「奧塞羅」、「馬克白」、「李爾王」等，曾被劇中那些精美、世故、韻雅如詩的劇詞所震撼，更從未懷疑過是否真有這麼個「天才」。論年齡，他只活了五

十二歲，壽命不算長。

後來在我七十歲時，有機會去英國旅遊，訪問了莎翁的故鄉：埃汶河（Avon）畔的史特拉福鎮（Stratford），那裡已成爲英國的重要觀光地，去英國觀光的人一定會去看一看莎翁的誕生地，那裡有一個劇場，當然專演莎翁的名作。

在這座鎮上建有一大建築物（不能說碑），頂端是莎翁的塑像，另外有四個塑像圍坐在建築物四方，有哈姆雷特執著一個骷髏頭在沈思，另外一個是馬克白夫人注視著殺害皇帝的雙手在喃喃自語，另外一位是不是瘋狂的李爾王？現在我已經記不清楚了，因爲我去倫敦那年是一九九二年，距離今天差不多有近十年光景了。我曾去看過莎翁媽媽的臥房，他的小木搖床還擺在大床邊，我想，當年他務農的父母一定不會想到，他們會有一個被全世界所仰慕的兒子吧？

莎翁的作品，除了四大悲劇不斷在世界各舞台上演之外，演出最多的就屬一對年輕情侶的悲劇——「羅蜜歐和朱麗葉」了。這部舞台劇曾被拍製成英、法、意等國版本的電影，主人翁不幸的命運感動了無數的情侶。

戲劇的結局是兩個家族會議，在市街口鑄一座這對愛侶的銅像，以示警惕及表現兩家族的和好，不再讓後代因「仇恨」繼續結仇。梁實秋所譯「羅」劇又名「殉

情記」。在抗戰時期，在四川重慶的觀音岩上有一座抗建堂劇場，曾由著名的戲劇前輩將此劇搬上舞台，那時我還在劇專讀書。

一九五二年到一九六八年間，我未被白色恐怖誣害以前，在莎翁三百五十一歲誕辰時，我大膽地把「羅」劇改編爲廣播劇。

要把一齣在舞台上演出近五個小時的大戲，濃縮爲五十分鐘的廣播劇，當然很困難，但是我覺得改編莎翁的作品在空中播演，意義重大。當年在我主持廣播節目時，大都著重於文學和戲劇的結合。我以爲一個國家級的廣播公司，無論播放何種節目，都應該有其高格調及有藝術的創作。

在改編「羅」劇時，我注意到大多數喜愛收聽廣播劇的朋友們，不一定都知道莎翁是何許人也，或是「羅」劇在世界各地多麼受歡迎，所以我在前奏中簡短介紹莎翁的事蹟及名著，明白表示我們播放「羅」劇的本意，這也是在廣播史上一大紀錄。該劇人物眾多，也是廣播劇有限角色的難題，我只有簡潔地把最關鍵的人物介紹出場。參加「羅」劇的演員有：王玫、包國良、曾淳、趙雅君、陳振北、趙剛、尹傳興、歐陽天，我則飾演朱麗葉的乳母，她是個老實、沒多大知識的喜劇人物。全劇分爲十四場，以下保留了最精采的劇詞：

第一場：兩家親朋在街頭鬥毆。

第二場：父母爲朱麗葉和巴里斯議姻。

第三場：羅蜜歐在朱麗葉家舞會中，面戴面具，初識朱麗葉驚爲天人。

第四場：半夜陽台會之私語。

第五場：以鐘聲表示羅和朱到教堂，在神父證婚下結爲夫婦。

第六場：街頭上，羅蜜歐遇到朱麗葉表哥，兩人起了衝突，羅失手殺死表哥而逃亡。

第七場：乳母報告表哥之死。

第八場：羅與朱二人陽台話別。父母訂喜日巴里斯迎娶朱麗葉。

第九場：神父給朱麗葉一藥，使其暫時失去意識，使婚期延後，送信給在他鄉的羅蜜歐，叫他急速回來。

第十場：朱麗葉假死，婚期取消，移屍於朱家墓穴。

第十一場：因瘟疫，小廝傳信延誤，羅蜜歐返回。

第十二場：墓穴內外，巴里斯及羅蜜歐相遇鬥劍，巴被羅殺死，羅蜜歐至墓穴內見朱麗葉死，亦喝毒藥自殺而死。

第十三場：幕穴中，朱麗葉藥過後醒來，發現羅蜜歐死在她身旁，抽取羅的七首，自殺而死。

第十四場：兩族世仇造成自己的兒女不幸死亡。由市政大官宣布兩家和好，鑄二人銅像在市街口。

而第二場羅和朱兩人在花園的對話，顯示了莎翁最柔情的一面：

羅：沒有受過傷的人，才會譏笑別人身上的疤痕。

（朱麗葉自上方，窗戶中出現）

羅（輕聲）：那邊窗子亮起來的是什麼光？那就是東方，朱麗葉就是太陽！起來吧，美麗的太陽！趕走那嫉妒的月亮，她因女弟子比她美麗得多，已經氣得面色蒼白了。既然她這樣妒忌你，你不要皈依她吧？脫下她給你這一身慘綠色的貞女的道服，它只配愚人穿著的。那是我的意中人！啊！那是我的愛！唉！但願她知道我在愛著她！她欲言又止，可是她的眼睛已經道出了她的心事。待我去回答她吧！不！我不要太鹵莽，她不是對我說話。天上兩顆最燦爛的星，因爲有事他去，請求她的眼睛替代它們在空中閃耀。要是她的眼睛變成了天上的她的眼睛，那便怎樣

呢？她臉上的光輝會掩蓋了星星的明亮，正像燈光在朝陽下黯然失色一樣，在天上的她的眼睛，會在太空中大放光明，使鳥兒們誤認爲黑色已經過去，而展開它們的歌聲。瞧！她用纖手托住了臉龐，那姿態是多麼美妙！啊！但願我是那一隻手上的手套，好讓我親一親她臉上的香澤。

朱：只有你的名字才是我的仇敵，你即使不姓羅，仍然是這樣一個你。姓不姓羅又有什麼關係呢？它又不是手，又不是腳，又不是手臂，又不是臉，又不是身體上任何其他部分。啊！換一個姓名吧！姓名本來是沒有意義的。我們叫作玫瑰的這一種花，要是換了個名字，它的香味還是同樣芬芳。羅蜜歐要是換了別的名字，他的可愛的完美也絕不會有絲毫改變。

羅：拋棄你的名字吧！我願意把我整個心魂，賠償你這一個身外空名。

我在倫敦旅遊時，曾在莎氏古典戲劇院欣賞「羅蜜歐和朱麗葉」。他們並不注重布景是否豪華，只管演出劇情是否動人。我也曾在一個叫「紅襪」的小劇場，觀看自「哈姆雷特」改編的一齣短劇，那裝扮實在滑稽突出，完全以諷刺和笑謔的手法演出，劇中女主角由男性扮演，哈姆雷特與人鬥劍，劍尖卻是彎彎的！諸如此類

的表演方式，惹得觀眾笑哈哈，誰也不會想到什麼是悲劇？我也曾在愛丁堡的藝術節中，看過一次「馬克白」的演出，在一個不到幾呎大的平台上，在一層樓房中，五個男演員加一個女演員，還帶舞台聲效，全包在這六個人身上。他們連蹦帶跳，沒有幕，沒有道具，簡直把「他」們累壞了，全場三十幾個觀眾被污濁的空氣弄得直咳嗽，尤其我得過氣喘病的人，更是沒法忍受，只好把椅子移到角落裡去忍病呼吸！當然，像這類的演出和古典劇場正式演出，票價是相差懸殊的。

◎受難曲

《慾之上》（*Beyond Desire*）這部小說，是法國Piere Mure所著，張時翻譯。故事述說德國音樂家孟德爾遜（Jacob Felix Mendellssohn, 1809-1947），爲了堅持對音樂的信念，在百難中，不顧種族的歧視（因爲他是猶太人），執意要推出被人遺忘的老音樂家巴哈的作品「彌撒曲」。當全世界觀眾熱烈喝采之際，孟德爾遜卻以三十八歲之齡早逝，然而他已爲世人做了他該做的事。

要把一部小說改編成僅一小時的廣播劇，並非易事，但我鍾愛孟德爾遜那種爲音樂藝術獻出生命的精神。事實上，孟德爾遜是猶太人，父親是銀行家，是一位幸

運的音樂神童，大可不必爲了一個被遺忘的老音樂家去奔波，受盡惡勢力的阻撓，但是他了解巴哈的作品對後世音樂界的價值，他必須去完成它，設法組織合唱團，將「彌撒曲」公之於世。

改編別人的作品，主要是取其特點而不失作者原有的精神。於是，我把這部《慾之上》寫成上下兩集的「受難曲」播出。上集演播孟德爾遜的家庭與交友，在貴族家庭出身的他，不知人間疾苦。下集則是強調孟德爾遜對音樂的執著，不畏強權，爲了音樂藝術，不惜犧牲財富和生命。

「受難曲」，是爲所有藝術界及無辜的受難者所演播的音樂戲劇，我強調了人性善惡，藝術家們天眞純眞的舉止，一般世俗盲動的人們對藝術的蔑視。在下集中，我加強了音樂演練的「實況」，最後，偉大的樂曲「彌撒曲」響徹天地。

當孟德爾遜終於得到世人了解時，他病倒了，臨終前，他對妻子這樣說：「菲力．孟德爾遜，一個生在漢堡的人，和一位德國女子結婚，曾演唱十八世紀一位無名合唱指揮巴哈所寫的『受難曲』。他在人世的任務已畢，他長眠於此！我的墓誌銘這樣寫，你滿意嗎？」廣播劇末尾，聽眾聽到天使的歌聲。

．這部戲，應該是音樂劇，很感謝配音的李林（原名李國寶，比我小一歲，後來

成爲中視的配音指導）在「受難曲」一劇中，費了不少工夫找音樂資料，更加強了我這部廣播劇的「聲色」。

「受難曲」因場次多，參加演播的工作人員也很多，曾擔任重要角色的人，至今我還記得：

1.孟德爾遜——趙剛（已逝）
2.意大利女歌唱家瑪莉亞——白茜如（已逝）
3.孟父——樂林（已逝）
4.巴哈——于恆（已逝）
5.孟母——趙雅君（現任「美國之音」導播）
6.孟之姐姐——劉引商
7.外交家——張紹載（在美）
8.蕭邦——尹傳興（現任職於中廣）、歐陽天（即徐恆富——現任「美國之音」導播）
9.孟德爾遜夫人——王玫
10.巴哈之老妻——崔小萍

11.音樂配音——李林（已逝）

12.錄音——唐翔（已逝）

看到這份名單，真使人傷感！四十幾年的光陰過去了，廣播夥伴們「走」了那麼多，他們不知道我正在寫他們，遙想著他們曾在劇中的聲音。那時，他們演播劇中人的時候，從未思索過崔導演對他們的期望，更沒想到這些劇中人物日後對他們的人生造成何種影響——就像孟德爾遜的「墓誌銘」：「……我在人世的任務已畢，長眠於此！」

我還不知道我將長眠於何處，但我已經囑咐過我的知己，當我逝去時，將我化成灰燼拋在大海，我將隨著風，跟著浪，回歸「母親」的懷抱。

後來在出版《受難曲》廣播劇選集中，我挑選了七個劇本，包括「婆媳風波」、「升官圖」、「母親的塑像」、「釵頭鳳」、「婉君」、「豐收」及「受難曲」上下兩集。前正中書局祕書賈亦棣、鍾雷兩位先生和我接洽，由正中書局出版，不幸本書卻因賈亦棣在香港受難，該局不得在台灣販賣，更不能在海外銷售，於是《受難曲》存在正中書局的書庫中，做了蟲鼠的食糧。不但雙方訂定的合約宣告無效，我這些重播次數最多的廣播劇本更是不見天日，嚴重影響我日後出版的權利。

我出獄後，曾向正中書局交涉，自購劇本，花費一萬多元。《受難曲》在一九六五年（民國五十四年）四月初版，負責人賈亦棣在香港受難，被遣返台灣。爲我寫序的中廣公司副總經理李荊蓀也坐了十五年的冤獄，出獄一年後病逝。至於身爲本書作者的我，則被誣告坐了近十年的牢，也是冤獄一件。《受難曲》出而不售，聽衆們要買也沒法子買到，這是不是也算受到「政治迫害」呢？

當年爲該書寫序的兩位先生：中廣董事長梁寒操、副總經理李荊蓀，均已仙逝，爲了感謝他們，我把他們的序文摘錄於後，也是紀念我們曾經在中廣同事一場吧。

無線電廣播可以無遠弗屆，對內是普及教育、傳布政令，對外是國際宣傳以及對敵心理作戰的良好工具。尤其是電晶體代替了眞空管以後，收音機可以隨身攜帶，不論居家旅行，隨時隨地都可以收聽廣播節目。收聽廣播已成爲今天人類日常生活中不可缺少的一部分了。廣播節目包括新聞、評論，音樂、歌唱、戲劇……眞是多采多姿。在這許許多多的廣播節目中，感人最深、最富教育意義，而爲聽衆所

最愛收聽的，當首推廣播劇。聽眾收聽廣播劇只聞其聲，不見其人，當然不如舞台劇和電視劇的親切，但由於劇情的緊湊，從劇中的對白以及效果的配合中，能引人入勝，使人有置身其間之感。加以廣播劇的費用省，傳布廣，廣播劇的聽眾，遠較舞台劇和電視劇爲大。

本公司的廣播劇在國內一直享有盛名，自四十一年五月以來，每週一劇，迄今共已播出廣播劇五百餘齣。廣播劇節目最大困難，就是劇本荒。因爲沒有良好的劇本，就可以使它的價值和作用大爲減低。廣播劇的演員不能過多，也不能過少。情節不能太複雜，也不能太簡單，時間不能太拖長，也不能太短促。教育意義不能太露骨，也不能太隱晦，以此廣播劇本的評價，在節目中一直是占最高位的。

崔小萍女士是舞台劇、電影和廣播劇的三棲工作者，她擔任本公司廣播劇的導演已逾十二年，能編、能演、能導，可說是廣播劇的全能人才。她所編的廣播劇本曾出版了第一集，名曰《芳華虛度》，銷行頗廣。玆又將所編「婆媳風波」、「升官圖」、「母親的塑像」、「釵頭鳳」、「婉君」、「豐收」、「受難曲」等七個劇本付印，出版廣播劇選集，而以「受難曲」名其篇。以崔女士的劇藝才華、導演經驗，《受難曲》的內容當較《芳華虛度》更爲充實、更爲精采。……

民國五十三年雙十節，梁寒操序於台北中國廣播公司

梁公精於書法，常有友人託我向他索求「墨寶」，但我自己從未有此舉動，因爲當年我「居」無廣廈，墨寶雖貴，也無處可懸掛欣賞。

中廣公司副總經理李荊蓀，曾兼任《大華晚報》主筆，從前在福建辦過報紙，聽說他的案情跟寫文章有關，可能也是現代文字獄吧！他爲我寫的序是這樣的：

……回溯既往，廣播劇在我國歷經三個階段：首先是以舞台劇的劇本，在幾乎原封不動的情形搬進發音室，只能聽不能看。後來，由中廣公司銳意改進，使用成爲純用聲音表現、能用耳朵欣賞的樂曲，使它巧妙地發揮了廣播的長處，也避免了它的短處，以致聽眾在聽的時候忘了「看」。再到後來，也就是最近幾年，廣播劇從少數幾個演員中的「腳本」，逐漸變成一種文學的讀物，一如閱讀的小說散文，從紙面上得到欣賞的論文。所以，廣播劇本時常有人借閱或傳抄，並開始有廣播劇的集子出版。從廣播劇的歷史看，這是很重要的演進。

廣播劇愈演愈完善愈獨立，是由於很多人貢獻了他的智慧和心血，其中崔小萍

女士是不可磨滅的一員。崔女士導演中廣公司廣播劇有年，她本身又是一個好演員，她在戲劇方面有理論的修養，編撰劇本的技巧也十分嫻熟，是發展廣播劇的一位大功臣。

最近崔女士選了七個廣播劇本輯爲專書出版，定名《受難曲》，這不但是她個人的成績展覽，也是廣播劇事業的一份重要資料。上述七劇，在廣播當時都曾引發廣大聽眾的悲歡之情，得到各方的稱許。如今選集出版，相信更可以發生下述作用：

㈠證明它不但是可聽的也是可讀的，使讀者得到閱讀文學作品時的滿足，如果是讀者兼聽眾，不論是何者在先，都可以比較一下不同的感受。

㈡有志撰寫廣播劇本的人，這是很好的樣品，可資觀摩參考。

李荊蓀，中國廣播公司節目部

我感謝他寫這麼好的評語，可惜，這本集子像劇本「受難曲」一樣受難，被正中書局深埋在書庫裡了。

◎第二夢

在我出獄十幾年之後，中廣公司總務組通知我說有一袋子的書在倉庫，告訴我去取回。我不知道在抄家以後，我還有什麼東西可留下的。那天，我在國光藝校下課後，校方派了一輛軍車給我，另外有幾個男學生跟著，以便搬書上樓。

大車開進中廣公司的圍牆內，警衛沒攔阻，因爲他不知是有何「來頭」的人來了。我們下了車，通知大樓裡的人說姓崔的來取書了。想想這棟大樓剛啓用時，我曾在這兒參加雞尾酒會，還穿了新衣裳，拍了照，卻無緣享用。

我站在樓門口，恭候總務組的人前來。一輛小轎車緩緩開來，下車的人是白銀，我已十幾年不見她，我想，她應該還記得我，還是我考她進中廣的呢！她看了我一眼說：「你來幹什麼？」然後就上樓了。我想，她是怕我有求於她吧？在等待中，看見徐謙盛裝從樓上下來，看得出來她對於我站在樓門口很驚訝！

「呀！崔小姐，要不要到樓上坐坐？我現在有事要出去。」

她很禮貌，我當然說謝謝，然後道「再見」，她開車走了。這時，總務組的人來了，想必他已升了級，他把存放在門房的兩袋書交給我的學生，我謝謝他，他奇

怪地望著我，或許心想：這個崔小萍怎麼沒「變」呢？有些人以為我已經是齒危髮禿的老太婆了，或者還奇怪，這位是不是從前那位崔導演？報上不是說她被槍斃了嗎？

「沒被槍斃，我活著回來！」但，這不值得恭喜。學生把書送上樓後，跟車回學校去了，我才想起，怎麼不請他們吃頓午飯呢？

解開發霉的麻袋，看見破破爛爛的《第二夢》（我的第三本廣播劇集）躺在裡頭，我拿出來讀了讀自己寫的後記，那是在一九六七年（民國五十六年）六月出版的，也是賈亦棣介紹的一家出版社出版，印刷費先是六千元，用我在中山文藝基金會因廣播劇得到的獎金，後來說不夠，又拿去了一千元，說好印一千本，但是送來五百本時，我已經被羈押在調查局了，所以連書的模樣都沒見過。現在看「她」，簡直不像正經書，紙張粗劣，字體不秀，很像書攤上的言情小說，不過，能「存」下來總是幸運的，我在中廣宿舍裡的其他書籍劇本，已不知流落何處了！

這本《第二夢》，也像《受難曲》一般，胎死腹中，未見天日，書中包括「歸來」、「第二夢」、「新生」、「天平上」、「全權教師」、「二又二分之一」等六齣廣播劇。我為什麼以「第二夢」為書名，因為，不論是夜夢或是白日夢，都是「人」

生活裡不可缺少的一個希望，在眞實人生裡，不能實現的理想、不滿足的慾望都可以在夢裡去尋求，沒夢的人，生活乏味。在第一個夢碎時，去尋求第二夢。但是，在第二個夢裡會得到圓滿的結果嗎？在實際生活裡的結果，是加倍的失望和痛苦。

在我的廣播劇「第二夢」裡，主角女作家紀雲，當她對酗酒的丈夫（從前愛過的男人）失望，家庭不和，而把希望和愛寄託在她的小說《第二夢》裡，在書中描述她的家庭美滿，丈夫協助她的事業，女兒懂事，非常幸福，使許多讀者羨慕，小說暢銷。紀雲的丈夫培遠，從前是情場上的戰勝者，他破壞了紀雲和她好友國樑的婚事，而與紀雲結了婚。可是婚後，紀雲愈出名，培遠愈自卑，於是酗酒，沒有了好工作，更是抑鬱，脾氣極壞，因此紀雲完全放棄了他。夫婦倆雖然在同一個屋頂下，卻是各自過著自己的生活，不相往來；爲了女兒代代，兩人從不提離婚的事，有特別的事情，則由代代從中傳達消息。然而，都怪世界太小，紀雲在街頭碰見國樑，他以爲紀雲勉強嫁給培遠，是因爲他沒有積極地爭取她，而造成終生錯誤。他十分內疚，想要補償，可是他已有妻室露絲，一位比他年輕的女人。所有的矛盾、難題就在這裡。

舊情復燃嗎？不能，結果會造成更大的傷害，於是在第一個夢碎的人，用理智

控制住自己的感情，促使自己去尋找第二個夢，可是，「夢」總是夢啊！可憐的「人」！

這是我在四十幾年前寫的廣播劇，現在自己看看劇本，雖說我寫的那些劇詞還能使自己感動，但如今，遭難後，似乎換了個腦袋，沒有一點靈性再寫出好作品。

「第二夢」一劇角色只有五個：女作家紀雲／崔小萍飾演；紀雲的丈夫吳培遠／宋屛飾演；代代／劉秀嫚飾演；紀雲從前的男友傅國樑／趙剛飾演；傅的太太陶露絲／劉引商飾演。李林配音，林文騰錄音，歐陽天報幕。

如果你喜歡廣播劇的話，我相信，你也會喜歡我寫的這些劇詞：

（國樑、露絲夫婦初訪紀雲的家，就被培遠的怒吼給吼走了，這很使紀雲和代代尷尬……他們回到家裡，談論紀雲的家庭。）

露絲：國樑，我眞爲紀雲抱屈，她怎麼能忍受得了？

國樑：在我沒看到她之前，如果有人告訴我，他們夫婦的生活是這樣的，我是絕對不相信的。

露絲：你們從前是同學嗎？

國樑：是朋友！普通的朋友，就是這樣，露絲，就是這樣。

露絲：啊！從那天回來以後，我看你心情就不好，我怕是因爲紀雲影響了你。

國樑：唉！老朋友嘛，總會是……多少受些影響……不談人家的事吧！今天吃什麼菜？

露絲：沒什麼新鮮菜，我又不會做，還不是燒牛肉、魚……

國樑：換些樣吧？整天吃這些，眞膩煩！

露絲：哎呀，現在我們才結婚一年你就膩了，以後怎麼辦？

國樑：我只是說吃的，你別亂想……露絲，你在家反正沒事，爲什麼不把人家的食譜拿來研究呢？紀雲的《第二夢》你不是迷得不得了嗎？她上面不是寫了些有關吃的藝術嗎？你何不照著學學？

露絲：那有什麼稀奇？還不是照人家的食譜抄的。假使她眞那麼會做菜，相信她的丈夫，也不會那麼壞脾氣。

國樑：喲！這倒是新理論！你說說看！

露絲：人家說，如果一個女人能把男人的胃塡得美滿結實，男人在家裡就會溫馴如羊啦！所以紀雲在她的《第二夢》裡完全嚮往這種溫馴的愛情！把她的丈夫描

寫得那麼可愛！把她自己寫得那麼幸福，使讀者們也都跟著她想得到這樣一種家庭情愛，可是……

國樑：可是在現實裡，她卻是痛苦的，她把快樂給了讀她書的人，女人寫東西的範圍太小，除了家，就是男女愛情，除了女人世界，就寫不出其他的世界了。唉！眞是一個褪了色的老故事了！眞是上帝開玩笑，在這兒又碰見，眞是……何苦呢？

（在紀雲的家裡，她的丈夫培遠又在和酒友們划拳行令，喧嘩滿堂，使得紀雲不得不把「夢幻曲」音樂的音量放大，來避開這些噪音及丈夫酒醉的吵鬧。）

培遠：你們聽！這音樂多美！這是我太太的音樂！當人家寫文章的時候，播放這首討厭的音樂，這就是靈感的前奏！（大聲）代代！告訴你媽，關上她那首了不起的音樂！

友人聲：培遠兄！你醉了！你醉了！

培遠：我醉？我清醒得很！我永遠都清醒得很！老兄，你們都知道，我太太是個大作家！（冷笑）大作家呀，她眼裡沒有我，她只有她的夢幻曲，她整天都做夢！哈哈！做夢的女作家，可是她夢裡沒有我！你們知道嗎？她夢裡沒我這個丈

夫！代代！告訴她，停止她那首討厭的音樂！

友人聲：培遠，你再這樣吵鬧，我們可要走了，嫂夫人寫文章，我們太吵她了！

培遠（慌恐地）：你們別走！你們別走！我不鬧了！我不能靜，我不敢靜下來，我受不了！你們不知道，你們不了解！當我一個人坐在這個房子裡的時候，我像被釘在棺材裡又復活的人！要出去，出不去，大聲喊，沒人聽得見，我拳打腳踢，只能聽見自己的聲音，我跳不出去！人家把我看作是活死人！我的房間、我的家就是個大棺材，沒人管我啊！（哭）沒人理我啊！連我的女兒代代也不理我呀！

友聲：培遠！你眞的醉了！

培遠：你們看，我的女兒代代在那兒，就站在那兒，可是她不理我，她只是那麼殘忍地看著我，像她媽一樣！我的女兒什麼都好，就是那兩隻眼睛不好！像她媽！代代！閉上你的眼睛！

（夢幻曲的樂聲更大了）

培遠：（大聲）我的好太太！慈悲一點吧！停止你的夢幻曲！停止！

友人聲：代代！來勸勸你爸爸！他喝的太多了！

培遠：誰說我喝多了？一點也不多，酒瓶給我！給我！你們是我太太嗎？這樣管我？告訴你！我太太是個好太太！她為我吃了不少苦！可我也不是個壞丈夫，我為了她放棄了一切，我放棄了一切，所以到現在！我一事無成，倒像個吃軟飯的丈夫，你們懂嗎？你們要聽我們的戀愛史嗎？哈哈哈！我們偉大的戀愛史啊！

代代（哭聲）：爸爸！我要求你安靜下來好嗎？我求你！

培遠：女兒！代代！你知道爸爸不是廢物吧？可是別人的眼裡，都只有我太太！當別人介紹我的時候，總是說：「這是紀雲的丈夫」，而不說是「吳培遠的太太是紀雲」，我在社會上人家瞧不起我，我在這個家裡沒地位！你們說，男人是不是一家之主？

代代：爸爸，不要再吵了，你吵鬧的已經夠了！

培遠（夢醒似）：夠了？夠了嗎？女兒？好，好，我的女兒說夠了，我要聽我女兒的話，我現在唯一的寶貝，就是我女兒了！你們瞪著眼做什麼？看我演戲？別看，每一個家庭，都有他們自己演不完的戲，你沒有嗎？哈哈！代代！別那樣看著我，連你也討厭我嗎？

代代：不！如果你愛代代，就別這樣鬧了。你知道代代的心裡有多難過，我不

願有一個每天酒醉的爸爸呀（哭）。

眾友聲：好了，吳老兄，休息吧，我們該散了。代代！眞對不起！咱們走了。

（幾個人散去，大門開啓聲）

培遠：各位再見、再見啊！代代！你可憐爸爸嗎？你也認爲爸爸是個不爭氣的男人嗎？

代代：不！爸爸！我沒有，我只覺得你這樣自暴自棄是不對的！

培遠：代代，你不知爸爸內心有多苦啊！我不能忍受你媽對我精神上的虐待！當然我也不能怪她，她對我失望了，全盤失望！我不是她心目中的男人，可是她在當年，竟然拋下另外一個男人跟我私奔了！私奔！你懂嗎？

代代：爸爸，過去的事不要說了，有什麼用呢？

培遠：我要向你媽抱歉啊！我毀了她一生幸福啊，代代！去代我向你媽說，我對不起她，萬分萬分對不起她。

（夢幻曲聲又傳來）

培遠：又是她的夢幻曲！代代，她放這首曲子諷刺我，她嘲笑我，停止！你再不停，我要打碎電唱機！

（樂聲沒有了，代代低低的哭聲）

培遠：代代！代代！爸爸對不起你！我沒有給你一個溫暖的家！（低低地）代代！別生爸爸的氣！代代！你哭得爸爸心亂呀！

代代：爸爸，你這是爲什麼呀！

培遠：爲什麼？（茫然地）爲什麼？……

宋屏演播吳培遠，他是我的學生。這一場戲，他眞是演得太好了！在廣播裡，情緒的控制、聲音表情的變化都不像在舞台上還有肢體幫助表演，相對也增加了難度。我想，做一個演員，就演這一場戲，比演十場戲都「過癮」。宋屏在我其他戲裡，都是一位最出色的廣播劇演員。在「借牛記」中，他那種傻而憨厚的野小子「長生」的演播，皆令海內外聽眾印象深刻。我曾在美國華語電台上接受 **call in**，許多聽眾問起他，不過他現在美國，跟我沒有來往。

也許是「癩痢頭的孩子還是自己的好」，現在重讀「第二夢」廣播劇本，仍然覺得感觸很深，一場一場在廣播裡演出的聲音，記憶難忘。如今，抽場再重抄出來，也許可以帶給沒聽過廣播或無緣讀過劇本的朋友們，對廣播劇有一星半點的了

解吧？

紀雲和國樑又怎麼說呢？

國樑：可是我對你一直沒忘記……

紀雲：不要再傻吧？你現在不是有一個很美滿的家嗎？露絲是一個很可愛的孩子……噢？你說過，你前房兩個男孩子怎麼樣了？

國樑：他們寄養在親戚家裡。露絲年輕，孩子也不懂事，這樣在生活和情感上都不會有太多麻煩。

紀雲：你這個人，永遠那麼理智，事實也是的，前房的孩子永遠不滿意繼母會比自己的母親好。做繼母的人呢？因爲總有一個死了的女人梗在中間，疑心望暗處，就不容易調整得好了！

國樑：紀雲，告訴我，你生活得好嗎？

紀雲：我，還算不錯吧？每天寫寫，和女兒聊聊……

國樑：僅有這些嗎？

紀雲：還有什麼？

國樑：你也別假裝，難道說你們夫妻……

紀雲：我們夫妻？那只是過去的一個夢了。就像我的一部小說，現在所存的，只是一些情感方面的記載了。

國樑：代代告訴我，你們不說話有好幾年了？

紀雲：國樑，我希望，在我們談話的時候，不提「他」好嗎？你對我們的重逢不懷疑嗎？你不感覺像做夢嗎？我又好像回到那個少女時代，又好像回到自己的故鄉，睜大了眼睛想想，那些已經去了，可是不能否認的。我們現在這兒說話，你我都有了各人的家，而且，我們也都有了兒女，而且，我們都有了白頭髮……這不是夢，這是事實啊！是不？國樑？

國樑：但願我們能回到孩童時期，不再有這些煩惱……你不打算再追尋另外一種新生活嗎？

紀雲：我已經追尋到了——那就是我的寫作生活。

國樑：沒有愛情的滋潤，是很難產生光彩奪目的作品的。

紀雲：你的意思是讓我再去追尋嗎？

國樑：未嘗不可以。

紀雲：我跌倒過一次，現在已經爬起來，而且站起來，不再使自己軟弱下去。

國樑：紀雲，我願意幫助你，我願意補償。

紀雲：你沒有什麼可補償的，你也不必仍抱著你那個「英雄主義」，你要像武俠小說裡的英雄一樣，仗義救美嗎？

國樑：不要諷刺我。

紀雲：國樑，記住，你現在有一個美滿的家，不要讓那些過去的紀錄來破壞現實的生活！國樑，我們都老了，自我陶醉是經不起現實的打擊的。

國樑：我不相信我們老了……

紀雲：我相信，我的心已經老了。

國樑：紀雲，明天，明天我再來看你……

紀雲：明天？你不要來了，我希望，以後你也不要來了……國樑，原諒我……

最後一場戲是紀雲和培遠都為十八歲的女兒代代生日買了禮物，還有大蛋糕、花。兩個人無言地坐在客廳裡等女兒回來。

代代：哈，眞難得！能看見二位同時在客廳裡……

（紀雲送代代的禮物是一支鋼筆和一本日記本，裡面寫著：「女兒，用這支筆，寫出你幸福的生命之歌，母親。」培遠送代代的卻是一雙金色的涼鞋：「明日你將走入大學之門，穿著這雙金色輝煌的鞋去尋找你金色的前程。我的公主，並盼你，也找到最愛你的王子——不要像爸。父親。」本來，這應該是家庭和樂的生日，可是當雙親問到代代的將來，氣氛爲之凝結。）

代代：我不交男朋友，更不結婚。

紀雲：爲什麼？

代代：我讀書。

培遠：最後呢？

代代：也許——我去做修女——我這樣計畫我的將來，我想會使你們失望，可是我看到你們二位的生活，眞使我寒心，夫婦的情感是什麼呢？所謂家庭生活就是這樣的嗎？媽！你別走好嗎？

培遠：我並不想那樣，紀雲，我一直對你抱歉，我痛恨自己無能，也痛恨自己愛喝酒，可是我只有在酒裡忘記我的不幸……

代代：爸爸，現在放下酒瓶好嗎？媽！你能不能也對爸爸說兩句呢。從我十四歲生日以後，你們一直沒說過話。

紀雲：代代，今天是你的生日，我不願使你不快活。

培遠：（大聲）你已經使代代不快活了！你還說什麼？你這麼虐待她的爸爸，就使她不快樂了！你是個殘酷的女人，你還以爲你做的都對嗎？

紀雲：（大聲）告訴你，我沒錯！我沒錯！我一生幸福都葬送在你手裡，你只能欺騙一次，不能夠永遠！傷透了的心，是無法再復原的。代代，祝你生日快樂！（腳步，關門聲）

代代：媽！媽！

培遠：讓她走！有什麼了不起，你不過是個女人！（腳步，關門）

代代：爸爸！爸爸（敲門）媽！媽（敲門）你們這是爲代代過生日嗎？你們這是爲什麼啊？爲什麼啊！

（代代哭喊著，蛋糕、鮮花、生日禮物都失去了意義，代代也失去了快活。第二夢也消失了。）

劉秀媛曾當選中華民國第三屆中國小姐，她播演得很好。而引商在這齣戲裡不是演播老太婆，聲音很溫柔含蓄。我自己寫的劇本，我自己來擔任主角，當然更有我內心的體會。許多家庭的不幸，都是先從言語間破壞了和諧。

我想起，我曾把「第二夢」改編成一齣單元電視劇寄到電視公司，因爲有個學生在那裡任什麼經理吧？他採用了我第一齣單元劇是有關靈魂附體的故事，而且播出了，寄給我兩萬元稿費，我很感興奮，因爲那時我剛出獄沒有工作，於是想再寫賺點稿費，但是遭到退稿。現在想想，也許那是我的高足同情我吧？他也是廣播劇團的一員健將，後來在電影界爲男主角配音，很有名。

翻到書中前頁，是前中廣公司魏景蒙總經理爲我寫的序，想起我曾寫了一封申冤的信，寄給他移交蔣經國總統，那天他送了我一個美國花生米罐頭。後來，他的祕書把信退回給我。我們曾共事十幾年，怎麼會如此冷淡？一直到他去世，我都沒再見過他。難道他也怕「白色政治迫害」嗎？摘下魏先生的序〈寫在前頁〉：

這本書是崔小萍女士所編寫的廣播劇集，全書六萬餘字，包括「第二夢」、「歸來」、「新生」、「天平上」、「全權教師」、「二又二分之一」等六個故事的劇

●深夜，伏案寫稿。

本。主題正確，結構嚴謹，是她編著「廣播劇集」的第三集。

廣播劇自民國四十一年始，奠定其獨特的風格，無論在劇本的編寫上，播出技巧的運用上，皆脫出舞台劇的窠臼，發揮了「聲音的感染力」的最大效果，成爲當時擁有聽眾最多的節目，許多人以收聽星期日晚間全國聯播，爲日常生活中不可缺少的享受。

崔小萍女士擔任導演工作，對廣播劇的「形成」貢獻最多。其時廣播劇作家劉非烈、朱白水、趙之誠等，群壑爭流，但如果沒有當時崔小萍女士在演出上悉心規畫指導，賦以實體的血肉生命，則廣播劇也不會有當時這樣優秀的水準。

其後崔女士自己編寫了一些廣播劇，自構想以至演出，出於一人之手，自更能融合貫通。編劇時的構想，不僅爲便利播出，亦得以其對播出的體驗，嘗試新的播出技巧之運用，而在指導播出時，又更能掌握編劇的意識感情，便之毫髮無憾。因此崔女士所編數劇都能發揮很突出的效果，而在其刻畫人性、組織故事與對話的技巧上，亦均不失爲上乘之作。我曾在廣播界與崔女士共事多年，於廣播劇製作的甘苦及崔女士對廣播劇的貢獻，體驗至多，特在這本書付印之前，略綴數語，以誌欣賀之意。……

以下是我自己寫的本書後語：

民國五十年二月，出版了《芳華虛度》第一個廣播劇集以後，五十四年出版《受難曲》，到現在的《第二夢》，使我感到十幾年悠悠歲月，卻像在昨日夢中，過去的也無法尋回，得到的好像又不是自己所要的，眞是「人生如戲，戲似人生」，待到現在，彷彿才領悟出「一點點」道理。

感謝前中國廣播公司總經理，現任新聞局長魏景蒙先生，在百忙中爲我書寫前言，聶光炎爲我作封面設計，賈亦棣兄、周玉銘先生和姚幼舜幫助我出版這本小書。更感謝我的聽眾朋友們，喜歡聽我負責製作導演的廣播節目，十年如一日！

崔小萍　五十六年六月

看看後記時間，剛好是我入獄前一年（民國五十七年六月，我被調查局違法羈押）。有人開玩笑說：「誰叫她愛寫劇本，先是『芳華虛度』了，然後又去唱『受難曲』，現在又做『第二夢』了。」這眞是使我啼笑皆非呀！

幾十年的滄桑歲月，讀讀寫寫，確實使我悟出了「一點點」道理，我寫了一點

點感想：

詩人海涅說：第一次愛是神，
再，就是傻瓜，
我做了傻瓜，也曾是神。
不要遠離我，寶貝，
爲愛而愛，那是天使，
假設？唉！我的心碎了！
我恨，我愛，我說不出，「爲什麼？」
可是我知道我苦。
此生，做過兩件傻事。
一件是不該和我最愛的人結婚，另外是，我愛了不該愛的人。
文藝是苦悶的象徵，我都爲此苦悶。
有一個男人說：
許多女人和我發生過戀愛，被我記得的卻只有一個，我卻從未戀愛過她。

有人說：你曾到過許多地方，但你只記得一個地方。

我說：我曾到過許多地方，但我記得的只有故鄉！

我又在說夢話。

◎茶與同情

一九五八年十月十二日，在中廣全國聯播網播放的「茶與同情」（Tea and Sympathy），原來是美國的一齣舞台劇，編劇是美國人羅伯．安德生（Robert Andson），當時在美演出時相當轟動，後來還拍成電影。

我曾去劇場看了兩遍「茶與同情」，故事是描寫一位出身舞台的女演員，嫁了一位對藝術毫無感受的中學體育教員，夫妻住在教員宿舍裡。女演員嫁過去，自然成爲小鎮中學裡的一位旁觀者，雖然她已洗盡鉛華，儘量適應小鎮居民的生活觀，但仍成爲偏見者的議論對象。偶然間，她發現了一個似乎有自閉症的男學生湯姆李，被眾人取笑是娘娘腔，湯姆爲了爭一口氣，喪失了孩童的純眞而去殺人。

我現在記不太清楚女主角名字，好像叫羅白莉吧？體育教員是石城演的，因爲我記得他叫「羅白莉」的聲音。石城現旅居美國洛山磯，在「開拓者」教會裡擔任

義工。

「茶與同情」的舞台劇本，是當時在台中東海大學讀書的張先芬、張先莉姐妹寄給我的，她們希望我改編成廣播劇，並請我演那位女演員羅白莉。這對姐妹是我最忠實的聽眾，我並不認識她們，現在兩姐妹大概也已五、六十歲了，不知道她們還記得這回事不？

湯姆李，我請張翔（張光誠）擔任，他那時是台大外文系學生，剛考進中廣公司，算是特約播音員，半工半讀。每週日他要代早、中、午、晚四個班，其他時間可以在校讀書，不耽誤學業。這樣的代班工作，雖然沒有主要的現場播音，只是播報台名、頻率，從早上六點開播到晚間十二點收播，整天下來也夠累的。雖然如此，能考進中廣公司播音，可不是一件容易的事呢。

一位沒有廣播經驗的新進人員，就算是大學生，也是不被電台重視的。沒有人會熱心指導他，告訴他應該怎麼學習，只要播報節目不出錯誤，就能「保」住工作。

我發現張翔的聲音，憨厚中透著柔性，低沈而不失磁力，是男播音員裡很特殊的聲音，當時中廣公司的男播音員，能在廣播劇擔綱的都算是明星了，例如趙剛、

張凡（現任德華語電台導播）、沈宏毅（後任中視公司襄理）、樂林（可惜因誤診早逝）、曾惇、毛威（現任新加坡遠東傳播公司導播）早已是資深的廣播明星了。張翔算是初出茅廬的後生小輩，我大膽用了他，心底還是很擔心他無法只用「聲音表情」完美詮釋劇中這個有些娘娘腔的純眞大男孩。既然用他，就不能使他失敗。於是，在我的導演職責之外我是他的戲劇藝術老師，教他「說」，教他體會那個孤獨男孩內心隱密的情感生活。在嚴父（樂林播演）只知道叫孩子「像個男人」，卻不了解他心裡的想法之下，父子之間沒有感情，因爲湯姆李外型柔弱，他父親竟以爲恥。他是個單親家庭中的孩子，他需要母愛。

張翔很用功，演播得也不算壞。他會彈吉他，在劇中有一段小歌詞，我胡亂寫上譜，他自彈自唱，在想像的黃昏情景裡很有詩味呢！湯姆李每到黃昏就彈他的吉他，他不喜歡和那些野男生在一塊玩。記得那段歌是這麼唱的：

33、66、｜1、76－1

愛之歡樂　僅片刻

22、33｜17、16｜——｜

愛之痛苦　綿綿無盡

師母羅白莉，像母親般照顧他、鼓勵他，但並不促使他去像個「大男人」。就在湯姆李去找妓女證明他是個男人時，羅白莉不計別人對她的誤解和汙蔑，設法纏住他，免得他和別的同學爲女人動刀。

羅白莉說：「如果我們永遠不愛錯人，許多快樂就沒有了。自然，愛錯人是永遠沒有結果的，可總還留下一點甜蜜的記憶，而且這些記憶是令人快樂的——」

體育教員丈夫不會了解她，最後她只有走出這個慣常造謠的小鎮中學。

後來，張翔也出名了，他主講「小說選播」，更出馬播演該節目裡的「紅樓夢」男主角「賈寶玉」。賈寶玉在寧國府敗落後出家當和尚，而不知所終；在眞實生活

中，張翔卻因家庭移民美國，離開中廣公司，離開台灣，沒有再回來過——最後，他是眞的回不來了——他病死在美國。

張翔不是北京人，他的父親早年是台灣新文學運動的先驅張我軍，曾在板橋國中或小學讀過書，是最早去北京讀書、娶了「北京人」爲妻的客家人，因此張翔的國語很標準——這些都是我從其他資料上看到的。當時張翔與我雖然在中廣共事，因爲我很忙，沒有時間跟他們聊天話家常，因此很多同事們的「家史」，我是全然不知的。

後來，張翔從美國來信來給我，還是海音姐（林海音）在一九八三年轉告才知道的：

小萍：日前給光誠寫信時，順便寄了我和你的照片，及告訴他你的近況，他立刻寫了這封信及照片給你，老朋友到底情意深，憶念多，你有空跟他通通信，談談一起工作的往事吧！

民國六十六年，我出獄後，老朋友們多半移民美國，有些在台友人大多是不來

往，以免被扣「紅帽子」，白色恐怖陰影仍然籠罩住台灣人民的頭腦。那時，我在國光藝校和世界新專教書，接到海外朋友的來信自然高興非常。

敬愛的小萍姐：一九六二年我出國之前，你送行請我去陝西館吃「泡饃」，還記得嗎？轉眼整整二十年了。世事如白雲蒼狗，眞是又快又不可預料！

現在回想起來，我們同事那些日子，眞是我的「黃金時代」。從一個大學生半工半讀的生活裡，我居然度過了一段最舒適美好的日子，一大部分是靠你的提拔與器重。從挑大樑、主講「鼓浪嶼之戀」，到榮任賈寶玉，我有時私下想，沒有出國，說不定——過去了，不談也罷，不過我們相處一段的樂趣、和洽，我是畢生難忘的。

……來美二十年，竟轉學我原來的興趣——藝術。畢業後找不到事，會餓肚子，碰巧哥倫比亞大學在徵求中文講師，於是呆了下來，轉眼二十年啦！

……看您的玉照，絲毫沒變，很希望你有空來信談，地址是……附上照片請笑納，即祝

時祺

弟張光誠 敬上

三月二十九日

我第一次入境美國是旅遊，第二次是訪友，我們約在紐約的「福來盛」永和豆漿店，豆漿當然是冒牌，沒有眞正台灣的永和豆漿好吃，味道像是喝水，可是在那兒見見面卻是很特別的。趙雅君是張翔認識的，其他住在紐約的我的劇專女弟子們，不是張翔熟悉的，以後他們都成了好友，還合作演出過舞台劇。當天張翔眞像《紅樓夢》裡的賈寶玉，萬綠叢中一點紅，十二金釵圍著他，我這位老祖宗賈母也在場共同演出這場永和豆漿店中的紅樓夢。當天同時在店裡的年輕人一定不知道這群人來自何方，若是在美國生長的ABC就更不會知道在台灣的廣播了。

俗話說，七十歲不外出訪友，朋友家也不喜歡接待，以免暴斃。但是我這近八十歲的人，沒有高血壓、心臟病，雙腿還能健行，這樣的保證下，我還有資格雲遊四方，上山下海訪故知，故知都已老弱，只有「我」去看他們，而且自備旅費。

我每次去紐約，張翔都請我看百老匯的名舞台劇。因爲我的旅程時間沒有一定，他也不敢預訂戲票，等我到了以後，我們再去街角售票口等著購買剩餘的戲

票。紐約是座文化城，藝術是欣賞不完的。

一九九五年，我又入境美國，這一趟是從美國舊金山機場下機，學生陳萬里來接我，他也是六十幾歲的人了，不知道還能接送我幾次？然後，我去了俄亥俄州（Ohio），在辛辛那提市會見我的親戚及老友陰愛華姐，後來又見了與我同班五年又同事的「小朱」，這是她「爲情出走」後的又一次聚會。

之後去了華盛頓特區與加拿大，再轉到了紐約，張翔和他的好友Roger來機場接我，他那時已搬出「美麗媽媽」（他媽媽是北京人，愛漂亮，喜打扮）的家，和Roger同住。他的朋友是替朋友看管房屋負責收房租的，沈默寡言、愛音樂。他們的房子稱爲「火車套房」，長長的，很像火車的車廂，張翔和隔壁的房客商量，讓我借住一個星期。那位房客是上海商人，他的房間有冷氣，生活設備一應俱全。上午，我們各自照顧自己；晚上，從他們的居處出來有地鐵，可直達百老匯劇場，很方便。

張翔是個孝子，雖然和老母分居，每天不是電話問安，就是親赴老母府上問候。老母家裡有位社會福利局派來看護的叢秀娟小姐，可日夜照顧她。後來我才知道叢小姐以前住在左營，也是廣播劇聽眾，她的男友竟是名演員趙丹之子趙矛，眞

是人生何處不相逢，相逢彷彿在夢中。

我喜歡保留和老友們聚會時的片紙隻字，因此「廢物」太多，但都是我所喜愛的。我找到一九九五年六月八日的戲票，是去看「蜘蛛女之吻」（Kiss of the Spider Woman），十三日欣賞的是「歌劇魅影」（The Phantom of Opera），故事和中國古早電影「夜半歌聲」一樣。那天Roger也同行，張翔建議我買一個被毀容的男主角面具帶回台灣。雖然我很喜歡那個只有露出兩隻眼睛的白色面具，但是我沒買——因為，我怕跟朋友出遊時購買喜歡的東西，朋友搶著付錢。我每次付給張翔票款，他怎麼也不接受，他做一個大學講師，也不是賺錢很多的人，他還得供應他老母的生活費，雖說他上有哥哥張光直（張光直在建國中學讀書時，我為他們社團導演過「欽差大臣」和「反間諜」，後成為人類考古學家，曾任中研院副院長，已逝），下有弟弟叫張光樸，但都居住紐約以外的城市。可是老母心裡還是喜愛在遠方的兒子們，這很使張翔傷心。

一九九七年二月十六日，他寄了一捲錄音帶給我，那是在年初二，他告訴我他生活的近況，後來寫信來說，Roger病重，不得不把他送進醫院。有一天，秀娟從紐約來電話，說張翔重病也住在醫院裡，她和趙矛照顧他。我曾寄了「茶與同情」

的廣播劇錄音帶給他，我也錄了話給他：「張翔，你聽到這個聲音嗎？我是從遙遠的台灣錄音給你聽。我是崔小萍，小萍姐呀！每當我到紐約的時候，你都是熱情地招待我吃住，你帶我去百老匯看最好的戲劇，我們談些戲劇藝術，回憶些我們在中廣公司共同工作的時光，尤其是難忘的廣播劇『茶與同情』，你是男主角，我曾寄一捲錄音帶給你，當然我們也忘不了廣播小說『紅樓夢』，在廣播史是唯一的紀錄，你播演長大了的賈寶玉，那一段時間，是中廣最輝煌的時期。

「張翔，半年前你沒寄信給我，我以爲是Roger病了，你沒空。有一天突然接到秀娟的電話，說你也病了，住在曼哈頓醫院裡。張翔，聽到這個消息眞使我難過！我遠在台灣不能去看你，也無法照顧你，幸好你有秀娟和趙矛兩個好朋友在你身邊，這眞是神的恩賜呀！俗話說，在患難中見眞情。張翔，無論如何你要振作，你對自己要有信心，我相信你會再站起來。醫藥能醫治你，信心更能醫治你，不要擔心你的好朋友Roger的病，你的病好了，不是又能照顧他了嗎？雖然你不信神，但是你如祈求祂，祂就會給你堅強的力量，不要軟弱，神的愛無限！

「我在摘除白內障後，近半年來的健康情形也沒有從前好，因此沒去美國，更沒去大陸，我寄給你的我白頭髮的照片看到了吧？小萍姐是老了，雖然我不服老，

本來我可以做許多事——我現在寫我的回憶錄。

「今天是一九九七年十月十四日，崔小萍在台灣台中市住處錄音給在美國紐約的老朋友張翔聽的。祈求他很快地恢復健康。最後，多謝秀娟和趙矛好友，照顧他，並播放給他聽。」

隨後，我又錄了一捲聖歌和唸〈詩篇〉第二十三篇給他聽，但是秀娟來電話說：「他神智已不清楚，聽起來已無反應。」

一九九九年三月五日，秀娟來電話說，張翔，已於一九九八年十二月二十三日病逝。

千禧年，我在中廣錄廣播劇，當我得到廣播金鐘獎特別獎「終生成就獎」的消息傳來時，他已經不知道了。他曾經是最關心我的生活的人，知道我受的所有委屈，現在，我只有在祈禱的時候告訴他了，祈求他的靈魂安息。

張翔，是一位勤於工作、熱心關懷朋友的忠厚人，更是個孝子。一個人努力一生，最後的結局，也只有四個字「蓋棺論定」，好壞都憑活著的人去說了。

在中國廣播公司十六年，若眞要數日子算鐘點，可實在沒法子，因爲我的數學成績從小就不及格，唯一數得出來的是一個月可以排練、錄音四個新劇本，一年十二個月可錄製四十八個劇本，演員及編者則無法計算。一年四十八個劇本，十六年就有七百六十八個劇本，除去我生病請假，或是去拍電影，請人代班錄製的之外，也不過少了六、七個而已，這可還不把我爲軍中或郵電錄製的廣播劇算在內。

◎妒嫉

在中廣工作這麼些年，雖然做了這麼些事，導播、選書不算在內，還是有些公司同仁對我不滿，認爲我「鋒芒太厲害」。那時的魏景蒙總經理，常把一些「黑函」交給我看，內容不外是說公司太捧我，認爲崔小萍不是天才，爲什麼不找別人來做導播、導演？對於這種信，我看過就忘了，反正是「不記名」的密告者，哪有空閒去管它？我只愛這份工作，雖然給我的薪金比不上那些攻擊我的人多。但我從來沒想到要換跑道或跳槽，我就是這樣一個「傻瓜」。

那時我在世界新專、國立藝專、政工幹校戲劇系、台北第一女中執教，有時電影公司演員訓練班我也有課，我總想著，我做得愈多，這些學戲劇藝術的學子們愈

有機會表現。有人諷刺（或是抬舉）說：這些是「崔家班」。但當時我也為其他廣播電台優秀廣播員們上了廣播訓練課啊！現在想起來，感覺自己有點「呆」，但從無怨悔，只是奇怪當年我為什麼有那樣的精力，能在同時做那麼多的事？我記得我還去指導大專話劇社團演舞台劇，而我更喜歡自己演話劇。

如今，當我在這堆發黃的資料當中，用放大鏡尋找那些故事、作家、演員們昔日跟我共同努力的情景時，老眼已昏花，手指不靈活，很費力，但我仍要抄錄下來，記上他們的名字，紀念他們曾是我最好的合作夥伴們，無怨無悔，奉獻了全部青春年華，感覺還是很值得。尤其是成千上萬的聽眾們，聽了我們的廣播節目之後，曾帶給他們無限的信心和偉大的理想。那時候，生活條件是艱苦的，但那是個安居（雖居陋室而自得）樂業（雖貧苦但都懂得自愛向上、有理想）的時代。今天，老的已經「走」了，年輕的也已步入老年，當年的孩子們也都有他們自己的事業，他們了解：「人，為什麼活著？」

活著，眞好！沒經過長夜哭泣的人，不懂得痛苦；不曾失掉過生命的人，永遠不了解生命的意義；沒被牢籠綑綁過的人，不會懂得人的尊嚴是什麼？

4. 我的廣播劇集

我在中廣公司出版了三本廣播劇集，都是我自己最喜歡的劇本，也是收聽率最高的，但是都無法正式在書店出售；它們的命運也像崔小萍一樣，被黑暗勢力淹沒。

第一本是皇冠出版的《芳華虛度》，收錄四個劇本：「芳華虛度」、「兒女冤家」、「窄門」、「藝苑情淚」。「芳」劇是描寫一對青梅竹馬的朋友，男主角被父親逼去和不愛的女人早婚，在戰後，過了十幾年才和女主角重逢，因爲他的前妻在戰亂中失蹤，他即與女友結婚。沒想到前妻突然出現，於是發生一連串威脅吵鬧，最後逼得有愛情的夫妻離異，各自過著孤獨生活。但是命運不放過他們，他們的獨女長大後竟也像母親一樣愛上一個有婦之夫，準備和情人私奔，母親告誡女兒過去自己的遭遇：愛情値得尊敬，但是「現實」是可怕而痛苦的。

「兒女冤家」則是我看到一些孩子，因爲父母自私地只顧自己的生活享樂、賺錢，而沒給孩子一個有愛有溫暖的家，使得這些孩子在街頭遊蕩、打群架，有感而發之作。不過，那時他們叫「太保」或「太妹」，不像現今的孩子們飆車搶劫，用西瓜刀亂砍人、性開放。

在《中廣通訊》上，是這樣介紹這齣廣播劇的：「這是個家嗎？房子這麼好，設備這麼全，可沒人在家裡享受，到處冷冰冰的——我眞不懂他們是怎樣生活的？這麼大的女孩子沒人管，整夜晚待在外面，眞不像話。這家的父母也眞是的，女人的生活放在牌桌上，男人是把全部生活鑽在錢眼裡，弄這麼些銀子做什麼？不管家，不管子女、生活的目的是什麼？我不懂！」（這是我藉劇中的家庭老師，說出這個「家」的現況，鮑老師是白銀播演的。）

故事從丁惠苓（孟繁美播演）的家開始——

她十六歲了，說小不小，說大不大，可就是好玩，誰教她不好玩呢？父親不管她，母親也不管她。只有位家庭教師——鮑老師，她到丁家一個月了，她看不慣這個家，惠苓在外面亂交男朋友，誰也不關心她，只有好心的鮑老師對她說一篇篇的

道理，然而她聽不進。惠苓的男朋友可真多，有「小金剛」，有「排骨」，有「笑面虎」，還有保羅跟陳強，這一夥當然都是太保太妹啦，在這一夥裡有兩個比較密切，那是保羅（儀銘播演），陳強（張翔播演）。

保羅，這孩子可眞野透了。那天晚上，保羅來找惠苓，正巧鮑老師在，他警告惠苓：「如果你今天晚上看陳強一眼，我就不饒你。」他緊揑住惠苓的手，幾乎給揑斷了，鮑老師說：「男孩子對女孩子怎麼可以這麼兇啊！你在什麼學校？這樣沒有禮貌！」

「禮貌？禮貌値多少錢？告訴你，我什麼學校也不念！念一次被開除一次，我不喜歡學校！學校也不收容我。人家是『無業遊民』，我是『無校遊生』！」保羅說完，哈哈笑起來。

這孩子野蠻，不講理，然而惠苓就愛吃這一套。保羅甩她耳光，她受了，可又捨不得離開他！他拖著惠苓走了，鮑老師看家。冷清清的，忽然房裡傳出來一陣哭聲，是小妹醒了（王玫的五歲女兒小薇播演）。可憐的小妹，鮑老師去安慰她，鮑老師又兼做了這個家的保母了。

丁惠苓對陳強也很好，她說陳強是「弱者」，她對陳強說：「我實在服你了，

從沒見過做事這麼不痛快的！連說話都吞吞吐吐的！」

可是陳強並不弱，他最近脫離「小金剛」那一夥太保，他要改邪爲正，他對惠苓說：「現在我的功課有了進步，我感覺到別人看我的眼光也不同了，我精神上的壓迫也解除了！」他勸惠苓也脫離那一夥人，他連保羅也想到了，他說：「我們勸勸保羅吧！讓別人都看得起我們！」只是惠苓躊躇，在丁家的父母不在家時，鮑老師還在爲惠苓上課：「在我們那個時代，無論男女，每個人都有個遠大的理想，都有個美麗的夢，對將來都有無數的計畫，不像你們現在，腦子裡沒有過去也沒將來，小小年紀只懂得『現實』。」

「不現實怎麼樣呢？人生短促，不及時行樂又幹什麼呢？」這是惠苓的回答。

惠苓的生日，鮑老師陪她，她媽給她買了個蛋糕就去打牌了，她爸爸呢？當然在酒家禁地應酬他的那些金錢朋友。惠苓的那些狐群狗黨也沒人來，只有陳強匆匆忙忙地送來一個她喜歡的洋娃娃；只是碰上保羅也來了，他打惠苓。

「好啊！洋娃娃！陳強的禮物，人家買得起，他家裡有錢，你就跟他好！走！走！跟我走！我去找他算帳！」保羅怒氣沖沖地拉著惠苓出門，鮑老師勸也不聽，她只有抱著小妹，在家裡等「惡消息」……一場群架，保羅殺死了陳強，他是獨生

子，在法庭上只聽見哭哭啼啼，保羅殺人致死判無期徒刑，陳家父母哭他們的死去的獨子：「法官，有什麼辦法呢？這是青少年的問題，也製造了社會不安。」

家庭和學校的教育，都沒教育孩子「現在」與「將來」要做什麼。現實的社會狀態，只有使他們去享受，社會上流行什麼，他們就去追逐什麼。父母不給錢，就去搶去偷；爲了搶錢，把人家婦女的胳臂、手砍斷，把皮包搶走，別人辛辛苦苦賺來的錢，他們費不了幾小時就花光光——這是現在台灣青少年的生活狀態，我在五十年前就提出的問題，沒人重視。

本劇播出後，有一段消息說廣播劇「兒女冤家」，聽眾們紛紛來函讚揚，媒體報導指出：「廣播劇『兒女冤家』，對於太保太妹的問題做了精闢的分析，播出之後，許多聽眾來信給該劇的編導崔小萍，讚揚她編劇技巧成功，更以她編此劇具教育意義，而極爲讚譽，希望她多編此類似的廣播劇。」

有位聽眾的來信說：「今晚的『兒女冤家』針對目前環境的切需，我是如何地感激你們對於大眾的貢獻，我是多麼同情這一對太保太妹的孩子，他們實在需要愛——父母家庭的愛，可是他們的父母家庭不給他們，忍心地拋棄他們，我同情這些

孩子們，我難過，我流淚，我痛恨這些父母親，我憤怒，我也流淚……。」

另外一封信，聽眾是這樣寫的：「先生編劇及導演，對今日世道人心裨益良多，對太保太妹如何形成後的可怕，描述精緻，令人折服。惟此劇之著重點，在暴露父母不負責任，使兒女成爲太保太妹，以及後果；對如何防止太保太妹之造成，如何使其走回正途，則未啓示，再寫一廣播劇，以挽回世風。」

一個編劇者提出問題，不一定像醫生診病後，給病者什麼偏方藥單，在當年聽眾們對我們中廣所播出的戲劇，呼應是很敏銳的。

◎窄門

我寄了一首短詩，取名曰「破滅」：

詩人海涅說：第一次愛是神，
再，就是傻瓜。
我做了傻瓜，也曾是神。
不要遠離我，寶貝，

為愛而愛，那是天使。

假設？唉！我的心碎了！

當我在情感裡鬱結時，我總是把我的心情寫出來，有時是自我解嘲，一個女人，孤獨地活到三十或四十幾歲時，會忽然醒悟：「此生，做過兩件傻事，一件是不該和我最愛的人結婚；另外，就是愛了我不該愛的人。」廚川白村說，文藝就是「苦悶的象徵」。因為苦悶，就寫文章、寫劇本。

有一個男人說：「許多女人和我發生過戀愛，被我記得的卻只有一個，但，我從不曾愛戀過她。」男人，女人，在愛情的漩渦裡，就會這麼矛盾、掙扎、恨、愛，說不出為什麼，只是苦痛。愛情是不一定有目的，是慾望嗎？人的情感，就是這樣的，紀德說：「慾望，當不能駕馭時，就會像一把火，把人的靈魂肉體燒成一堆灰，被一陣輕風吹散，而化為無有。」

我警惕，不管在人生過程中曾有多少驚天動地的輝煌成就，也不論有多少可歌可泣的過去，這把感情的火一旦燒起來，最後，會被一陣輕風吹散！

但是，慾望是不會停止的，於是，我寫出一個廣播劇，稱它是「窄門」。

《聖經》上說：「你們要進窄門，因爲引到滅亡，那門是寬的，路是大的，進去的人也多；引到永生，那門是窄的，路是小的，找著的人也少。」（〈馬太福音〉第七章第十三節）但是，在我劇中的夫、友、妻，這三個人找不到永生的路，在愛情、友情、親情裡翻滾，最後被慾望打倒。

故事很簡單，一個是建築工程師的丈夫，迎接從戰場上回來的朋友，他們親如手足，讓他住在自己的家裡，讓自己最愛的妻來照顧他。丈夫終日在外忙工程，妻常是寂寞地守在家裡。當這位體弱多病的朋友住在家裡以後，這位妻子像姐姐、像母親一般地服侍他，使年幼喪失家庭溫暖的他感到無比的幸福，同時也使這位妻子感到他照顧她，是她在丈夫那兒所得不到一種情感。男女單獨相處，日久難免產生出另一種情感，兩個人都用理智壓制自己，不要出軌，避免背叛了朋友和丈夫，但是慾望，就像紀德所寫的：「慾望，我牽曳你跑遍行程，我使你在大城市中飽醉，使你飽醉，但是不曾使你止渴。我使你浴在月夜，我帶你四處行歡，我在波濤上輕輕地搖著你，我想使你在浪花上入眠！慾望！慾望！我更將怎樣處置你？你要的是什麼？難道你永不疲憊？」

慾望，是沒止境的！如果陷在它的泥淖中，想拔出腳來是很困難和痛苦的。妻

和友都各自努力要進那個窄門，但是，路是窄的，他們還沒找到；丈夫突然早歸，得不到諒解，妻、夫、友，只好各自離開。

這齣廣播劇是在一九五八年九月二十一日星期日晚，全國聯播首次播出，引起聽眾熱情反應，接到很多來信，以後重播多次。劇中有幾段劇詞，是寫妻、友兩人矛盾的心理，我自己很喜歡，就是文藝味太多了些，但是我相信聽眾也會喜歡的。

劇中人：夫／克剛（我用我最愛的朋友的名字），趙剛擔任；妻／夢湘（是我姐姐的名字），王玫擔任；友／若夫（是我一個哥哥輩的名字），宋屏擔任。

夢湘：你心裡記得你的好朋友克剛嗎？

若夫：難道你會忘記他嗎？他是你的丈夫，是我一生最忠實的朋友，我得對得起他。

夢湘：若夫，原來你是爲著這個在躲避我，你不覺得已經晚了嗎？

若夫：沒有晚，現在還來得及！夢湘，我們應該面對現實，不應該再欺騙自己！我也知道，自從我來了以後，解除你不少的寂寞；在克剛身上找不到的，你在我這兒可以滿足。過去，我從來沒有的，現在有了。在這兒，我享受到家庭的溫

暖、手足的情感，以及女性的愛撫，像姐姐一樣，更像母親，在過去的生活裡，我從未接觸過的愛撫——尤其是一個病人，最容易脆弱地墜入這種情感裡去，但是，那是錯誤的！夢湘！現在我答覆你！我們應該選擇那座「窄」的門。

夢湘：可是，進窄門的人究竟是少的，我承認我自己不過是一個普通的女人，我需要的是愛，不是上帝，我只是需要你。可是，我從未想到爲什麼？想看見你，能看見，心就安了；要跟你說的話，能說出來，就滿足了。這是爲什麼？我不知道。至於我要你什麼，我想不出來，好像你整個都屬於我，可是有時，我心裡也全沒有你。記得法國詩人拉馬爾丁（Lamartine）的小說《葛萊齊拉》嗎？那上面有一句話：「爲了被愛而愛是人，但是爲愛而愛，那是天使。」告訴我，你懂我的話嗎？

（最後……）

若夫：你打得對，我只要求你原諒夢湘。

克剛：我會原諒她，也要求她原諒。

若夫：最後一句話，請你轉告夢湘：「只有快樂的人，才能通過那座『窄』門，快樂是要付出代價的。」

克剛：什麼是快樂的代價？

若夫：有的時候需要克制，有的時候需要寬恕。我走了，克剛！再見。

克剛：（悵惘地）再見！若夫！

（輕輕飄來豎琴彈奏的音樂旋律，輕輕地……）

我把「窄門」這個劇本，和我「芳華虛度」、「兒女冤家」、「藝苑情淚」選做民國五十年我第一本廣播劇集，以「芳華虛度」爲書名。

不幸的是，在「窄門」播出幾年以後，卻發生一件和我劇中人相似的眞實故事，他們沒有進「窄門」，他們沒有互相原諒，做丈夫的動了刀子，追殺他的好友，後以殺人未遂罪坐了七年牢。

那位丈夫是位喜劇演員，曾和我演過「清宮殘夢」，他飾演太監李蓮英，我飾演慈禧太后，他就是我劇專第十三屆的小學弟魏平澳。我去探他監的時候，他正在工廠做工，是不在面會時的特別接見，大概監獄官也是我廣播劇聽眾的緣故，特別通融吧！

以後，聽說，他又結了婚，最後病逝於香港。

◎藝苑情淚

在「藝苑情淚」這齣劇中，三個學藝術的好友，在離開學校後，各人有不同的命運。學畫的倉傳鼎，忽然雙眼失明，他看到的不是鮮艷的色彩，而是一片黑暗，尤其在和沒有愛情的人結婚之後，幾乎變成了虐待狂，灰心之至；雖然有個女兒跟他相依爲命，但是女兒沒有代替他的眼睛學畫，而學了鋼琴。侯健後來赴國外深造，成了知名的鋼琴家。專門學習表演藝術的張芷君，沒有舞台能發揮她的藝術，她是兩個男人最好的「女友」，眞誠相待、相知、相助，這是崇高的友情。他們年輕時分散，到老年時再聚首，情誼如舊。

我在這個劇本的封面寫上《聖經》〈哥林多前書〉第十三章：「愛是恆久忍耐，又有恩慈；愛是不嫉妒；愛是不自誇、不張狂，不做害羞的事；不求自己的益處，不輕易發怒，不計算人的惡，不喜歡不義，只喜歡眞理。凡事包容，凡事盼望，凡事忍耐，愛是永不止息。」

本劇演員：畫家倉傳鼎／宋屛；演員張芷君／王玫；鋼琴家侯健／趙剛；胖姐（倉傳鼎之妻）／崔小萍；小英（倉傳鼎和胖姐生的女兒）／孟繁美；其他人聲效

果／趙雅君、門琪、徐明、于恆。

當時中國廣播公司的節目部主任邱楠爲我寫了序，在《中央日報》發表，他也是一位有名的散文家，筆名言曦。

〔人性的抉發——序崔小萍劇〕

性情之深淺厚薄，人各人殊，有如其面，不同性格的交織錯綜，是產生動人戲劇的重要因素之一。如果每一個人的思維與感情皆趨於一定的類型；對事態的心理反應皆限於一定的方向，即成爲一個「非戲劇的世界」，猶如平沙無垠，永不見峰巒丘壑之美。

戲劇以人生的素材爲織錦，含英咀華，以還報於人生，使觀者嘆喟、喜悅、震撼、穎悟，而後享受到一種抒發性的快感。故戲劇不能人性的刻畫面面獨立存在，其在人性的刻畫堙鬱幽便之處，抉發愈深，即愈見具備動人的劇力，而組織故事的巧拙尚居於次要的地位。創意人物不是杜撰人物，事實上沒有一個人能憑空去創造另一個人，而只是體會一個人，或綜合混揉幾個人性格，然後以最適切的對話，使之再現於傳播工具；這個人必須是可能存在的，而又不同於凡俗，似曾相識，而又

「出乎其類」，剖析其心理的精微深邃的底層，如剝筍衣，如見肺腸，莎翁之造哈姆雷特、馬克白，王實甫之造張君瑞，皆循此而使人物栩栩如生。捨人物塑造的成功之外，古往今來的戲劇家亦無所成名，上焉有以事寫人，其次以事述人，而再其次述事而忘人，再其次以性格模糊的人去塡塞夾纏不清的事，最次則以不可能存在的人去組織不可能發生的事。

今天的劇作家，如果忘記發掘人性的深度，去體會、追求、塑造使人難忘的人物的典型，而只是精心編織完整的人物故事，使其分布如何均衡，穿插如何巧密，如何擺布以引人入勝，都完全是徒勞的；猶如桐城派古文的末流，專講義法，展聘有序而無物，畢生顚倒浸淫，仍舊是站不住的。戲劇不宜於刻畫心理是一種誤解，事實上是一句對話，都是這個人物的心理反映，對話的作用如果只是在便於發展故事，那是沒有生命的對話。

崔小萍女士集其近作四個廣播劇，將以之付梓，其「兒女冤家」寫喪失家庭溫暖的小兒女的變態心理；其「窄門」寫非法的愛情迎拒之間的精微的心理過程；其「藝苑情淚」，寫一個盲人在勉強撮合的婚姻中所蒸鬱出來的自卑與虐待狂，皆虎虎有生氣，其潛心致力的方向，實上與前代的戲劇名家相接，要亦是爲轉移今日浮泛

技末的編劇風習。發其端緒，除「芳華虛度」以外，其他諸劇，我應該自幸為第一個過目的人，崔女士不以劇學疏陋見棄而請為之序，樂而誌此，兼及我自己平日讀劇的一點感想。

《芳華虛度》劇集，是在民國五十年二月出版的。第二本劇集《受難曲》則是在五十四年，由正中書局出版；雖然沒有行使合約，沒有出售，但能留下這本劇集，在我是最大之幸事，能將空中的戲劇，由聲音、由文字，再變成「我的書」，無論「它」受到多大的委屈，我永遠會視為寶貝。

第二本劇集裡，有八個劇本。「婆媳風波」是描寫家庭裡，婆婆和兒媳婦總有些芝麻大的事不能親近，而難為了兒子，兩者都是為了愛那個兒子，婆媳二人言和。記得擔任演員的有我、宋屏、白茜如、劉引商、王瑞、宏毅。

「升官圖」——有些人的升遷，是站在別人的痛苦上，過河拆橋，翻臉不認人，而沒有反饋回報的良心，還得處心積慮去除異己，政治人物如此，「小人」更是如此。

在「母親的塑像」裡，我強調養育之恩大於生育，但有些被收養的孩子，往往

只記得生母而不知感恩於養母，一旦發現生母不是在想像中那樣愛他們以後才醒悟。我以「母親的塑像」顯示母親的偉大，參加演員有我（飾演母親）、王景平（演幼兒時的小彬彬，她現在是配音班的領班）、劉明（十六歲的彬彬）、趙剛（飾演父親）、趙雅君（飾演老管家）。

「釵頭鳳」是陸游和唐惠仙的故事，擔任演員有我、王玫、毛威、白銀、王孫。

「婉君」一劇，最早是一位喜歡聽廣播劇的小姑娘，寄來瓊瑤小說《六個夢》裡的一個故事「追尋」。希望我改編成廣播劇，後來我就把該劇取名為「婉君」。那時我在南部休假，以一個星期的時間改寫成劇：三兄弟同時愛戀一個小姑娘婉君，他們幼時玩在一塊兒，不分彼此，但在長大成人以後因為手足之情，三人都無法取捨，而各自離家出走，浪跡天涯。剩下孤獨的婉君，只能悵望雲煙，無處追尋情人。我在該劇末尾寫下婉君獨站庭台，感嘆人生如夢：

婉君：秋天又到了，他們呢？在哪兒？真是「黃葉無風自落，秋雲不雨長陰，天若有情天亦老，搖搖幽恨難棄，惆悵舊歡如夢，覺來無處追尋。」

年輕時的瓊瑤，作品的文藝氣息較高。這段故事，後經中央電影公司拍成電影，由李行導演，其中飾演三兄弟的演員都是我藝專校的高足——江明、馮海、王戎，幼時則是巴戈、余繼孔飾演，另一小演員我不認識。至於婉君是誰演的，我也忘了。

「豐收」述說一對老夫妻的故事。本劇雖然主要的對話只有兩個老人：爺爺和奶奶，但是我用一些聲效，使兩個人的家族圍繞著他倆，兒、女兒、子子孫孫，他們是幸福的長者。在該劇中，我讓兩位老者雖然在日常生活裡常爲些小問題嘮嘮叨叨，但都很有趣味性。演員只有兩個，爺爺是由聶光炎擔任，奶奶是由雅君擔任。

「受難曲」分上下兩集，我是根據張時翻譯的法國 Piere Mure 的作品《慾之上》改編而成的，原小說是敘述猶籍德國音樂家孟德爾遜，在無意中發現大音樂家巴哈遺作「彌撒曲」，被棄置於泥土之間以及做了包牛肉用的紙張，甚爲慨嘆，他決意約集樂隊，將這名曲向世界宣揚，但因他是猶太人，備受種族歧視，困難重重，而他的決心不被惡勢力嚇退，終於讓世人聽到了這部偉大的受難曲。每在演唱時，聽者全體肅立，以示對天父、基督耶穌和巴哈的崇敬。該小說包含孟德爾遜的家庭、他的戀愛、他的奮鬥，內容複雜，我因此分成前、後兩部改編，後部強調音樂的演

奏，以及他在三十八歲因積勞成病，生活又困苦，不幸與世長辭。

本劇擔任演播的演員很多，記得有趙剛、白茜如、王玫、張紹哉、樂林、趙雅君、劉引商、王庭樹、王孫、歐陽天。場次多，聲效也多，李林在音樂配音煞費苦心，當然播出的效果也很好。一開場，于恆和我演播老巴哈和他妻子琳娜。

琳娜祈禱（低而哀怨地）：上帝，你聽到了嗎？那是他為你寫的音樂，你聽到了嗎？憐憫他吧！他為了你的聖樂！已經獻出了他的眼睛，為什麼你卻降窮困、疾病給他一身。聽，他已在為你彈琴。我愛的約翰！彈吧！你會快樂！願你的靈魂安息，唉！我無法忘記那些往事，是甜蜜和悲劇的過往啊！我彷彿聽見他在喊我……

巴哈（蒼老地）：琳娜！讓我去彈一會兒好嗎？

琳娜：約翰，已經夜深了，天又這麼冷，你的眼睛又看不見！

巴哈：琳娜，我會摸索著彈的，我就彈一會兒，輕輕地……

琳娜：你是渴望聖瑪教堂的合唱隊長！人家不准你彈大風琴的！

巴哈：我聽你的話，不讓他們聽見，只彈一會兒就回來！

琳娜：好，我扶你去，慢慢地走……

琳娜（自語）：音樂奪去了他的眼睛，也奪去了他的生命，可是那些音樂卻沒人要，那些聖樂、序曲、追逸曲、彈奏曲，他喜愛的巴沙加利亞、彌撒曲以及他最愛的，根據〈馬太福音〉所寫的我主受難曲，他都傾注入所有的心靈、信仰和希望，希望所有的人進入更好的世界，可是他自己卻是受難者。約翰！你的時間已經過去，我的卻剛剛開始，我們同住三十年，你卻跟你的樂譜一樣隨風飄去——可是你的音樂，仍飄在我的心裡……假如現在你看見那些樂譜像垃圾似地被弄走、被遺忘，你會怒吼、暴跳如雷。但是，約翰，你對我永遠是最溫柔的丈夫。上帝，你聽，他沒有死，他仍然爲你彈奏音樂，而且直到永恆，接受他吧！偉大的靈魂，那是約翰．賽柏斯汀．巴哈。

（受難曲樂聲強大後隱去，馬車聲駛近）

偉大的靈魂，他爲至高在上的主——爲人類贖罪被釘十字架上的基督耶穌，譜出最偉大的音樂——受難曲。

《第二夢》是我出版的第三本廣播劇集，說起它的命運更慘，當出版商送書時，我已身陷囹圄。這本劇集是自費出版，是中山文藝基金會送了我六千元獎金，

後又付出一千餘元給出版商，印刷粗劣。感謝中廣公司總務組同事，在我遭難後把它們存在板橋的倉庫內，待我出獄後，才看見《第二夢》的眞面目，它已被蟲蝕，濕爛的面目更醜，幸好內容被毀損得很少，讀起來才稍感喜悅。

這本廣播集子包括我六個劇本，其中的「歸來」是根據童劍凌短篇小說《頂替》改編的，故事敘述從大陸偷渡到香港的兩個年輕人藍顯東、徐子偉，在台灣有母親、妹妹的藍顯東不幸死亡，臨死前，請他的朋友徐子偉冒充兒子來台灣和母親相聚，沒想到他後來對妹妹日久生情，遭到母和妹的懷疑，不得已才吐露實情，母親說雖然失掉了一個兒子，卻重新獲得一個像兒子一樣的女婿，還是快樂的。參加播演的演員有白茜如、劉明、尹傳興、岱明、劉引商。

「第二夢」則是描寫當人們在第一個夢裡破碎時，就希望有個完美的第二夢。劇中人女作家紀雲，在對愛情、家庭、丈夫完全失望時，她就在她的作品裡去尋找第二夢，這也許是私自求安慰的方法。而他的丈夫培遠是個小公務員，妻子的名氣愈大，他的不滿就更大，於是酗酒來自我陶醉，也許那就是他的第二夢吧？他們有個即將考大學的女兒代代，也就是這個家庭的傳聲筒、受氣包，因爲他們夫妻雖在同一個屋簷下卻從不說話、不來往，靠代代傳達彼此的信息，其實有什麼信息可傳

達？只是相對的冷漠。當培遠喝醉時大吵大鬧，紀雲便播放她的小夜曲、舞曲，用舒伯特、布拉姆斯來對抗。兩人可曾想過：在多少年前，他們同是一個夢的追尋者啊！

紀雲這個名字，是我在四川江安劇專讀書時認識的一個本地女學生，她和年齡差不多的高中生結婚，但是做丈夫的視她如無人，因爲是父母們作主，把他們送做堆。女兒取名爲代代，則是我老師萬家寶（曹禺）第一個婚姻所生的女兒名；培遠，是我的好友——我總喜歡把我記憶中好友名字寫在我的書裡。有一次去大陸探訪萬老師，拿我的書給他看，他很迷惑地說：「這些名字好熟悉啊！他不是那個——」那都曾是他的學生們啊！

本劇演員：我播演紀雲，宋屛播演培遠，劉秀嫚播演代代。紀雲的舊友傅國樑（這也是我六中高中部同學的名字）趙剛演播；陶露絲是傳的年輕繼室，由劉引商演播。

「新生」是幾十年前寫的劇本，如果不是這本被蹧蹋得破破爛爛的《第二夢》舊劇本，還眞不記得從前我編了些什麼劇本？這個故事是寫一個貿易行的陳經裡，爲人和善，有個一兒一女、好太太的家，從不做不法勾當。有一天，某檢察官介紹

●在中廣控制室外，等待錄製廣播劇。

一個很帥的男士叫鄭淵傳來貿易行，要陳經理照顧，因爲他曾經被女友拋棄，幹下殺人未遂而坐過牢，現在獲釋需要一份工作。這件事，檢察官當然和陳經理細談過，陳認爲改過自新的人，雖然犯過錯，但不能以偏見定論他就是「壞」人。鄭的外表帥，而且做事能力深獲陳經理的信任，也引起貿易行裡職員們的嫉妒，尤其是陳的兒子更不喜歡這個外人加入到他們家庭裡來，不料他的姐姐卻愛上鄭。

後來陳經理和其他合夥人弄了一批貨，中了人家的圈套，不但要罰繳稅，還得吃官司，他想說服鄭爲他脫罪，但遭鄭拒絕，因爲鄭以爲不能「知法犯法」，陳因不滿鄭不爲他掩蔽犯罪，而告訴全貿易行的人與家人鄭曾經是個犯人；然而坐過牢的人並不可恥，最後鄭說服陳經理去投案自首。劇中演員有趙剛、趙雅君、徐謙、包國良、歐陽天、張莉、田樹英、乾德門。

「天平上」，改編自知名女作家琦君的短篇小說《電冰箱》。當年琦君跟我都是女作家協會的會員，我們也是英文班的同學，那時美國新聞處的官夫人是我們的老師。當年，一般平民的生活極窮乏，就是別家買個電冰箱，都會使在法院服務的男人們備受威脅，尤其是些太太們買一點小菜都會斤斤計較，有的就怨丈夫們不會賺錢，看到在法院工作的某同事八面玲瓏，怎麼就有錢買大冰箱，他的太太吃穿都顯

得與眾太太不同，羨慕歸羨慕，安於貧窮，不貪不污——法律是公平的（在我沒受誣告前，我認爲法律是公平的），最後，犯法的被送進監獄，什麼冰箱、房子都被充公，化爲無有。

該劇演員：宋屏、趙雅君、孫杰、劉引商、歐陽天、白銀、林源邦錄音（他日後在中視公司做了錄音指導）。

「全權教師」是我根據日本佐佐木的小說《全權教師》改編的，原著由丁祖望翻譯。這是一篇很有趣味、對話雋永的小說，寫一個叫劉芒（諧音流氓）的老師和他的親戚，以及那幾個小頑皮侄女之間的故事。戲裡，除了于茜、于恆、趙剛，其他的四個寶貝都是我劇藝學校的學生：尹傳興、鹿瑜（曾擔過空中少爺、電影明星）、陳小玲、孟繁美（現職於台視）。

「二又二分之一」（這個劇名有點怪吧），「二」是一對年輕夫妻，丈夫是怕老婆（PTT）會員，老婆是妻管嚴；再一個「二」，是一對老夫妻，是年輕那一對兒的泰山、泰水。泰水也是妻管嚴一派的女將，泰山沒有石敢當的威力，只有離家出走。另外一個「一」，也是因在家中「岳母」管得太多，不得已，也被迫出外尋找「自由」。最終目的，各方都是爲了愛，只是過火兒了些。該劇演員：崔小萍／泰

水，曾淳／泰山，PTT會員／趙剛，妻管嚴／徐謙，找尋自由者／尹傳興；張川培錄音。

◎閒話梁祝恨事

在一本破舊的《皇冠雜誌》書中，竟發現了一篇我過去爲「皇冠戲劇」專欄所寫的一篇文章，紙已黃，而且破損多處，文稿背後是印著：皇冠，第十九卷，第五期，民國五十二年（一九六三年）一月出版，發行人是平鑫濤。

重閱之後，覺得有些「回憶的價值」，我題名它是「遺跡」，文章題目是〈閒話梁祝恨事〉，內容是有關台北因「梁祝電影」成爲狂人城，和我所編寫的廣播劇「梁祝恨事」。我的文章是這樣寫的：

「梁祝」電影，自上演以來，眞可算得上是盛況空前，賣座打破以往所有佳片紀錄。觀眾中，竟有連看一、二十遍者，其中黃梅調歌詞也已氾濫全省，各電台從早到晚全天候播放，即三歲小兒也會痛哭兩聲：「梁兄哥啊！」凌波反串梁山伯，變成了熱中梁祝電影觀眾的偉大偶像，幾乎認爲凌波已經「演完」了現世所有偉大

演員。這是在國片市場上從未有過的現象，簡直變成了一種「瘋狂狀態」。

不可諱言的，此片在故事、景色、歌調方面頗能引人入勝，至於說到在藝術上有何最高成就，是值得商討的。雖然在亞洲影展得過幾項獎，但那不證明這是一部十全十美而不可批評的佳片。可是，有些「梁祝迷」或是「凌波迷」，竟以爲萬般影片皆下品，只有「梁祝」高；萬般音樂皆低調，只有「黃梅高」之勢。因此，凡是批評「梁祝」有缺點的，或是與黃梅調唱反調的，都大有罪孽深重之嫌疑。所以，多數的錯誤變成對的，使人對「梁祝」有不能置言之威脅。但是，瘋狂狀態總是暫時的，等待有一天對症下藥，這種病症會漸趨正常。

我不是爲「梁祝」而失掉理智的人，可是我同樣深愛「梁祝」這一段羅曼蒂克的故事，於是我在發現梁寒操先生的京劇劇本以後，就動手改編成一個廣播劇，並請楊秉忠先生配寫了不同於黃梅調的插曲，昆曲曲牌請宋丹昂小姐、歐陽天先生主唱。劇本是五月初寫好的，排到六月二日才播放，這時，正趕上「梁祝」電影賣座進入如火如荼之時，因此我這個「梁祝恨事」的廣播劇，竟引起一部分聽眾朋友的不滿，似乎已經有了「梁祝」電影，這個廣播劇就不應該再產生，而且從編導到演員全都被罵得體無完膚、無一是處。

主持廣播劇十多年，我從未爲自己的節目辯白過，也從未自吹自擂，總是逆來順受。因爲我想聽眾的耳朵和感受應公正的，聽得滿意的心裡有數，但我從未回過信，這次想起在這兒寫一筆，也是因爲「梁祝」失火，池魚遭殃。我誤入「一窩風」的漩渦中，按理應得此教訓，但最重要的，我想在這兒說明的一件事是：批評藝術作品，千萬不能意氣用事，廣播劇是廣播的，只限於聲音表達，電影則是綜合聲光、形象、音樂、舞、攝影技術等等共同來完成的，它易於滿足觀眾的聽、視和感覺。但廣播劇只能用聲音來喚起聽眾的一種幻像，所以兩種形式的藝術表現，不能一概而論。

後面我要介紹一封「罵函」，看筆跡是女孩子寫的，從言詞上可感覺出她對「梁祝愛之深，而對『梁祝恨事』責之嚴」的情緒，現在，留印在此，待她高中畢業後再看看這封信，她會感到過去自己的「天眞」。

「……世界上沒有比『梁祝恨事』更糟、更氣人的東西了。『梁山伯與祝英台』這麼美的故事，被你這大編導弄得糟透了頂。編也糟，尤其是硬插進個『精采』的劉媒婆。導也糟，可能您老人家也沒聽過一遍。演員也糟，相信他們自己也不想聽。作曲糟，唱得更糟（梁山伯到哪去？），咬字咬得半個都聽不出來。請問您還

能叫它作廣播劇嗎？您大編導在我們心中一落千丈，以後大概我們再也不忍心去聽您的『傑作』了！再說一句，糟透了！能和電影比較嗎？熱愛『梁祝』故事的人上。」

此稿無意向任何朋友挑戰，只是發抒自己一點感想，希望看「梁祝」電影的朋友，或聽過「恨事」的朋友，也請原諒我的「天眞」。

從前，我在中國廣播公司曾組織廣播劇團，製作編導演廣播劇，導播「小說選播」，工作十六年之久，像以上如此批評或者讚美的信函也接讀不少，也有人寄信給總經理所謂「黑函」，他們都會交給我看，告訴我「不必在意」。有人把我的名字寫成「吹小萍」，或是「崔老萍」。正確的批評是對的，但是惡意的謾罵，就有失君子風度了！

我記述這篇「恨事」時距離五十二年已有三十多個年頭，大導演已是近八旬歲的白髮老婆婆，我想寫信的那位小姑娘也已是四、五十歲的中年婦人了吧？

◎癡兒說夢

從「畢莉小姐」「發風」來台的那天晚上（七月十五日），到現在小說選播「紅樓夢」的演播，已經是一個月有餘了，這三十幾天，眞是「難過」，這份難過，不是由於熱心聽眾的來信批評、恭維和善意的指責，而是在在檢討「紅樓夢」的演播，不但距離「理想」太遠，更傷心的是，損害了曹雪芹先生所創造的意境，破壞了「紅學」讀者對這本巨著的想像。當然，這絕不是我們選播此巨著之前的願望。現在「紅樓夢」剛進行到二十九回，距離最終的一百二十回，屈指算起來，還得有四個多月的漫漫長途，它雖已失去一個「好」的開始，我仍希望它會有二分之一的所謂「成功」的將來，因此，我願意在這裡，想把我對此書的一點淺見和處理的情形，向關心「紅樓夢」選播的朋友們，做一次簡單的報告。

首先，我應該說，「紅樓夢」的播出，是在一種艱窘而不健全的情形下進行的，預算說是五萬到六萬，但光錄音磁帶一項支出，就占去三萬，剩下的一點錢，就做此書有名有姓兩百多位演員的酬勞及其他一切開支，一直到全書演播完。演員的報酬，是按播出磁帶的發音次數計算，來錄音三、四次，也許可能在一次磁帶裡

播出，而計算起來也僅有十元，所以，每月所得不過幾十元而已，我想，這一點就是公司裡的同仁都不會想到，擔負此巨著演播的演員酬勞卻是如此微乎其微。各位一定很奇怪我爲什麼一開始就談到「錢」，這討厭而又可愛的東西，眞是俗不可耐，主要的目的就是不願使已經辛苦的工作者們，在巨大的預算數目誤解之下，再蒙受不白之冤。

其次，我要從《紅樓夢》本書說起。據我的了解，認爲《紅樓夢》完全是本「讀」的書。凡是書中人、物、樓台亭榭、風俗習慣，讀者都可按他們以往的生活經驗、情感方面的體會，在想像中使書中人物一一復活，而這一切，都可依據各人的不同想像而給此書一個新的生命，而不會影響原作的靈魂。《紅樓夢》也是一本可以編演爲電影、戲劇，而成爲一本「看」的書，使讀者的想像變爲事實，從具體的形象中，再去了解《紅樓夢》所要表現的精神。但是如果作爲一本在電台上「播講」的書，確是一種冒險的嘗試，因爲只憑藉一種表現方法——聲音，要把此書所包括的四百多個人物的嘴臉，榮寧二府的興盛衰敗的狀況，「說」得有聲有色，錦上添花，的確是件不容易的工作。

何況，《紅樓夢》一書是本名著，凡是讀過它的人，都有一份對它的偏愛和成

見，只憑聲音，如何能滿足讀者、聽眾的要求？它不像廣播劇演播那樣具體，它是在敘述中表現人物，人物在敘述中展露身分個性，所以「聽」起來，總有脫節的感覺，尤其是「紅樓夢」結構是不「技巧」的，故事是東一片、西一片鋪滿全書，無法單成一元，所以連續播講下去，一定會發生段段落落不緊湊的現象，如果只是「讀」的話，這種感覺是不會有的，因爲讀者可集中一個時間「讀」完。而「選播」，只能每晚使你聽取三十分鐘的「紅樓夢」，三十分鐘的時間裡，有時會出現十個以上的人物，男一句、女一句，再加上主講的敘述，假設對此書沒讀過、沒了解的聽眾，不管主講的技巧多麼高強，也很難引聽眾進入一種欣然領受的情況中的；所以，有位聽眾來信說，我們選播《紅樓夢》應得「勇氣獎」，是的，我也承認公司決定此書的選播是大膽了些。

在導播此書時，我的決定是文白並用，雖然胡適博士說，這是本「白話」小說，但那總是幾十年前的舊話，而在現代，這總是一部舊小說。如果不能依據舊小說的筆調口吻來講述，那就無法保有舊小說的風格，而《紅樓夢》也可以不稱其爲《紅樓夢》了，尤其書中對人物的裝束打扮、外型的描畫、景物的介紹，如果完全用「現代口語」來播講，那眞是煞費唇舌，費力不討好，而囉哩囉嗦，愈說愈不

清，例如在第三回，介紹寶玉出場的一段形容：「及至進來一看，卻是位青年公子，頭上戴著束髮嵌寶紫金冠，齊眉勒著二龍戲珠金抹額，一件二色金百蝶穿花大紅箭袖，束著五彩絲攢花結長穗宮官絛，外罩石青花八團倭緞排穗褂，登著青緞底小朝靴；面若中秋之月，色如春曉之花，鬢若刀裁，眉如墨畫，鼻如懸膽，睛若秋波，雖怒時而似笑，即瞋視而有情；項上金螭纓絡，又有一根五色絲絛，繫著一塊美玉……。」

假設沒讀過《紅樓夢》的人，對這些字眼當然是聽不入耳，如果是變成白話，怎麼及得上這一百三十個字介紹得具體而生動？再，在十七回中，賈政「大觀園試才題對額」中，介紹大觀園景物、賈政及清客等的話，如果不是文縐縐地講，就缺少「古」的感覺，曹雪芹對於人物的台詞是很有研究的，男人、女人、老幼、上下人等，尺寸分明，在說話裡可以代表身分，所以，有些人必須「文說白話」才不失舊小說的趣味，因此有聽眾來信說：「聽不懂」、「不通俗」，說胡適提倡白話，何以對此毫不「顧問」的等等指責。總之，《紅樓夢》的播講，不可能講的一般化、大眾化，使人人皆懂，因爲它是在選播一種「學問」，與講「評書」、「說古」的立場絕不相同的，雖然這個故事是婦孺皆知的。

又有些聽眾來信說：「主講應用女聲」，「寶玉沒有童聲」，「黛玉不像黛玉」，「寶玉、黛玉的聲音都太老了」……我們都知道榮寧二府裡的人物除了「女人，幾乎很少男人，而《紅》書，主要也是用那些不同遭遇的紅顏，來烘托出那塊來自青埂峰下的無才補天、在紅塵中翻滾的頑石——俗人卻稱他爲寶玉的人。全書女聲爲主，連寶玉說白，一半已是女性化，因此我們選請聲音剛強、口齒清楚的趙剛君來做此書的主講，以他理智的口調，做一個頭腦清醒的旁觀者，帶領收聽此書選播的聽眾，走進那一陣滾滾紅塵之中。

至於寶玉等演員的邀請，也是很傷腦筋的，按二十六回的寶玉被馬道婆咒瘋病後，老和尚來治病說：「青埂峰下，別來十三載矣……」寶玉應該是十三歲，黛玉比他小，直到四十九回「琉璃世界白雪紅梅」，不過增加一歲，其中結社作詩，談情說愛，絕非十三歲的娃娃所能理解的，如果眞請此孩子們來演播，他們不懂《紅樓夢》。事實上，現在十三、四歲的孩子們都成熟得早，他們的聲音恐怕比現在擔任寶玉的演員還要「老聲老氣」，選用成年人，他們理解夠，但總「缺乏稚氣」，所以，在這方面，聽眾應該有一種「心理距離」，那就是情感地去欣賞，避免理智地分析，否則對全書每個人物的演播，都不可能滿意，而破壞聽覺方面的享受。因爲

直覺地去欣賞，才會有美的感覺。當然，我不是以此做導播失敗的藉口，此書演員眾多，十分之八靠台外的朋友支持，又多是一半無播音經驗的。有演員，不一定適合而能演某一角色；有精采的角色，卻又很難請到伶牙俐齒、會說白的演員；準備排練時間又沒有，顧此失彼，很坦白地說，導播演播此書的人都是費力而絕沒有「好」的傻瓜。

至於音響效果的利用，我是有選擇的。《紅》書和現代小說不同，與其瑣瑣碎碎地用很多效果，不如在講述中說出來，使能「無聲勝有聲」，保持對現場的想像，尤其是門窗、腳步等一般效果，我儘量避免，否則你來我往，腳步紛沓的效果聲將會「喧賓奪主」。所以，在此書中，我運用能導引或發展情節進行的效果，因此聽起來感覺單調，而嚮往過去「小說選播」裡效果的眞實化。

談到刪選問題，聽眾的意見也很多，如能存其眞，保持原著文學精神，又不失趣味，而能前後情節貫通，詩詞歌賦又都能吟誦得不枯燥乏味，負責這方面工作的朋友，也是很難刪至「恰到好處」，否則不如「重寫」。尤其是《紅樓夢》，此書雖無嚴密結構，每一段小情節似乎都貫連一段「因果」關係，眞是難以下筆！但在我導播感受方面來了解，我覺得第一回既有「甄士隱夢幻識通靈」，那麼第五回的

〈賈寶玉神遊太虛境，警幻仙曲演紅樓夢〉應該全回播講，癡人說夢，夢中幾個曲牌如「恨無常」、「樂中悲」、「聰明累」、「好事終」等，正是唱出了《紅樓夢》書中全部故事，以及說明人生之情愛慾念，最後仍屬一夢……可惜此回刪節太多，變成眞的「太虛幻境」了。

「紅樓夢」今始播至二十回，計算全書播完，至少尚有四個多月，困難還多，但願一般合作的朋友能繼續鼓舞精神，各盡其力，使這部中國文學名著在電波的傳遞中，使它老去的生命在人們的心靈中復活，而不希望中途夭折。

歡迎熱心朋友賜我更好的支持。

這一篇小文登在《中廣通訊》上，已經是半個世紀前的事了，多少參加演播的朋友們，老的老了，永遠「走」的走了，就是當年一些老聽眾們也已不在人間，我到國外遇到他們的孫子們，還記得「紅樓夢」小說演播的盛況；而演播賈寶玉的張翔也已在一九九八年逝世於美國紐約，眞是人生如夢。

「紅樓夢」錄音半年，每日在控制室看《紅》書上的那些螞蟻小字兒，使我的額頭上多了不少皺紋。請了專家楊秉忠做主題曲，請宋丹昂、歐陽天主唱，中廣國

樂團伴奏，不能不說是廣播界的大製作。當年雖然錄製很費勁，但是現在想想，還是很有意義，在文學史上也應該算是一大創舉。

我所請來的顧問們，在學術上各有見解，因爲文長，老花眼看剪報費力，在此也只好割愛。在演播人員方面，除了中廣的主要播音員，眞得感謝那些熱心廣播的聽眾朋友們，他們自告奮勇，在經過簡單的試音後自費來電台錄音，風雨無阻。《紅》書人物眾多，各有各的身分，從小孩到中老年不等，如果只靠播音界的朋友幫忙，也是件難事。當年票選薛寶釵和林黛玉，更是特殊的宣傳方法，雖然不一定完全正確，但是王玫和白茜如兩人均不負眾望。

賈府裡的風流老少很多，我這位老祖宗賈母，時隔四、五十年，已記不清我那些兒孫事了。可是我記得我的寶貝「寶玉」，因漸漸長大，聲音也漸漸成熟，是請鹿瑜、張敦志、張翔扮演三個時期的賈寶玉，王熙鳳是張清眞播演。其他十個金釵，多是我藝專的學生們播演。

冤獄歸來，有一天忽然聽到中廣重播「紅樓夢」，但已進入尾聲。寶玉出家做和尚，張翔低沈的聲音正向家人們告別。這是第一百十九回：〈中鄉魁寶玉卻塵緣沐皇恩賈家延世澤〉；第一百二十回：〈甄士隱詳說太虛情，賈雨村歸話紅樓

夢〉，「說到辛酸處，荒唐愈可悲，由來同一夢，休笑世人癡！」讀此夢的後人，給紅樓夢做此偈語。

演播紅樓夢的夢中人，張翔已逝，其他也已煙消雲散，那位北京鄧老太太播演劉姥姥，也早已仙逝。我完成這一本巨著的「小說選播」以後，不幸入獄十年，現在又回到紅塵之中。在我頭腦尚清醒之時，記下此夢，但午夜夢迴，書中人、演員們聲影仍歷歷在目，雖然時過境遷，我對他們永不會忘記。

5. 最後一場戲

二〇〇〇年三月某一天晚上，小琥從台北來了電話：「老師，向您查問一下，您的第六屆亞洲影展，是哪一年的？你在哪一部片子得最佳女配角銀鑼獎？」

「是在四十八年五月吧？是中央電影公司的『懸崖』一片參展的……你問這些做什麼？」

「沒有什麼啦？有些資料要對正一下。」

彼時正值中華民國第十屆總統選舉，競選激烈，要在三月十八日一決勝負。國民黨推出（應該說是擔任十二年的總統李登輝提名）──連戰，和行政院長蕭萬長競選，他們抽到「2」號，競選資源雄厚。

另外一組，是和李登輝失和、被罵得狗血噴頭的宋楚瑜，從前是他把李推向國民黨主席寶座及連任總統的。宋楚瑜請了醫學界心臟大師張昭雄做他的副手，張醫

生曾爲心臟病者成功地換過心臟，同時也是長庚醫學院的校長。張先生一頭白髮，笑容可親，他們抽中了「1」號。

抽中第「3」號的則是李敖和新黨的馮滬祥。李敖是台灣著名史學家、文學家，可說是各方奇才，因爲擔任了新黨總統候選人，使他的民主建國理念傳遍大專院校和民間里弄。李敖也曾在白色恐怖時期入獄——當時我居住在感訓學校仁愛莊時，他和幾位教授被關在另一小院子裡，和我們女生班只有一牆之隔，他被限制出外「放封」——雖然我們在同一地方困禁了幾年，我卻沒見過他的「眞人」。以後在他主持的「挑戰李敖」、「李敖挑戰」節目中，我才目睹到盧山眞面目。（後來環球電視台被民進黨人士收買，李敖的節目被「驅逐出台」，這應該算是另一時期的「綠」色恐怖吧？）

第「4」號候選人是前民進黨主席許信良，他的副手則是脫離新黨的朱惠良。許信良是幾十年前被國民黨開除而遭到通緝的進步人士，競選「資源」薄弱，他的登記競選費只有一千五百美元，還都是各方捐助來的。

陳水扁和呂秀蓮這一組抽到「5」號，這是主張台灣獨立最強勢的一組，他們人力及財力都有財團及本土企業界支持。

我爲什麼把這些總統競選人的鬥爭寫出來？因爲他們的這場戲，和我的「戲」，是同時上演的。

二〇〇〇年（民國八十九年）的廣播金鐘獎，於是年三月三十一日假國父紀念館舉行。報上說，今年特別獎將請總統當選人頒獎；另外，中國廣播公司也入圍了二十七項。三十一日的前一天，又是晚上，小琥的電話：「老師，你被提名終生成就特別獎！恭喜你！」嚇了我一跳！我從沒期望過我所做的藝術工作會得到什麼回報。

我在中廣工作了十六年之久，在白色恐怖時期被「掃地出門」，中廣是黨營事業，因此三十幾年來不再聞問，只在一九七七年我重獲自由後，送來四個字：「不能復職」。要不是新任總經理李慶平弟兄（他是屬於浸信會教友）邀我回中廣，使崔小萍的名字「風華再現」，恐怕大多數的聽眾、觀眾在謠言中以爲我已魂歸西天了。

第二天，有一位記者小姐打電話來說：「恭禧你，崔老師，你得了終生成就獎！」爲了保健眼睛，我最近很少看報，而且電視上的消息已經夠人聽視的了——我趕快「離家出走」——我怕被訪問，報紙上的「白髮女郎」曝光，引起路人注

目，實在不喜歡。

這次的廣播金鐘獎，正值西元二〇〇〇年之始，很有意義。那是一個世紀的交替，舊的已去，新的將來、新的開始。然而，中華民國第十任總統，也給了新世紀一個大震撼。「2」號的連蕭配竟然慘敗，而「1」號宋張配，以極小的差距敗給了民進黨的陳呂配，陳水扁當選總統。

五十年前，蔣介石輸掉了海峽的那一方，撤退來台灣，大陸成立了「中華人民共和國」；而李登輝執政十二年，輸掉了國民黨。這在台灣眞是改朝換代大變天，使全球都注意這個小島上的震動——就像一九九九年九月二十一日的台灣百年大地震，毀了半個島域，受災同胞還在哭泣的時候，政治上的風暴又來了。

國民黨變成了在野黨，陳水扁在二〇〇〇年五月二十日正式宣布當選，對岸密切注意他是否會宣布自己是「中華民國」總統，還是「台灣國」總統——民進黨的「台獨」意識已有多年歷史，對岸的飛彈正瞄準著台灣，是和？是戰？是統？是獨？當我的這本回憶錄問世時，禍福恐怕仍未定局。

失望的國民黨員們、悲痛的榮民老兵們，以及對國民黨仍抱著一絲希望的無黨無派群眾，日夜站在國民黨黨部門前，站在李登輝的官邸門外，高喊李登輝下台的

口號，他們有受騙的感受與無比的羞辱，他們的問號是：「爲什麼敗得這麼慘？」這其中有什麼政治詭詐？

激情過後，沒有正確的回答，國民黨痛定思痛，正在討論「改造」。

政局大變過後，民間活動照樣進行。廣電基金會通知我，八十九年廣播金鐘獎在國父紀念館舉行，我一定得參加，因爲我被名家們提名及評鑑得到「終生成就獎」，由當選第十屆總統陳水扁擔任頒獎人。

頒獎當天，我的學生劉華駕車送我到會場。引商來接我，李玉琥、娜君夫婦、崔淑萍夫婦、王瑞夫婦、鄢蘭，和蕭慶賡（引商的丈夫）、乾女兒淑貞都守在館前等候，攝影記者們忙著拍照，安排好其他學生們鼓掌歡迎……。

這次金鐘獎的頒獎大會，首度由官方交給民間主持——民進黨的民視電視台負責電視傳播。大會的全程節目偏向「台語化」，可能製作者不知道廣播的歷史，從民國四十年代到六十年代，國語廣播及廣播劇的藝術正是廣播史上的黃金時代。而有些頒獎人的「幽默」，也變成帶有「顏色」的言語。

新總統陳水扁約在九時半進場，十時左右他登上舞台演說，說到廣播，提到我的冤獄事件，並且預告在他任內絕對沒有「白色恐怖」。

接著，節目主持人叫著我的名字，引商扶我上台——她怕我登上台階時會「失足」。我沒有特別打扮，一身黑，算是禮服；阿嬌送我白色網狀方巾，做了披肩；從山東青島碼頭上購買的一串廉價白色珠鍊，作爲裝飾。

當陳水扁總統把那座金鐘交給我時，我謝謝他，並請他回座，因爲這「最後一場戲」是得獎人致詞。

各位貴賓，各位最親愛的廣播界的朋友們，各位好！

今天晚上，我站在國父紀念館的舞台上，來參加金鐘獎盛會，感到非常的高興，感謝廣播界名家們的提名和推許，送給我這個「終生成就獎」。這個金鐘雖小，但是，在我舉起它來的時候，卻是感到特別的沈重。

我在台灣度過五十幾年的時間，從年輕到今天的白髮。五十幾年的歲月，有甜有苦，風風雨雨，就像廣播劇一樣，仍然感到無限的甜美。雖然在白色恐怖時期，我被誣告陷獄近十年，失業將近二十幾年，但是我沒被那股惡勢力打倒，因爲我有「信、望、愛」的支持，我心中有喜樂，我沒有恨，我原諒那些陷害我的人，因爲他們不知道他們犯了什麼罪。

我愛我的國家，我愛台灣這片土地，我們希望有免於恐懼的自由，我們祈求禱告沒有暴力，沒有鬥爭，沒有燒殺劫掠，更沒有戰爭。作爲一個小老百姓，我們要過平和的日子，因爲「愛」和「恨」是不能並存的！

最後，感謝幾十年來跟我合作過的學生們、夥伴們，感謝這幾十年關愛我的許多知心的朋友們，感謝這幾十年來支持我的老老少少的聽眾、觀眾朋友們！更要感謝的是，幾十年前聘請我任職於中廣公司的節目部主任邱楠先生，更感謝現任中廣公司總經理李慶平先生邀我回中廣做節目。謝謝！謝謝！

雖然我心情有些激動，但表演方法的訓練使我控制住情緒，順利地致辭完畢，鞠躬下台。台下的朋友們流著淚爲我鼓掌，爲他們受冤的崔老師能在大眾場合上說出她心中的話，得到她生命之中最後的一點榮光，而歡喜、祝賀！

「這是不是『我』的最後一場戲？」我問朋友們。

「不是！還有更精采的在後面！」他們齊聲大叫。

在我來日無多的歲月裡，還能有更精采的演出嗎？

第二篇

電影與我

「耶穌降生在馬槽裡……。」在一所教會小學的教堂裡，小舞台上有幾個孩子正扮演著一段聖經故事：一個扮聖母的女孩子，頭上披著一條紗巾，臂腕懷抱著聖嬰，其他幾個孩子圍繞著她，用小小的手指著那個洋娃娃裝扮成的嬰兒，齊聲唱著耶穌降生馬槽的讚美詩。

當時，我卻被罰站在最前排做合唱隊，眼裡充滿羞恥與悔恨的淚水。我想，假如我能按時來「做禮拜」，那麼我戴的這頂白帽子上就會貼滿金閃閃的星，我的玫瑰花就不會殘缺不全，而現在也不會被老師處罰，不讓我演聖母，而叫我站在台下做合唱隊。

我的老師很會鼓勵孩子們怎樣接近上帝，例如爲每個孩子製定一頂白紙做的皇冠，一顆金星代表一次禮拜，如果從不缺席，到學期終了的時候，就會有一頂金星皇冠了。另外，又爲每人畫一朵不塗顏色、沒生枝葉的玫瑰，寫上各人的名字，釘在一塊大板子上，如果這學期「崇拜日」出席太少，那麼那朵玫瑰既沒枝幹，更不會塗上綠色的葉子，連紅色花瓣兒也是稀稀疏疏的，看上去不像玫瑰，倒似一塊塊醜陋的疤痕，而這塊牌子在聖誕節就擺在聖壇旁邊——差不多每個學期終了，我總站在最前排，挨受這樣一次無言的斥責。

雖然我也相信上帝，但有些禮拜天總不能控制地跟著姐姐哥哥，去看十點鐘早場的外國電影。十點鐘，正是禮拜開始的時間，我卻坐在電影院裡看神童莎麗鄧波兒的舞蹈唱歌，看「孤星淚」中弗德列馬區在地下水道裡，被扮演警察的查理斯勞頓無情地追趕著……，那時，我早已忘記被派演聖母的事了。

從「說明書」中了解，七、八歲的我被銀幕裡的劇情與人物景色深深吸引，除了跟姐姐們看洋片，也陪媽去欣賞老牌皇后胡蝶的片子，像是「姐妹花」、「再生花」、「啼笑姻緣」等等，連徐琴芳的「荒江女俠」、夏佩珍的「火燒紅蓮寺」，也從未錯過。而我爸是個不研究《聖經》、也不進教堂的信徒，北平有「角兒」到濟南登台時，他會不惜用四塊銀圓買一張黃牛票帶我去聽戲（我還不夠買票資格）。記得有一次有某名角貼「散花」，冒著傾盆大雨，我們父女倆去時連黃牛票也賣光了，爸很不開心，但我卻因為在大雨夜的街市上坐著車趕來趕去，覺得很有意思。在家裡，因為占著「老生女」的優越地位，所以我在三派娛樂方式中常能「得其所哉」。

我國小是在市立小學讀完的，在歡送畢業同學的同樂晚會上，我們這班演出獨幕戲，劇名是「狐群狗黨」，統統是女扮男裝，老師派我做流氓之一，只有兩句台

詞，當時我很氣他不看重我，於是我自作聰明上台時加添動作，比如將吸剩的香菸夾在耳朵上，怪聲咳嗽，別人忘了台詞時我就來補救。結果我爸也參觀了同樂會，看完後他好像很傷心，對我說：「你這個壞孩子啊！怎麼不演個好角色呢？告訴老師，以後不要再參加演戲。」當時，我從未想到，舞台，在我往後的生命裡會那麼重要。

後來考入國立戲劇專科學校專門研究表演，舞台才眞正做了我生命的支柱。我把劇場看作是神聖的殿堂，舞台就是那充滿靈光的聖壇，像唱讚美詩一般，翻讀著劇作家那些不朽的名著。我再不缺席了。因此，我想像著那頂金星星的皇冠將屬於我，我的玫瑰將開放鮮豔奪目的花瓣，還有翠綠的枝葉扶持。

6. 舞台・電台・攝影廠

從舞台到電台，也是我從未思議過的事，雖然我在抗戰勝利後也曾客串性地在電台播音，但從未想到自己會在中廣擔任廣播劇導演，而且有這麼長的一段時間，所導播過的劇本超過四百齣，所吸收的廣播劇人員數目更不算少。除了導演廣播劇，「小說選播」節目的錄製，是我的主要工作；在全國聯播中的短劇「今日鐵幕」，也是我工作的一部分。

猶記得我初來中廣工作的情況，彷彿也很具戲劇性似的。

一九五二年（民國四十一年），我家居花蓮，在六級大地震之後，正計畫遷返台北，突然接到一封中廣公司的來信，內容大略是講聽說我對兒童心理很有研究，希望談談，恰好當時我因事北上，就順道過來中廣看看，接見我的是節目部主任邱楠。

也許我那時穿著很像西部來的cowgirl，有些土頭土腦，很使他奇怪。過去，我對穿著打扮的確是毫不關心，但自從我明白了「人要衣裝，佛要金裝」這句話以後，才稍稍注意了些。邱楠問我許多問題，最後希望寫個廣播劇本給他，我就走了。我本來對這件工作不抱希望，所以並沒有重視它是否成功，但我還是很守約地寄了一個劇本給邱楠，那就是我的第一個廣播劇本「重逢」，劇中我用了火車、車站、人聲效果以及「初戀」做插曲，因爲寫作不熟練，感謝姚嘉凌替我修改後才正式播出。那時以現場播出，沒有錄音，我記得我飾演母親，王玫演我的女兒。

其實在我接獲中廣來信，約我來台北的同時，我也正好接到政工幹部學校的聘函，以及鐵路局話劇社約我導演話劇的信，若不是我對廣播劇的喜愛，我也許不會答應中廣，因爲那時僅僅兩百元的薪水，在台北是不夠生活的。

一九五二年四月三十日，我由花蓮搭車來台北，五月一日正式報到，從此我的藝術生命，從舞台轉移到電台。這些年，時間不算短，可是想起來，我好像還是那個昨天才從習慣了地震、颱風的小城裡來的野孩子一樣，仍然是土頭土腦、楞里楞氣的，只是牛仔褲不穿了，改換了裙子。我可以說是個「有福人」，任何工作環境裡都有許多朋友熱心協助我，尤其在中廣。

拍電影，對我並不新奇。抗戰勝利後，我曾住在攝影廠裡，不出去玩的時候，就看明星們拍電影，看他（她）們在一個鏡頭裡哭，在另一鏡頭裡笑，把情感撕碎成一片片的，上一個鏡頭裡苦臉，和下一個鏡頭裡淚水，接不成一氣。我當時剛從劇專畢業，熱中舞台劇表演，覺得電影好像無法發揮我的表演理想似的，我只願在舞台上享受一幕戲，盡情舒散我的情感，我不願天天分分秒秒的零碎地拋擲情感。所以，有一個曾教過我表演的教授，叫我在他的電影裡擔任小角色，我臨陣脫逃了，很使他不滿意，被誤會成傲慢。

過去看人家拍電影，覺得沒有什麼困難，比在舞台上的表演要輕而易舉，到後來自己眞正參加拍戲，才感覺出來電影和舞台表演都應有高度的表演技巧，才能表現出劇中人的眞實性格。電影演員的情緒把握，是舞台演員不容易做到的；而舞台演員的情緒逼眞，也是電影演員無從捉摸的。因此，如何使舞台的表演技巧溶化在電影技術那更眞實的畫面中，作爲一個演員，不能不在此求得一個答案。所以，當電影導演約我拍電影的時候，這兩個問題在我腦海中交戰，使我惶恐，不敢輕易接受人家好意的邀請。

「千金丈夫」是我拍的第一部片子，是與老牌明星周曼華合作，也是我第一次

正式以一個演員的身分走進攝影棚。第二部片子是「馬車夫之戀」，我自己從未去看過，因為在銀幕上的「戲」，很使我臉紅。所以往後在答應別人的邀請之前，我總是特別慎重，中影的「懸崖」，就是在慎重後答應的第三部電影，我跟電台請假兩週，到台中攝影廠和香港的小丁皓、台灣小生唐菁合作，完成我在該片中主要的戲。一九五九年（民國四十八年）五月四日，中影公司以此片參加第六屆亞洲影展，五月八日下午四點由電訊傳來我獲得最佳女配角的銀鑼獎，當時我正在控制室導播小說，錄製「紫藤花下」。我想，紫藤花的記憶影響了書中主角梁婉儀的一生，那麼，紫藤花的名字，也將在我的一生中烙下深刻的記憶。

獲獎消息傳來，中廣上下好像比我自己還興奮，為我寫新聞，為我製作訪問錄音，為我拍照，並為我招待來訪的新聞界朋友——這的確是我值得記憶的喜事。對這些熱誠的朋友們，除了「謝謝」兩字，在字典裡找不出更適當的字眼來表示我的感激！

◎亞洲影展

亞洲影展是怎樣產生的呢？在我獲得第六屆亞展的「最佳女配角銀鑼獎」以

前，只有陳燕燕以港星身分參加中影拍攝的「錦繡前程」一片，獲得第四屆亞展的最佳女配角獎，每次中華民國影片參展都是敬陪末座，只有鼓掌的份，當時多虧張小燕的童星獎爲本國影壇拿回少許的面子。因此，一九五九年五月三日至八日，第六屆亞洲影展在馬來西亞吉隆坡舉行，我獲得大獎的佳音傳回國內之後，怎能不使關心影業發展的人士們鼓舞歡欣？我沾此光彩，在報紙、電台、新聞報導裡大出鋒頭，那時電視尚未問世，所以民眾只能在報紙上的照片認識崔小萍的廬山眞面目。也因爲如此，記者袁敬一興緻勃勃地寫出〈亞洲影展的誕生〉報導，使觀眾在興奮之餘對亞洲影展有一些概念，同時明白新聞界熱烈報導第六屆亞洲影展的緣由，並非「小題大作」。

我將當年的新聞報導摘錄如下：

亞洲影展的誕生／

東半球的國際性電影節展覽大會——亞洲影展，今年已經是第六年了，這個亞洲最龐大、而在影壇頗具影響力的影展，是一群影界的拓荒者，費盡千辛萬苦、歷盡了布滿荊棘的崎嶇之途，才爲後來者鋪下一條平坦的大道。這一回從辛苦中得到

的輝煌成果，在第六屆影展來臨的前夕，頗値得加以追述。

永田雅一發起／

談到亞洲影展的誕生，絕不能忘懷日本大映公司的董事長永田雅一，他是促成發起影展的主腦人物。永田爲了實現他的理想，曾於一九五三年春偕同影界重要份子多人，自東京出發，分赴東南亞各自由國家及地區，向各國影界人士遊說，永田等一行人的第一站就是中華民國的台北市。

製片人的組織／

當時我國影界的領導人是中影公司總經理李葉，永田與李葉花費週餘的時間交往，獲得一致的意見，繼而永田等又訪問香港、菲律賓、泰國、新加坡等地，也得到了普遍的支持，於是決定是年十一月在馬尼拉舉行籌備會議，中華民國、日本、菲律賓、印尼、泰國、新加坡、香港等七個國家及地區的代表均前往參加。會議結束時，宣布正式成立「東南亞製片人協會」，總會設在東京，乃在各會員國設立製片人分會。

情況至爲熱烈／

同時決定，「東南亞製片人協會」成立的翌年，即一九五四年五月八日至十

日，由該協會主辦「第一屆東南亞電影節展覽會」，首屆大會的地主國爲日本，所以在東京舉行。它的宗旨在將各項作品進行公開批評，藉以提高藝術水準，並促進友誼，加強各國電影市場的交流。

自此以後，一年一度的亞洲影展就變成了東半球電影最榮譽的象徵，受到舉世重視，而且每屆影展均推由一個會員國主持，情況至爲熱烈，氣氛亦甚融洽。

正式決定名稱／

因此，「亞洲影展」實乃「東南亞影展」的別名，假若說「東南亞影展」是乳名，那麼「亞洲影展」應當算是學名了。它的更名是由於第三屆影展在香港舉行時，各會員國深感東南亞的範疇有限，應該擴大包括整個亞洲國家，因此大會一致通過在第四屆影展時正式改名爲「亞洲影展」，同時「東南亞製作人協會」亦改名爲「亞洲製片人協會」，澳門、錫蘭、韓國、緬甸、越南等國亦相繼申請入會。

第一屆影展的金禾獎角逐結果，日本以大映彩色片「金色夜叉」榮膺最佳影片獎，並囊括最佳導演、音樂、錄音、男主角、女主角等六項榮譽。紀錄片部分，日本亦獲得最佳影片獎，馬來西亞膺獲最佳攝影、最佳設計兩項，另外的四項特別獎，日本攫去三項，泰國奪得一項。

日本鋒芒畢露／

無疑地，在第一個回合中，地主國的日本是鋒芒畢露，傲視亞洲影壇了。

◎獲得第六屆亞展最佳女配角銀鑼獎

中華民國「懸崖」片中的崔小萍小姐贏得「最佳女配角獎」……第六屆亞洲影展，我獲得兩項獎。

新加坡八日專電：中華民國在今天閉幕的第六屆亞洲影展中，贏得兩項獎，崔小萍在「懸崖」一片中被選爲最佳女配角，而張小燕在「苦女尋親記」一片中，被選爲最佳女童星。

崔小萍得獎，半點不冤枉，但非中影始料所及……

當初「懸崖」是如何送審參展的，我一點消息也不知道，因爲我不是職業電影演員，只是偶然被邀請客串演出，「逢場作戲」。片子拍完了，交情也完了，我又不是中影的基本演員，當然不會被重視。記得「懸」片在得獎後上演，中影連一張招待券都沒有送我，還是我自己買票去看的呢！無論如何，中影對得獎還是高興

的，當時我聽說得獎喜訊一傳來，中影上下備感興奮，還準備舉行盛大酒會慶祝。

慶祝第六屆亞展我國得獎雙星，中影籌開「中影之夜晚會」。崔小萍以「懸崖」一片得最佳女配角，張小燕在「苦女尋親記」中再度獲得最佳女童星獎。

報上登的標題斗大，但是「中影之夜晚會」也沒開成，大概是因爲會花不少錢，籌辦起來太麻煩，爾後，影劇團體只請了我跟張小燕吃一頓晚餐，以後再也沒有被邀請爲中影拍片，我想大概是得罪了什麼人了？

新聞對我的推崇和介紹也登了不少。

●……崔小萍現服務於中廣公司，昨天下午四時半，當她正在導播一篇廣播小說時，才聽到這一喜訊，當時十分興奮。她是學戲劇的，民國二十九年入國立劇專表演科，五年畢業，僅從事戲劇生活十五年。她認爲，一個良好的演員必須具備多方面的知識，深入社會，研究各種人物的性格，把握每一個人物的外型，揣摩人物內在的情感，任何一個演員都希望能在表演上獲得榮譽。可是她卻謙虛地說，這僅

是她的理想，她正朝這方面而努力。

●……當影展銀鑼獎名單揭曉消息傳來後，因在「懸崖」一片中以特優演技獲最佳女配角獎的崔小萍（飾丁皓之母），昨天下午四時四十分正在中廣錄音室做她自己主持的「小說選播」節目。她說：「要不是你們來向我道賀，連我自己都不知道。」

●聽到得獎的消息後，崔小萍不禁笑道：「我是三十四年畢業於國立劇專，一共才演過『千金丈夫』、『馬車夫之戀』與『懸崖』三部片子，想不到我會得獎。」繼而又說：「我當然是很高興了，不過這個獎對我個人說是一個極大的鼓勵，也是我國電影界的光榮，這都是『懸崖』全體工作人員的功勞。」

●……在台灣廣播界和話劇界，崔小萍的名氣非常響亮，尤其是常聽廣播的人，一定會對這位「崔導演」萬分熟悉。她把在戲劇藝術方面的深厚造詣表現在銀幕上，而獲成功「實至名歸」之餘，對於這位多才多藝的女演員來說，這也許是她新事業好的開始。

●崔小萍是個成功的好演員，和她談到關於演戲的事，她認爲任何從事戲劇工作的人，除了外在的條件以外，最重要的是具備內在的悟性和多方面理解力，假如

演員缺乏這些，再不肯用功，就不會有什麼成就可言了。她有一句名言：「做個演戲的人容易，但做個演員不容易。」

◎接鑼

一九五九年在馬來西亞吉隆坡舉行的第六屆亞洲影展閉幕後，代表自由中國參加的影星們，帶了最佳女配角獎回來了，中影公司通知我跟他們的車子去松山機場接鑼，並歡迎他們載譽歸來。

中影的豔星夷光抱著那面鑼從飛機上走下來，交在我手裡，我感謝她在大會上替我領獎，立刻，在我的面前築成幾道攝影機牆，攝影記者們都爭取這個接鑼鏡頭，於是，拍照、微笑，微笑著拍照，我抱著那面鑼做微笑狀……我知道，明天的報紙上，將登載崔小萍機場接鑼的消息和照片。當我與記者們都各自盡到拍和被拍的任務以後，他們又去追逐別的目標，我則將鑼交給中影公司的人，獨自返回電台工作，明星們還留在機場候機室內舉行記者招待會，報告此次影展的實況。

緊接著接鑼後，便是台灣影劇協會與其他幾個團體在三軍軍官俱樂部設宴，爲我與張小燕小朋友賀喜（她得銅鑼獎）。記得那天晚上，陪我赴宴的電台同事有王

玫、白茜如、徐謙三位女士，她們也因我得獎而歡喜，席間照例安排致詞的節目，最後我致謝詞，表示自己將繼續努力，希望再爲國爭光，並感謝他們這樣隆重的招待。

但是，自得此榮譽以後，中影公司未再邀我拍片，雖然日後我曾在外雙溪中影新建的攝影廠內拍過不少戲和配音工作，那都是與民營公司合作的。這似乎是很反常的現象，往常是演員爲電影公司爭到一項榮譽後，爲了票房和宣傳，該公司會和該演員再繼續合作的，再說我與中影的關係一向很近，不敢說密切，所謂「近」，是自從有中影前身「農業教育公司」以來，他們所開辦的演員訓練班，幾期演員表演訓練都是由我主持的，直到停辦。很榮幸地，有幾位知名的明星如張仲文、穆虹、唐菁都曾一度做過我的學生，當然他們的成就也是他們自己的天賦本錢，和後天的努力得到的。因此，我一直感覺很奇怪。我想，也許他們對我有所誤會，而有意「凍結」——電影公司對不滿意的演員的待遇便是如此，幸好我不是他們的基本演員，僅是客串而已；假如我是一顆黯星得獎，也許片約會源源而來，可惜，我既「不黯」也不是「星」。

每一件可演變的結果，總是「事出有因」。我記起，「懸崖」得獎後他們開拍

第一部戲時，曾有誰和我談過，約我演個「小」角色，戲不多，但報酬不少於「懸崖」，劇本也沒給我看。我當時想，爲了賺錢，我應該接受；爲了戲，我不得不拒絕，誰都愛榮譽，誰都有自尊心的，在剛剛得獎之後，再不會自傲的人，也不願去擔任爲配角做配角的戲。

當年，我是不愛錢的（現在知道錢的可愛了，但絕不取不義之財），我只愛「戲好」，錢雖多，戲不好，我情願放棄不演，假設不是固執這種「壞脾氣」（也許是擇善固執）。我自認爲不錯，如果只要有錢賺，任什麼角色、什麼片、什麼組合，都答應去拍的話，相信我會賺許多錢，不愁沒積蓄，但就因爲如此，我失掉過許多錢，也得罪過不少人，人家說我傲慢，是難免的，可也有個好處，就是知道我有這個毛病的製片家們，常能「對症下藥」，一談即拍，絕無囉嗦，那就是他們認爲：適合我演的角色請我，相信我一定能勝任的戲請我，戲一定精采，而我一定也會演得精采。內景戲多的請我演，因爲容易把握拍攝時間，而不同外景遷延，影響我的教課日程，知道我負責任、守時、守信用，一言爲定，沒有囉嗦，先把劇本送給我看，再談片酬，好戲吸引我，片酬高低不關緊要。就這樣，我因不計片酬多少，曾拍過不少好戲，在製片家節省了錢，在我是增長我表演價值，勞資雙方都很

愉快。所以，我思索未能有榮幸再參加中影公司拍片，大概他們以爲我因得獎而擺架子，抬價錢了。但是與我合作過的製片家們都知道我沒有這個習慣，因而日後還有機會，與韓國、日本明星們拍過兩部最短的戲，而收到最多的報酬，用的工作時間最少。

本來舊事重提，沒有什麼意義，縱然引人不快，在我卻是悶了這幾十年的一個謎，想在這裡寫出來。無論如何，我仍然感謝中影公司，若不是由「懸崖」一片在國際影展得獎，我的表演藝術不會引人重視，而使我在電影界有機會開展新的天地。

記得當時曾向中影公司交涉，允許將鑼借給我，拍了幾張藝術照片，給自己當作紀念，在規定期限內，如期歸還該鑼，留置在該公司供作展覽品。後來，聽說這面銀鑼不知被丟到哪兒去了，還是被人拿去舀髒水了，不得而知。我出獄後曾向中影索取，竟說：「丟在倉庫找不到了？」唉！這就是對一個藝術家的待遇，幸好，我曾拍照留念。

◎童星張小燕

那年，我國出席亞展代表團由中影總經理王星舟帶隊，從吉隆坡經香港返回台灣，中影公司通知我去松山機場接機，代表我國的女星是夷光、金桃、柯玉霞，只有柯小姐是參加「懸崖」片演出的，我在機場接回銀鑼獎，感謝她們代我領獎。我抱著這面銀鑼，讓記者們拍照以後便交回給中影。

記得第二天報上的消息是：「我出席亞展代表團昨晚自香港載譽歸來，松山機場歡迎場面熱烈，帶回銀鑼、銅鑼獎各一座。」另外的新聞報導也說：「崔小萍的銀鑼獎，較張小燕銅鑼獎大一倍，而崔比張的人也大一倍，但是，崔小萍名小實不小，張小燕是名副其實的小，因此有人建議她倆拍一部片子，片名『兩小無猜』。」

其實，獲獎消息傳來時，我還不清楚是什麼「鑼」？後來才知道主角是金鑼獎，配角是銀鑼獎，童星是銅鑼獎，張小燕得的銅鑼比我的銀鑼小一些，因爲她是「小孩兒」呀！

我與張小燕自從當天機場分別，在慶功宴上見一面以後，我再見她時，沒想到已過了三十年。那天在華視電視台外，我教訓練班下課，她錄節目出來，我在她背

後叫了她一聲：「張小燕！」她以爲是她的「燕迷」叫她簽名，猛回頭楞了一下，然後才認出是我，叫了一聲「崔阿姨」，然後點頭說再見！這一聲再見，已與當時得獎相隔三十個年頭，她已從小孩子，到結婚、生女、離婚，成爲著名影星、大名鼎鼎的電視主持人了，她一個月的收入，我教書十幾年也拿不到那麼多。

我得獎，中廣公司同仁也很高興，尤其是節目部主任邱楠更高興，說他邀請我來中廣公司製作節目是沒看錯人，後來在一九六二年我到菲律賓講學他也很支持我，當然，也有一些人不以爲然，認爲我是「特殊人物」。

當年九月的報紙上，又有一則新的消息：「第三屆舊金山國際影展，『懸崖』將代表我國參加，世界各國均將遴選影片送展。」

另外有一則較早的消息是說：「洋顧問讚賞崔小萍演技在『懸崖』之中至爲突出。」「也許是基於一種『本地薑不辣』的心理，在影迷們的心目中，無論是演技、爲人或者是外型，都認爲本省產的明星遠不及海外的人物，至少總有著高低不同之小區分，可是事實卻不如此，一位標準的客觀影評人在看完『懸崖』試片後，已粉碎了這種不正確的見解。中影公司古裝劇情片『懸崖』爲了參加亞洲影展，因此特請聘洋顧問××氏，電影事業輔導委員會委員，來台中全權負責『懸』片最後

審定、剪輯，當他在看『懸』片全部試映後，曾冷靜地站在客觀的立場，以他從影二十餘年之經驗做肯定的評斷，他認爲如果亞展競選公正無私，絕無任何作弊，這一屆最佳演員的榮譽應該是『懸崖』獲得，因爲在該片中有一位演員的演技已入化境，爐火純青、不慍不火，絕不比任何國際巨星遜色。她不是港星小丁皓，而是本省土產影劇圈老大姐崔小萍（影評人鐵漢）。」

此消息是在三月二十六日的報紙上看到，離「影展」時間還遠。

所謂打鐵趁熱，「懸崖」在得獎後，票房很好，除了受「獎」的幫助，實際上，拍攝該片的導演宗由、攝影師華慧英、布景設計趙越及合作的各位演員、所有工作人員，應該說都是一等一的人物。一部電影的成功，必須靠各路的藝術人才全心投入才會有好成績，我只是因得獎而顯得特別突出而已。當然，這個獎也爲我開拓了日後電影表演藝術的前途，一旦我與世永別，人們尙能看到我「音容宛在」。

◎得獎大不易

在這次影展中，我能得一個大獎，實在不容易，因爲談起「影齡」，不足一提，像香港、日本、菲律賓等國參展演員，起碼都有一、二十年的表演經驗，所拍

的電影都有幾十部之多，而我，僅「第三部」而已。

當年香港邵氏公司的尤敏得到最佳女主角，在台灣舉行第一屆金馬獎時，我曾與她會面。如最佳男主角，日本的中村錦之助得獎時才二十七歲，是歌舞伎出身，專演古裝片，而且能男扮女裝，在「和尚天狗」一片中飾演女人。他的電影在台灣放映的有「吹笛童子」、「紅孔雀」、「大菩薩嶺」、「富山夜襲」等。最佳男配角則是頒給日本的月形龍之介，他得獎時已從影四十年，年四十七歲，常與中村錦之助合作，多飾反派角色，他的電影有「骷髏戰」、「妖蛇魔殿」等。後來有了錄影帶發行，我在「火曜劇場」也看過他的表演。至於我得獎時算起來應該是三十八歲了。

從歷屆影展紀錄來看，多是日本片占上風，永田雅一發起組織亞洲影展，其目的也是爲了推銷他們的出片；香港後來急起直追，當然也是爲了向東南亞開闢市場；至於我們中華民國拍電影，多是爲了「宣揚政策」，在藝術上沒有成就。

台灣在一九八六年（民國七十五年）七月「解嚴」以前，無論在影劇、音樂上顧慮太多，藝術家們不敢碰，也沒膽子去製作，以免觸霉頭而失去自由。像中影公司是國民黨黨營機構，執行人員更不敢發揮他們的拍片計畫，免得違反國策。而中

國製片廠是軍方控制，他們的產品大都屬於軍教片，在國內沒有票房，在海外更沒有市場。再如台灣製片廠，屬於台灣省政府，除了紀錄片，大都是首長開會、巡行，因此，只要在電影院裡，正片放映前的第一男主角是總統、第二男主角是省主席。台灣雖然有三個大電影廠，因為重重受限，所以台灣的電影一直是昏昏欲睡，沒有起色。在「解嚴」後，卻又過於自由，濫片充斥，黃色低級，更沒有藝術價值可言。

中影公司當年一得獎，實在出乎意外——可嘆也僅一而已。以後影展，未聞中華民國電影有何片得獎；更因大陸淪共，多國與我斷交，進軍國際市場更是無望。後期中共的電影連連奪得國際影壇的讚揚，在東南亞、美國都有發行市場。香港的一些後起之秀、青年藝術家們的電影作品，他們的發行網更比台灣還大，相形之下，台灣的電影還是敬陪末座。就如每年舉辦的「金馬獎」，倒像為香港片辦的，最佳影片、最佳男女主角、最佳……都是香港電影公司出品，因此就有人諷刺地說，金馬獎頒獎典禮乾脆搬到香港開算了。

7. 懸崖

「懸崖」一片獲得第六屆亞洲影展「最佳女配角銀鑼獎」，是一九五九年五月間的事，該片拍攝於一九五八年十一月二十四日，那真是轟動台灣的一樁盛事，在各報影劇版上占了相當多的篇幅，從開拍到得獎後上映，連續報導了不少時日。

中影兩新片，明同時開鏡，連夜趕搭四堂布景，星光閃耀聚會台中

中影兩新片昨開鏡

「永結同心」、「懸崖」各拍一鏡頭

田琛、宗由分別執導演筒

當時台灣各大報刊紛紛以大號字體傳布了這項消息。中影公司是國民黨的黨營

事業，過去多拍些政策宣傳片，在台灣的票房不好，海外市場更差，這次大手筆同時開拍兩部電影，是值得關心台灣電影人士所驚喜的。

「永結同心」是部喜劇，擔任演員是中影基本人員如張仲文，雖然沒有多少拍電影的經驗，但她的外表身材頗具明星架勢，捲捲的秀髮蓋遮半邊臉，另一邊戴著一副大耳環，手一招、嘴微張，很有瑪麗蓮夢露的風采，綽號叫「最美麗的動物」。

「懸崖」則是部悲劇，述說小女子爲情所困，老媽媽忠厚待人的誠懇性格，一喜一悲的角色均出自趙之誠之手，他是中廣公司編撰組組長，我們同事多年，他的才華並不高，但是寫起劇本最快，我也導演過他寫的多部舞台劇。

「懸崖」根據作家孟瑤的小說《窮巷》改編，我曾在中廣「小說選播」節目裡播演過。記得我也是演播「李大娘」這個人物，深受書中忠厚、責己恕人的東方老婦之性格所感動，所以才很高興地簽了中影公司的約，在電影中擔任這個角色。但是，電影的表現與廣播的演播，是絕然不同的兩種表演藝術，一個單訴於聽覺，全用聲音使聽眾對角色進入想像；電影則以完整的形象呈現觀眾的眼前，因之角色的創造，是很值得研究和推敲的。再者，我當時是三十多歲的現代女性，卻在電影中

表演一個大我二十餘歲的、純樸的民初鄉間老婦，的確不是一件易事。但當時我憑著一股「初生之犢不畏虎」的精神，接了那份聘約，片酬不高只有六千元新台幣，在四十年前還算是「大錢」，可是比起港星拿「港幣」，就是差之千里了。

該片女主角是香港的小丁皓，所謂「小」丁皓，並不是因爲她眞小，而是有一位女星跟她同名，較她年長，因此以大小來分，此「丁」非彼丁也。

演廣東電影的小丁皓不算紅星，大概是因爲瓜子臉、大眼小嘴、身材高眺，應該是可造之材，可惜她本人只視「拍戲」爲賺錢之道，並非事業。她家庭不美滿，只有星媽陪著她，心理很不正常，尤其對於男人以虐待爲能事，腳踢、嘴咬、手抓，所以跟她合作的男星都見而逃之，配戲時男主角常常吃盡苦頭。「懸」片的男主角是唐菁，而「癡情」一片的男主角黃河可說是「受用不盡」，這兩部片子都是我跟小丁皓合作的，所以我觀察得很清楚。多年前聽說她在美自殺身亡，遺留下一個兒子，原因就是受了男人的騙，正像「懸」片中的人物李小翠，受了柳一絮的欺騙後自殺（誤觸槍枝飲彈身亡），留下老媽撫屍痛哭。小丁皓跟她母親相依爲命，而且很孝順，我知道丁媽媽失去這個獨生女的悲痛，因爲丁媽媽不似劇中人李大娘是個寡婦，她是個棄婦。

◎「懸崖」的電影故事

「懸崖」的電影故事是描寫民國初年，大陸北方某地有一青年學生柳一絮，親亡家破，落魄無依，寄居鄰人李大娘家中，大娘憐其遭遇，供給衣物食宿，並設法尋覓職業。

大娘的獨生女李小翠，聰明伶俐、天生麗質，因家貧給望族謝家小姐紫若做婢女。小翠與一絮相處日久，暗生情愫，同赴村外山上寶覺寺私訂終生。之後小翠介紹一絮至謝家爲紫若整理亡父遺墨，一絮見紫若既美且富，遂生嫌貧愛富之心，移情別戀。

謝家帳房王大成是一個奸詐人物，不僅濫用謝家資產，而且企圖染指紫若。當他發現紫若與一絮相愛，決定從中破壞，乃向後母萬家梅挑撥，說紫若將要逐出後母，獨占財產，令家梅先下手除害，以免遭殃。但是後來家梅偷看紫若的日記，才發現紫若極孝順而純潔，遂盡釋前疑，擬驅走王大成以免後患。王大成見詭計未遂，計畫偷紫若的金飾他逃，被後母碰見阻止，王大成持槍威脅，萬家梅逃避不愼墜樓而死。

後來管家王大成目的未達，仍不死心，利用小翠對一絮變心之恨，誘小翠趁紫若與一絮送葬家梅時槍殺一絮。當時機到臨，小翠因念舊情不忍下手，王大成欲奪槍親自射殺，誤中小翠，送葬者聞聲趕至，擒住大成，一絮與紫若亦趨前探視小翠，一絮求小翠原諒，小翠言腹中之肉將不見諒，言罷而逝。紫若獲悉此情，柳一絮無義，棄他而去，一絮內疚外慚，心神恍惚，乃赴昔日與小翠定情之地寶覺寺懺悔，恍惚中聞小翠叫聲，即循聲前去，在暗夜中失足墜崖。

全片主要的陣容是：小翠／小丁皓，李大娘／崔小萍，柳一絮／唐菁，紫若／柯玉霞，萬家梅／曾芸，王大成／雷鳴，小寶／葛小寶；其他臨時演員多人。趙振秋是副導演。

「永結同心」與「懸崖」兩片，一在B棚，一在A棚，同時開鏡，由董事長戴安國及總經理王星舟主持，邀請了新聞界、文化界、影劇界人士到場觀禮，另外參觀的影迷約有兩百餘人。

在中影台中A棚，「懸」片開鏡的戲，是小丁皓、唐菁跟我的一段戲，有一位記者是這樣報導的：

「懸崖」的布景搭在A棚，布景完全是北國風味。開鏡時，唐菁坐在炕上，桌上擺了兩樣小菜，女房東崔小萍從房外端了一盤菜和一壺酒進來說：「先生，喝點酒吧！」唐菁滿面愁容說：「謝謝，不會。」崔小萍說年輕人喝點酒沒關係，又問他在哪兒發財？唐菁滿眼含淚說：「爲了在家照應媽，差事丟了，上個月媽去世，留下了一棟房子，前幾天又被火燒了。」正在此時，小丁皓在門外大聲喊媽，坐在隔壁化妝室裡的小丁皓媽媽沒答腔，倒是崔小萍親親熱熱地應了一聲，小丁皓一跑進來，看見唐菁，大姑娘沒見過年輕男人到家來，一害臊，扭著脖子朝門外又躲又笑，崔小萍說：「你這孩子，瞧，一點兒禮貌都不懂，這位是新來的房客。」唐菁站起來，有氣無力地說了一聲：「你好。」小丁皓益發羞不可抑，忽然導演宗由大呼一聲：「卡脫！」「懸崖」的開鏡典禮宣告完成。

感謝那位《聯合報》的記者先生（我稱「記者先生」，是因爲從前女性做記者的，不像現在這麼多），描述得這麼詳細，提醒了我不少的記憶，否則我不會想起這麼多往事。

我向中廣公司請假兩週，住在台中，集中時間拍電影，該片預計三十五個工作

●女兒為情自殺，老樹孤魂，只有嘆望雲天。（「懸崖」電影劇照）

天拍竣。在拍片期中，新聞報導不斷，例如小丁皓拜導演宗由爲乾爹、黑人導演宗由片場創造奇蹟等。

其實，奇蹟就是因爲「從無造有」，那時中影公司的攝影器材不全，連一部升降機都沒有，因爲拍大的場景，光一部攝影機在地面攝取鏡頭，畫面是很受拘束的，導演宗由跟攝影師華慧英，就向當地的裝甲兵部隊借來一部不能作戰M8式的裝甲戰車，將攝影機裝置在蓋上，利用戰車的本身性能，在拍攝時發動馬達，一面行駛一面拍攝，於是順利完成了推、拉、跟、搖的鏡頭。當戰車開進攝影廠的外景地時，引來許多好奇的觀眾，大家以爲在這部電影裡還有「戰車」的戲份，哪知道一個中國導演與攝影師華慧英，沒有機器技術幫忙，要充分發揮他們的藝術構想，是多麼困難的事！洋導演看中國電影，絕對想不到我們的攝影師是如此來攝取鏡頭的。

◎小趙越的「懸」片景觀設計

在場景方面，「懸」片的確是花了不少錢，一堂外搭景，僅是一個連接住宅與街道的巷景，就費了十七、八萬元之多，內搭景還不算。紫若小姐的官宦家是萬代

樓房，要氣派豪華；而李大媽陋巷中的破牆舊屋、枯樹、轆轤老井，又得顯出一份純樸的氣氛。「懸」片中布景設計是趙越，這又是一個大、小趙越的分別，大趙越已在大陸去世，個子很高；台灣的小趙越是名副其實的矮小，但兩人同是學舞台設計的。

〈「懸崖」的布景設計〉這篇文章，是趙越對自己設計該片布景的介紹，以下是他的文章內容，因有剪報資料，就抄錄於此：

人除去了對人的情感之外，對景物的情感更深，我憑藉了這種情感所繫的記憶，使「懸」片的布景從平面構成了立體，由繪圖枱上移向景棚。

「懸」片是一部地域性很濃的影片，也是一部中國建築色彩強烈的影片，它包括了新舊思想蛻變時期的人物，與北方風沙中的建築。

因此，在我設計的工作上，最主要的，不但要表現中國景物的風味，同時更要把握北國的風情，這種意境的再現，好使大陸的觀眾，從人爲的布景上，找回他們遠離故土多年對自然的思念之情。

所以，我的構思、繪圖、製作必須把握其眞實性，而且這眞實性，是視覺所

見、心裡所受的實感。

「懸崖」劇本伴著我三個有星與無星的夜晚，我的思維中曾不斷地憶及到那嚮往的風雪、冰花、古城、坊所織成童年的夢。這些可貴的、觸發我設計靈感的素材，對我的設計工作幫助很大，可是在亞熱帶青蔥的天地之中，搭成蕭然的北方景物，的確也有其製作的困難。

「懸崖」一共有八堂布景，包括了內景五堂、外景三場，我想在這篇文章中，將比較特殊的三堂布景設計來談談。

一大外景：這場外景占地三百多坪，依據劇中的指定、導演的要求，這場外景包括了謝府的樓閣、廂房、花園、庭院；花園裡建有花池、水榭、曲廊、假山、花牆；同時謝府聳立的朱門、琉璃的雙獅、雕花的影壁、彩繪的屏扇，都要搭建其中。除此之外，還要在這個外景地上要開闢出兩條大街、一條小巷，住户林立，商舖櫛比。另外，在空場中再搭建小橋、流水、土地廟和蒼年陳樹，而且還要遍地楊柳、池塘荷花。按劇情的季節發展，呈現出花開、落葉的時間變化之景色。

比較繁重的是，將景棚中搭過的小翠家園內景，再行拆除重建在這塊外景場上，而且原有碎瓦殘痕、枯枝花徑、一草一木都要和景棚中相同。這種「連接」與

「移植」的工作，在電影布景設置中，是一件幾乎近於「技術接頂」的繁重工作，不過所費心血的是景物「年代標幟」陳舊感，儘量使其趨於自然風雪侵蝕的眞實痕跡。

其次，這堂景的街巷需要鋪青石板，這三、二尺的石板在台灣是搞不到的，起初想利用石碑，可是六百多塊石碑一時不但難買，而且價錢過昂，於是只有用水泥「倒模」來代了，做出青石板上成年累月留下的車輪痕跡，再塗上地面潮濕的青苔。

……「懸崖」布景總計花費了五十天的工程，動用了木工、泥工、大工、塑工、雕工、漆工、畫工、小工三千餘人，當然，這數字並不值得炫赫……。

趙越的文章還詳述了在景中所設計出來的景、物，我把它略去，因爲製作的過程及攝影機運用的技術，一般人也不會了解。從他的描述可知，以我一個演員置身其中，在視覺和感覺上，已非「逼眞」而已，而是眞實的所在，像這樣的場景是很容易引導演員入戲的。

我在「懸」片中飾演小丁皓的媽媽，服裝是北方女人穿著的寬大中式衣褲、大

坎肩，因爲窮苦，所以都是布料。本來我設計足部綁上「軟翹」，因爲民初的老娘們套著「三寸金蓮」是很普通的，我也綁上走路給導演看，但是導演怕有人指責這是暴露中國封建之恥，建議我不要用，仍穿平底布鞋，也幸虧後來沒這樣做，否則我的戲很多，走前跑後，一拍都是十幾個小時，腿部綁緊了帶子，腳尖立起來，那樣的罪可眞是不好受。

在表演方面，角色的造型、性格的表現，導演宗由按其人生閱歷曾給我不少的指示，尤其是在柳一絮喜新忘舊，不但不願與小翠續好，還在李大娘給他們布置好的新房裡毒打了小翠，李大娘氣柳一絮負義，又心疼女兒被人不愛而遭打，在聲音與姿態上，我的表演設計比較恨憤，有些過火，宗導演提醒我，不要忘了一個忠厚的東方老婦人，是習慣了「逆來順受」，勇於「責己恕人」的。記得這場戲是在晚飯後拍攝的，我們試戲幾次培養情緒，我在激動、含怒、痛惜而又含蓄地流著淚對柳一絮說：「不結婚就不結婚，我女兒又不是嫁不出去的醜丫頭……你打得太重了！」

以後，在「懸崖」公演後，影評人特別讚賞我這段戲的表演，在巴拉的「燈下談影」專欄中寫著：「……觀眾多讚崔小萍，以其演出『老』而『到』，有性格而

平易也。她對人誠懇、對女慣寵，唐菁毆丁皓後，她坦然罷婚姻之議，而心酸地疼女兒之被打，只此一場戲足矣！好演員要好在緊要關頭，而不在伺機搶戲也。」

演員雖有創造的自由，如在體認不到的地方，能接受有經驗者的提醒與建議，拾取「一」點，而發揮「十」點，那眞是受益不淺呢！

在「老沙顧影」的評文中也說到我：「李大娘爽直、豁達、樂善而安分，崔小萍更演出了寵依女兒的情態。她一心願將女兒嫁給這個讀書人，但這位讀書人卻把她女兒視爲絆腳石，他發狠打她，她也咬傷了他，這位老太太責女而爲唐菁裹傷，坦然自解之餘，不免疼女，一聲『手下留情！』令觀眾心酸，崔小萍化於戲，深握到書中人性格與態度，爲全片最佳者。」

在鳳磬的〈懸崖先睹記〉中，是這樣寫到我的：「演員中，崔小萍的確演得好，難爲她能把角色的性靈全部融化成三度空間裡眞實的整體，銀幕上那個忠實慈愛、一片婆心的老太太，正是許多中國農村篤實老婦的化身，她渾身散發一種戲劇表現所產生的光芒，這種光芒是眞實與意象的凝合，也是天才的昇華，因爲崔小萍已透過演技，眞正把自己變成了劇中人，但能保持一種戲劇表現的『距離感』，讓這個角色『渾身是戲』。當柳一絮打過小翠之後，她一片好心，落得惡報，但仍善

待惡人，那種老年人的『恕道』，演得太動人了，眞能使人愴然淚下。」

感謝他把我說得太好了，當然也有持相反看法的影評，但只是「鳳毛麟角」而已，例如在白擔夫「綜藝閒話」中，對我的批評卻是這樣的：「唐菁夠沈穩，崔小萍突然高音，不配年齡，得最佳女配角獎，似乎過獎了。……崔小萍的善良、母性、昏花的眼睛、走路的蹣跚，造型甚佳。」

白擔夫，就是導演白景瑞，那時候的他還在師大藝術系念書，大家叫他小白，後來雖然心廣體胖，已是牛山濯濯，因爲叫慣了，還是叫他「小白」。他畢業後去意大利學拍電影，跟李行同學，兩人都成爲名導演。我跟李行合作過多部電影，但跟白導演一直無緣（編按：白景瑞已於一九九七年病逝）。

在蜀山青的「幕前人語」影評裡，對我的認識很清楚：「獲得本屆亞展最佳女配角的崔小萍，對觀眾而言，是久聞其聲、不見其人的熟悉人物，在片中有突出的表演，將其性格及其內心戲透過聲音表現無遺，以『研究聲音表情』著稱的她，在國內影壇上堪稱一絕。」可惜，現在台灣所謂的「前衛」舞台劇表演，只注重肢體表現，而忽視了用聲音語言來表達劇中人內在思想的重要了。

一部成功的電影作品，不單是一個人的優秀就能成功，而是綜合了各個藝術家

心血的設計，因為演員是「幕前突出」人物，所以特別被觀眾注意，「幕後英雄」們的努力是不能抹煞的。我之所以能夠得獎，除了我自己對表演藝術得到一些明顯的證明以外，也應該感激他們對我的幫助，包括導演、合作的演員們、攝影、布景設計、工作人員，還有許多擔任臨時演員的軍眷們、老伯伯、老媽媽、大人小孩兒，他們那些飽經古國北方風霜的面容，未為亞熱帶消融的大陸氣味，襯托出「懸崖」全片鄉土風格——他們也都是我廣播劇忠實的聽眾朋友。

三十多年的歲月過去，帶走了不少親愛的朋友們，他們的友情、他們的工作熱忱，卻在我從年輕到如今年老的心中，永誌不忘。

◎讚美之後

在一陣祝賀的熱潮過去之後，仍有些雜誌的記者來訪問我，如韓國的《新太陽》月刊社特派員柳小姐，她藉此了解中華民國廣播界及影劇界的情況，還有一位藍小姐，在她的雜誌上說：

〔崔小萍多才多藝〕

……說起崔小萍這個名字，在國內固然不會有人不知道，但是海外僑胞對她也並不陌生，她藉著廣播的音波，經常地將一幕幕的廣播劇，用她那突出的聲調帶給熱愛祖國的人們，她這份工作確是神聖而辛勞的！

崔小姐在廣播劇中是以扮演「老太太」角色著稱，許多人聽慣了她的聲音，以爲她是上了年紀的人了，殊不知道崔小姐還是位年輕的導演，她天才橫溢，加以訓練有素，對人生體驗深刻，所以今天有不平凡的成就。

藍小姐在雜誌上還登了我一張照片，那時候我長髮披肩，未戴眼鏡，當然臉上也沒皺紋，這跟銀幕上的崔小萍是無法拷貝成一個人了。

記得當年報紙對我的介紹很多，有些雜誌甚至邀我寫稿，因爲我當時實在很忙，只爲《民族晚報》寫了一篇〈影劇生活的開始〉，因爲邀稿的是我的學妹。沒想到我在一九八七年去紐約時打電話給她，她竟然不理睬了！今非昔比，從前我做過她的導演，她也跟我演過戲，在劇專時雖然不同科，但也熟識，在我被誣告失去自由之後，我們兩人竟成陌路。當然，失掉友誼的不止她一個，在戒嚴時期，朋友不能不爲「保護」自己著想，這一點我是會諒解他們的。

為了紀念這段同校之誼，我把這篇連載的文章抄錄片段：

〔影劇生活的開始〕

〔編者按〕：榮獲本屆亞洲影展最佳女配角的崔小萍小姐，其學識文章與其藝術造詣，同具高深境界，本文係其在百忙中應本報之邀的作品，自今日起開始連載（編按：從一九五九年五月十日開始），敬請讀者注意是幸。

過去，每當一場戲演完的時候，在觀眾們散去以後，我總愛坐在昏暗的舞台上，欣賞著空蕩蕩的、寂然無聲的劇場，我想像著，剛才他們的笑聲、他們的嘆息，也彷彿看到晶瑩的淚珠在黑暗中發光。剛才，我是跟他們，跟我扮演的角色，生活在同一種情感中，笑、哭、跳躍……在角色的生命中，我已忘去自我。在他們觀眾的情感裡，已無我存在，在紅綠燈光照耀著的那個我，是快樂的、興奮的！現在，他們走了，回到各自的家，也許他們還記得我，也許他們早已忘了！可是，留在散戲後的舞台上眞實的我，卻眞正的孤獨了。當這種情況到來的時候，我會痛哭，有時像野獸似地大叫幾聲，空洞的劇場響著的是我的回聲。觀眾們走了，他們帶走了我的快樂，我發現，為他們活著，我才有生命。所以，每當第二天再去劇場

化妝的時候，又變得興奮了，現實中的一切煩惱都忘得無影無蹤，因爲立刻，我又回到了他們的身邊。雖然每天的觀眾不同，但我這種感覺是不變的。

從開始學習演戲，到正式從事戲劇工作，這種感覺永沒改變過。因爲我發現，如果要做一個「演員」，應該扎根在他們的心裡，不只活躍在他們的眼前。你快樂，因爲觀眾給你的啓示，足以支持你戲劇藝術的生命，那將是永遠的！

記得，在劇專的第一場戲，是排演獨幕劇「十三年」，我清楚地記得這個劇名，那是述說一個反間諜，在十三年之後和她做間諜的愛人重逢的故事。全劇只有兩個人，對話寫得很技巧，戲劇性很濃，劇作者很會賣弄玄虛，最後，這個女孩在一番情感理智的掙扎以後，終於爲了國家，用槍打死那個爲日本人工作的愛人——當時，我抛掉了手槍，跪在地上，把他抱在懷裡，告訴他，爲了搶救國家的垂危，我不得不如此做，說著我眼睛裡流出了淚，愛人含笑地死在我的懷裡……幕落了，克難的文廟劇場裡響起了一片掌聲。那時我們的學校，是以孔夫子的文廟做校舍的，就在他老夫子的大成殿前搭起一座舞台，凡是實習的演出及公演，或是舞蹈課，都是要利用那座舞台的，相信孔老夫子的眼福不淺，他曾博覽中西著名悲喜劇，從希臘詩劇、莎士比亞、易卜生到清宮外史、小人物的家事等，他都不會錯

過。當然，我這位山東老鄉的戲，他的確是「從小看大」的。那時候，我僅十多歲，余上沅先生的頭髮尚未全白，幕落後，他老人家笑容滿面地拉著我的手……

編者在這裡賣了一個關子，有點「欲知後事，請聽下回分解」的意思，而且加了一個小標題：「舞台生活，渾然忘我」。

接下來連載的，好像不是在第二天連續下來的，我想如此是要吸引讀者追尋下文的興趣，編者在第二次登出的文章裡，也加了一個小標題：「揣摩角色，如同瘋子」。

「哈哈！這個小婦人很勇敢啊！爲什麼哭呢？留著點眼淚給以後的角色吧！聲音像糖鑼似的，這高跟鞋嫌太大了！」是的，我的腳在那時不能撐滿那借來的高跟鞋，我忘不了校長那戴著眼鏡、慈祥的臉，他的聲音仍然響在我的耳邊，他給我鼓勵，堅定做一個戲劇工作者的意志！「十三年」的演出就做了序幕。「十三」，雖然是個不祥的數字，可是在易卜生的「野鴨」中常說到「十三」是幸運，只要做到十三中的那個第一位。所以，每遇到「十三」這個數字的時候，我總會習慣地叫一

聲：「First !」然後畫了十字，於是，我認爲一切化凶爲吉，幼時的印象太深了，很難忘記。

凡是學藝術的人，彷彿都有些神經質，學戲劇的人尤甚，學表演的更甚！在揣摩一個角色的時候，因爲要學姿態表情，要學聲音表情，和其他演員一塊表演外，自己一定要私下練習，否則，就無法達到表現的標準。

我不曾忘記，在準備校慶的戲劇展時，我擔任演希臘悲劇「米狄亞」（Medea）（希臘悲劇作家悠瑞皮狄斯的作品）中的女主角米狄亞的情景。米狄亞是個極愛丈夫，生了幾個孩子卻被丈夫遺棄的婦人，她嫉妒、報復，她打算毀滅一切！失掉丈夫的愛，這個世界上就什麼都沒有了，當她幻想著丈夫去和他的愛人會面的時候，她像一隻發怒的獅子在獸欄中走來走去，怒吼著、高叫著要毀滅一切——連同她最愛的孩子們。

每天課餘，我躲在寢室裡，對著牆高叫怒喊、詛咒，練習劇中那些深刻的冷峻、淒怨的詩詞，關上門窗，把自己困圍在孤獨裡，一直到米狄亞赤足散髮地從舞台上走下來以後，這一段精神病似的生活才算結束。可是，那頭母獅不平而哀怨的吼叫，在夢中，我仍會聽到，會看見，而且久久不散！漸漸地，我感到這可能是種

病態了，因此，我禁止同學們再向我談起「米狄亞」的任何一個字。

「毀滅了吧！你們這群孩子們，跟你們可惡的父親一起毀滅了吧！」米狄亞的聲音，從布幕後面升起。那是劇專學校第一次嘗試表演希臘劇，這齣劇在聲音表情方面特別重要，要合詩人的韻律，又要表達出情感，而且要根據希臘時代的演出形式，聲音要高、要遠……，所以，今天當我也能站在講台上教學生表演的時候，我仍喜歡用這段簡單的台詞作爲他們訓練的教材，我總愛對他們說：「叫出來吧！喊出來吧！像詩一樣地，把你的情感化在聲音裡面，不能力竭聲嘶，吸足了氣，從你的腔子裡發出來！因爲觀眾在欣賞，要使他們爲你的詩句感動，不要使他們爲你刺耳的聲音而顫慄！」

赤足、散髮，斜披著臨時用布條做成的希臘長衫，我在孔夫子的面前說著走著，大成殿的回音很響，像在空谷中。昏暗的菜油燈下，照著我模糊矮小的身影，這麼矮，能學表演嗎？表演是造型藝術，起碼要有一副合適的體材，我既沒有美的臉，更沒有修長適度的身形，專門學表演，那對我將是一個悲劇。我常常爲我的矮小悲哀，但那時還有個希望，因爲年齡尚小，俗語說：「二十三竄一竄。」二十三的時候竟沒竄，我早已從學校畢業了！揹著五年讀書貸金的帳，帶了一大網籃的書

跟講義，跳上一隻在長江上游的木筏，在長江的浪聲中，離開母校，由江安到達重慶，那是第一次走入社會，自認爲是揹著戲劇藝術的十字架，要做「十三」中的第一位。

「野鴨」的海蒂汶格、「葛尼亞舅舅」裡的老處女索尼亞、「群鬼」裡木匠的冒名女兒、不祥的「十三年」……在抗戰期中，清苦的學校生活，不斷演出的戲，洗刷布景，做舞台工作，用三根燈芯就認爲奢侈的菜油燈……那些過往的日子都值得回味，因爲在那時曾是我的金色年代。

在這一段的文章小標題，編輯是這樣寫的：「體材不高，顧影自憐」。

在來到台灣之後，這種「悲哀」倒減少了，一來是這兒的女孩子們少有很高的，跟我配戲的如果不是「一八〇」的吋寸，我倒顯不出矮小來了。再者，身材不高已不能限制我的表演生涯，美國的海倫海絲並不比我高，我有什麼可愁慮的？可是，戲劇藝術的十字架可眞是揹起來了，從二十二歲在劇專畢業以後，飄洋過海到了台灣，到現在整理這篇文章時，我已是三十六歲之人，經過了多少暴風雨打擊之

後，我還能坐在青年中學的老師宿舍裡寫我的回憶錄，不能不說是奇蹟，因爲，我仍在教影視科裡一些無知的鄉下孩子們，身體雖稱得上還健壯，但是，這戲劇藝術的十字架，卻感愈來愈沈重了。

「開始……」還是錄廣播劇時，一切準備妥當以後，第一句口令。

開始，一切永遠在開始！

離開學校的時候，從未想到過拍攝電影，我想一般的「演員」，總有如此的想法，在電影裡的表演不能像在舞台上一樣，能夠盡情地發揮「表演慾」，雖然從事戲劇工作很久，但從未想嘗試要拍電影，在一個偶然的機會裡，感謝陳文泉先生冒險讓我演了「千金丈夫」裡的「吳媽媽」，是與老經驗的周曼華女士合作，僥倖能在前輩面前獻醜，這應該說是我和電影第一次結緣。意外地，第三次拍攝電影，就有機會參加中影公司的「懸崖」影片演出，而竟僥倖獲得此次亞洲第六屆影展最佳女配角獎，這是我從不敢想望的；並感謝「懸」片導演宗由兄，讓我得到這份榮譽。

流年似水，我已從那個「十三年」裡的小女孩長大了，我不敢說「老」，還希望前輩們視我如小兒，能多給我啓示。

影展得獎消息傳來，多謝新聞界、觀眾、聽眾及其他朋友們的祝賀和鼓勵，劉小姐囑咐我一定寫點什麼，隨手拉雜寫來，就記爲「影劇生活的開始」吧。

導演「懸」片的宗由先生，早已貧病而死，合作的一些老友也多已不在人世，曇花一現的榮耀又留下些什麼？但還感謝劉小姐，否則，這章「感想篇」就不會存在了。

其實，說到「矮」不是爲自己辯駁，一五一的身材，與高者比，是矮了點，但絕非「矮冬瓜」，一直到如今，我的體重尚未超過五十二公斤呢。

「僥倖得獎，願再學習」，在我寫的〈影劇生活的開始〉這篇文章的最後一段，編輯給我加上這八個字。

二十三、三十二，雖沒感覺到竄一竄，彷彿是長高了一點，但是那一點高是高得可憐，但我並沒因此放棄「學表演」，將生命奉獻「表演藝術」的信心。矮，不可以演矮人的戲嗎？何況，當我活到三十二歲再加倍的年代，如能看見比我高大的學生們在劇壇上能發光發熱，我這點「矮的悲劇」又算得了什麼？

但是，矮雖然沒有減低我的信心，我卻從舞台轉電台工作了。我沒丟棄那個十字架，在空氣裡、從電波裡，我向聽眾的人心裡撒播廣播劇種子；從四十一年起，中廣公司廣播劇團直到現在，每個月四個廣播劇的演播，至今七年如一日，每錄一次廣播劇，像演一場舞台劇，每當那些雷電、槍砲等效果聲音、音樂，在聽覺裡消失以後，每當那些廣播劇的演員們離開發音室以後，我也會對著空了的發音室出神，我想，剛才為什麼那麼大喊大叫的？現在還剩下些什麼呢？就像人生一樣，不也是來去空空嗎？但當我想到，那些「聲音」會留存在聽眾的心裡，留存在聽眾的想像裡的時候，這一點淡淡的哀愁，會隨著控制室外新鮮的空氣而煙消雲散。

「為他們啊，十字架揹下去吧！當你還能說話的時候，就繼續說下去吧！也許，他們正在收音機前等待你！」於是，如此，我開始說，而且繼續說，我自己說，也指揮別人說……。

在我抄寫以上這篇文章時，回憶起許多往事，「祝賀聲」、「謝謝聲」好像還響在耳邊，但是從民國四十八年五月至今，已經過去了四十多個年頭了；在五十七年六月被調查局違法羈押時，他們不相信我是被邀請到中廣公司做事的，竟誣指邱

楠先生是我的「同路人」，那時邱先生擔任新聞局的副局長，魏景蒙先生是局長。

女作家裘莉的《紫藤花下》，不知紫藤花落了多少，擔任書中男主角的吳美凝先生，是經學生萬里介紹第一次參加「小說選播」，以後做了名記者，幾年前也因癌症過世，邱、魏兩先生，「懸崖」編劇趙之誠先生，也前後辭別人世，眞是感嘆人生無常，正如蘇軾在他「念如嬌」詞中所寫的：「大江東去，浪淘盡千古風流人物。」

8. 千金丈夫

所謂「千金丈夫」，顧名思義，即可知道此丈夫是位千金，絕非是個偉丈夫。在銀幕上，女扮男裝的戲，並不是始於凌波，當我是個孩子時就看過袁美雲的「化身姑娘」，她的扮相瀟灑，很像個瘦弱俊俏的大男孩。由「冬瓜美人」（影迷送給她的綽號吧？）周曼華，來扮演千金丈夫，外型不弱於袁美雲。我幼時也曾欣賞過周小姐的電影，她是明星公司的大明星，名氣稍遜於老牌影后胡蝶，但駐顏有術，雖說我與她合作「千」片時已是三十初頭的人了，她還是那麼年輕美麗，我很榮幸做了她的護花使者：吳媽媽——我扮演的吳媽媽，像法國喜劇中專門陪伴少女的沙波隆（chaperon）一樣。

這是我第一次參與拍電影，可說是什麼也不懂，雖然在抗戰勝利復員後，在上海看過一些大明星拍戲，但都沒有興趣研究它，也從無念頭想拍電影。那時環境允

許，機會也多，因爲劇專的老師有幾位是做電影導演的，而一些前期畢業的同學們，不是當電影演員，就是工作人員，只要我表示意願，應該不成問題，可是我沒這樣做，原因我已經忘記。

來台後，我沒想過嘗試做電影演員，只熱中於舞台劇導演和表演；一九五二年應邀到中廣公司主持廣播劇節目導演，則又一味地努力於這種新型戲劇的研究和設計，所以當該片導演陳文泉問我有無興趣拍部電影消遣消遣時，我回答他說：「很願意嘗試，但我是個外行呀！」也許基於他在劇專和我同學時，對我演技的高低有所了解，他似乎很信任我，說：「沒問題，你一看就會。」我倒不相信自己有那麼聰明，於是他交給我「千金丈夫」的劇本，讓我先研究劇情，做創造角色的準備，然後才通知我到攝影廠去實驗電影表演，時間是一九五三年。

「千」片故事很簡單，是個喜劇。一個華僑想要來台投資設廠，開展工業，因膝下無子，只有一女，頗有事業頭腦，於是派她來台建廠開工，但因伊是女身，辦事不便，於是喬裝男子，周旋於眾男子之間，其貼身女伴吳媽媽隨侍在側，以防不測。但伊芳心所屬，不在事業，卻在愛情，在徵友通訊中得識一男友，擬在相約見面後再訂婚約，欲試男友情懷，請吳媽媽手執玫瑰花做相認標記，先行面晤，但吳

媽媽觸景生情，想起自己年輕時的愛情，竟忘卻小姐交託的任務而失態，鬧出許多趣事。最後有情人終成了眷屬，千金丈夫一變而為千金夫人。

這也是我第一次演喜劇，我扮演的吳媽媽，就是喜劇的裝扮。那時我的身體很瘦，只有一張胖臉，朋友們都笑我說我「面子」大，為了加大我的體積，在寬大的服裝內穿上特製的棉背心和棉短褲，近似平劇中唱花臉的穿「胖襖」，穿一雙老式高跟鞋，但走起路來，學小腳放大後改足派的步法，一手執玫瑰花，一手執一把花洋傘，走過橋、穿過花叢，代小姐去會情人，滿面春風，嫣然一笑，這是一個四十餘歲老婆子樂而忘形的造型。

這場戲的外景是在台中公園拍攝的，那兒有湖水可盪小舟，有亭台可供休歇，綠柳垂蔭，姹紫嫣紅，長橋連接湖水兩岸，遊人如織，是個拍外景的好地方，當時也引來許多觀眾圍觀。那時我剛在中廣工作不久，知道「崔小萍」這個名字的人還很少，他們只覺得這個「老太婆」扭扭捏捏、如癡如迷，很趣味。知道周曼華的人也較少，因為她息影數年，而且她從前的片子沒在台灣放映過。知道男主角唐菁的更少，因為這是他作為農業教育公司（簡稱農業公司，後改組為中央電影公司）的基本演員後所拍的第一部片子，在我出任鐵路局劇團導演時，他才開始為人所知，

所以外景工作順利進行，不像大明星光臨那麼轟動，惹得人山人海，無法作業。

「千」片內景則是租借農業公司拍攝的，地址在台中市，那時陳文泉是該公司的導演，台中廠規模不大，那時台灣影業不景氣，一年拍不了一部戲，所以設備還夠用。只是演員多半住在台北，在拍片時，往返於台中與台北頗不方便，劇務費也多了一項旅費開支，因此該廠有臨時宿舍，供伙食，演員和工作人員集中居住，雖日夜拍戲，大家都能有適當休息。

試片間在攝影廠附近，前兩天拍的戲，第三天就可試演，以便導演與演員針對任何錯誤與疏忽及時修改或增刪。從前是「現場錄音」，就是攝影與錄音同時進行（聲帶與影帶同時工作），所以，試片時演員不但可以看自己的表演，也同時可聽到自己的聲音表情，因此那個年月的電影演員，自己會說標準國語的對白，不能請人代替，不像以後發明了在全片拍竣後再配音那麼方便。現在不但配音樂、配效果，還可以各種語言配演員的對白，即使不會說國語、不懂聲音表情的演員，有「配音專家」的標準國語（當然，配音者之中也有國語不標準者），和動聽的聲音表情幫助，反而把差勁兒的演員的演技襯托得有聲有色，使觀眾視聽都能滿足，當然觀眾是不會知道配音的內幕。

●我（中）與我的女學生們。（右下是電影「窗外」副導演趙石堯）

「現場錄音」和「配音」，在我感覺，就演員發音來說，各有利弊。前者常受外來雜音的干擾（因中國攝影廠隔音設備欠佳），而影響工作時間，但演員依據當時劇中人情緒變化，使姿態與聲音表情一氣呵成，自然流利。「配音」則能把握工作時間，但爲使聲音與發音嘴型配合得絕對正確，配音者所配出來的「話」，往往聽起來刻板而少感情；再者，配音者對劇中人物的研究，總不如演員本身體會深刻，更沒有劇中演員自己把握說話速度的技巧和感覺，他便不能跟隨自己嘴的動作。

配錄劇中人的聲音，一般的術語是「找不到嘴」，因爲這種配音又叫「對嘴」，導演只好請專家們代替，配音人員都有配音的組織，他們包配一部電影，擔任主配角發音的人，均有時價，每人報酬不同，但是會「找嘴」而能自己配音的演員，在拍攝外的工作日不支報酬，因此有些老油條，便只「拍」不「配」，推說不會「找嘴」，省出配音的那些工作日，他又去接拍另一部電影了。以後我拍的片子，都是由我自己配音的，只有發行國台語兩份拷貝時，導演請台語演員代我配音。我從沒看過別人代我配台語的電影是什麼景況，我想，一定像我演喜劇時那樣可笑。這是投資老板的生意經，請國台語演員合作拍片，花一份錢所製造的貨品，同時賣兩個主顧；在國外，一部英語拷貝配上各國語言，可行銷全球。

「配音」除了使演員的國語統一正確外，在音樂和效果的配音，的確比現場配音完美。

參加拍攝「千金丈夫」時，我才開始了解「分鏡」的技巧，以及拍遠景（long shot）、近景（short shot）、特寫（close up）、搖（pan）、推（push）、拉（pull），取景、畫面、角度等拍攝常識。當時，我雖然只知「其然」而不知「所以然」，但還懂得所謂如何「接戲」，即是動作和情緒、聲音前後相接，不致在鏡頭剪接時有上下不連貫的弊病，最重要的是自然，不要有顯著的界限和輪廓。攝影機就是一面放大鏡，舞台上的誇張表演不適於電影表演，舞台演員拍電影，常因下意識地表現舞台習慣，而使表演過火，但是如英片「良相佐國」，本是一著名舞台劇搬上銀幕，全由英國名舞台劇演員擔任要角，拍攝舞台劇似的電影，則另當別論。有些演員無法演過火，也不知動於「衷」，將生活化的表演誤解爲「慍」，我想，過猶不及都不好，不慍不火才適於電影表演。我自己無戲時，便在攝影時觀摩別人演戲作爲自己表演的參考，並學著去了解一般的拍攝技巧和拍攝電影等諸多繁雜事。

另外，我也發現了一些電影以外的事情。

有一次，我被通知去日月潭拍外景，住處是在涵碧樓。我從台北坐火車，中午

至台中，接乘公路局汽車奔赴日月潭，路上灰塵很大，我也未戴頭紗，梳著一條馬尾，穿著一件泡泡紗的裙裝，提著一個小包，長途顛簸，至日月潭時已疲憊不堪，大概樣子也相當狼狽。在涵碧樓門口（當時日月潭唯一的大旅館），我詢問某某公司的外景隊是否住在這兒，侍者藐視地上下打量我，指了指涵碧樓旁邊的房子，我便走到那兒去問，外景隊留守的一個工人告訴我，工人們住這邊，導演和演員住涵碧樓。我只得又走回涵碧樓，我告訴侍者我是來拍戲的，要找導演，如此才讓我進門，把管服裝的周媽住的下房指給我（房間沒有床），我也不管他們把我看作什麼人，洗漱完畢，便倒在周媽的地鋪上睡著了。待一行人拍完外景回來，才發現我來了，導演、周小姐、唐小生及其他工作人員熱情歡迎我的情景，讓那些勢利眼的侍者瞠目結舌，他們一定奇怪，這個戴著眼鏡的下女是個什麼人物呢？

記得我第一次到台中場拍戲，剛把行李放好，有一位劇務組的先生來問大家，有什麼事可讓他幫忙的，他問到我：「崔小姐，你要買什麼東西，可以告訴我們。」聽他的聲音很熟，但語氣生硬，看他的面貌，我絕對相識，但當下看來陌生，原來他是我在某校影劇科的學生，剛畢業，被派來實習，因為他沒有做演員的條件，就做劇務，雖說「士別三日，刮目相看」，但俗語也說：「一日為師，終生為父。」

我奇怪，他何以如此健忘？我還是「崔教授」，尚未變成吳媽媽啊！這個學生日後變成一位卓越的劇務人才，在拍片時，我常常碰見他。

以上雖是幾句閒話，但在當時，我確實感到「人性可畏」，無比心寒。

9. 馬車夫之戀

香港自由公司的黃先生帶了他預備培植的兩顆新星：林翠和丁瑩，到台灣來要拍一部「廉價」的電影——「遙遠的愛」。因為還不能保證兩個小姑娘能紅得起來，當然不敢下大本錢，可是到台灣來拍片，篤定不會賠本兒。當時台灣的人工在東南亞一帶，可說是最便宜的；在電影製作方面的員工更便宜，台灣拍片是一年拍不到一部，演員和技術工作人員多在家孵豆芽，粥少僧多，如果有什麼人來拍電影，大家趨之若鶩，也就掙不上大價錢，然而，這些人都是素質高、經驗豐富，除了主角，在台灣聘請全部配角演員的錢，還抵不上香港一位三流演員的報酬，製片人何樂而不為呢？自由公司的黃先生，可說是先知先覺、最聰明的一位，他就利用時機用小本錢拍一部戲，可惜心有餘而「資力」不足，未能繼續做出好成績。

「遙遠的愛」描述一段新疆民族兒女的戀愛故事，戲裡引用幾首旋律活潑的新

疆舞曲，令人頗感新穎。我不記得是何人編劇，導演是劉紹華，他爲人健談、幽默風趣，很少看他著急。男主角是王琛，一向有男高音之稱，戲裡的幾首歌曲，男聲都由他擔任，他不但會唱，更會說笑話，在戲裡他不單做我的兒子，他的妙語如珠眞孝順了我這個扮「母親」的人，每和他同場拍戲，便使我笑不可抑。另一位小生是演我丈夫的李行，那時他還是師範大學藝術系的學生，也許就因嘗試演電影而啓發他以後從事電影導演的靈感吧？我們是第一次合作。林翠是女主角，飾演我的女兒，略微棕黑的皮膚顯得很健康，大眼睛靈活多情，她很活潑；丁瑩則文靜，在氣質上也較像弱不禁風的樣子。兩個小姑娘的氣質都高雅不俗，但看得出來，林翠將來會比丁瑩有成就。（想不到，林翠於一九九七年來台拍戲時，因氣喘病窒息而逝世。）

「遙」片的內景，是在中國製片廠拍攝的，攝影棚很小，所用的器材還是在抗戰時期在重慶的一些老傢伙，工作進行緩慢，而且險些把我的懸膽鼻給削掉。想想當時情況，眞感慶幸，否則，變成一個無鼻大板臉，不但電影飯難吃，其他飯碗就更不容易找，哪個機關喜歡要一個無鼻女職員？更無法在臉上掛個牌子，注明說：「此鼻是爲拍電影而犧牲的」，要是被人誤會是因「病」爛掉，就更有苦難言了！

那時我拍片報酬兩千元，僅合兩百餘港幣，又無演員公會保障，又無意外保險，電影公司當然不負任何責任，眞不敢想像，我如眞成一無鼻之人，現在我會淪落何方？

事情發生在拍戲「打光」的時候。所謂「打光」，就是在拍攝時布景內的燈光強弱配置，照射出氣氛或是製造出時間上的感覺，喚起觀眾的想像。演員站在應在的位置上，讓燈光工人調整光度，最後由燈光師用測光錶測定是否ＯＫ，因爲光源是從左右上下而來，少經驗的工人不易集中焦點，做起來便很費時，而演員站在那兒等待更辛苦（外國拍片有替身代打光）。假設在夏天拍戲，全部燈光集中在身上，就熱慘了。

那天從上午拍戲到晚上，大家都很疲倦，燈光工人整日蹲伏在懸空的燈光架上疲憊不堪，那時我已被安置在燈光架子之下，站了約有半小時，燈光還沒調整好，腰酸腿疼，實在不耐煩，但作爲一個標準演員，我盡忠職守，仍然原地不動地站在那兒，突然間，有一個「東西」從上面劈頭打下來，擦著我的鼻尖過去，聲音很重地落在我腳前，在場的人亂成一團，問我傷著沒？我茫然摸摸鼻子說：「沒有傷！鼻子還在！」空氣凝結了一秒鐘，大家哄堂大笑。

原來是燈光匣子上的紗框掉下來，燈光工人連忙向我道歉，我還回答：「沒關係，只是嚇了我一跳。」如果當時不只是嚇了一跳，而是掉了一個鼻子的話，那關係就嚴重了。假設鼻子眞被砸掉，也只能自認倒楣，電影公司頂多再換一個演員，多支出一份演員的報酬，多浪費幾千呎膠片而已，再補拍些戲，絕不會對損害者有賠償，我就得掛著一張無鼻之臉，度此醜陋的餘生了，想起來眞可怕！

「遙遠的愛」後來殺青上演時改名爲「馬車夫之戀」。我沒有看過試片，本想上演時買張票到電影院去，很客觀地像一個觀眾般去欣賞，看一看我扮演新疆人的演技如何？這是自「千金丈夫」拍後，我拍的第二部電影，對拍電影的理解和經驗都還很少，理當去研究一番，可是當一個朋友先去看了後回來說：「崔小萍！你在那裡面眞醜啊！」

這位朋友的心直口快嚇住了我，於是我省下一張電影票錢，後來一直後悔，爲什麼不去看一次呢？應該有自我失敗的勇氣，我想他所說的「醜」，不只是指我的裝扮造型，一定是「表演」有問題，才使他看不順眼。一個演員，不但要研究別人的演技，才能取人之長補己之短，更應該多看幾遍自己的作品，才能切磋琢磨出自己的缺點在哪兒，才有進步。有些明星，多是有時間只管拍戲，而沒時間「看」

戲，別人拍的電影少看，更不看自己拍的戲。

當那個朋友說我醜時，我沒告訴他「鼻子倖存」的故事，我心裡想：「如果我的鼻子眞掉了的話，你就不好意思當面說我醜了。」

誰不愛「面子」呢？我們中國人尤其注重面子，誰又喜歡沒鼻子的面子？尤其是一個醉心做演員的人呢？

10. 海誓山盟

「海誓山盟」一片，是在當年台北市第一流新型電影院「新生戲院」上演的，它首創梯型樓座，從第一排座位走上後面座位像是爬山，要是坐在樓上的最後一排，居高臨下，俯瞰樓下，眞像是在一座小山上，視線廣闊，望向頂天立地的大銀幕，無柱帷阻隔，不但身歷聲，且身歷影，像是與銀幕中人共同生活一般。

新生戲院所放映的電影，全是歐美大公司甲級片首輪上演，從來不放映國片，像「海誓山盟」這樣一部本土出品的電影，而且是國台語演員合作拍攝的，能在這種影院上演，更是從所未有的。不知製片陳大賚運用何種神通，能在新生戲院排上檔期。此片拍竣後，我未看過試片，正擬抽空前去欣賞時，不幸該院慘遭回祿（一九六六年），波及萬國舞廳及凱莉咖啡館，造成空前大火，繁華的電影街四角地帶有一角盡成灰燼，我不知道「海」片的拷貝是否有搶救出來沒有。以後新生戲院

（後改名新聲戲院）重建，比從前更好，並設有電扶梯，生意更興隆，但不知「海」片的命運如何？獨立製片，遇上這種災星，那就是製一片而傾家蕩產。聽說「海」片曾在某一小影院上映過，台語發音，我也沒時間去看，以後再也沒見過陳大賚，也就無法慰問一聲了。

「海誓山盟」的大海報畫得很「偉大」，從電影院樓頂的牆上伸展到樓底，左上方畫著男女主角焦姣與陽明在海邊誓盟，左下角畫著我飾演的狠婆婆，坐在輪椅上正怒目而視，在現場觀火的朋友回來對我說：「崔小萍，你要發財了！」

「怎麼？有何徵兆乎？」我從未發過財，所以對「財」還感興趣。

「我眼看著新生戲院大火在燒，你們『海誓山盟』的看板也燒了，可是快燒到你頭上時，火就被救熄了，你的像還是完整的，如此『異象』，還不值得請吃一客蛋炒飯？」為了吉言，請他吃蛋炒飯一客。

人家說「愈燒愈旺」，假如當年我的畫像眞正被燒，也許會把霉氣燒光，在一九六八年（民國五十七年）我所遭遇的意外大災難或許也就不至於發生，我倒情願被燒死而不願被誣陷獄了。

新生戲院遭祝融的那一年春節，我因答允張英導演的「喜從天降」舞台演出，

未去南部旅行，日夜都在國軍文藝活動中心排戲，除夕夜兩點許排演完畢，我獨自徘徊在靜寂的電影街，巡視災況，憑弔那間被火摧毀的電影院，也證明朋友的話是眞的，一客蛋炒飯沒白請，大火確實是燒在我畫像的頭頂上方時即被救滅了。我站在那兒，想起拍「海誓山盟」時的許多故事。

除夕夜，有家的人們都在家中團聚，街上行人很少，這一帶唯一的舞廳被火燒，宵夜的小吃攤也搬了家，計程車陣當然也轉移陣地。夜晚甚涼，雖是在亞熱帶的台灣，但在這個時候即使穿上厚大衣還是相當寒冷的，我獨自站在街頭，望著被摧毀的一角，更感淒涼，想起在拍「海」片的一些趣事，卻又不禁啞然失笑。

拍攝台語片，大都是租旅館房間作爲內景場地，這樣不但可節省大批製景費，而且解決多數工作人員的食宿問題，一舉數得，當然在道具、裝飾各方面，便完全是旅館化，沒有代表性和特殊性，如此拍片需要一位才幹特殊的攝影師，會運用鏡頭、利用角度，把「小」地方變「大」，從「有限」拍成「無限」，有時比運用幾十萬造出的一堂內景而無可施展，要強得多。「海」片的攝影師陳（大家都如此稱呼他，我不知他的大名）拍出來的一門一窗，不但避免了旅館味，「看」起來還稱得上「堂皇」，在無燈光設備的狹窄小房間內，拍出許多稱得上「美」的畫面，倒眞

虧了他聰明的頭腦。

「海誓山盟」一片是在當時的風化區新北投拍攝的，所租旅館房間不壞，有一個修得很別緻的半圓形大涼台，襯著花木扶疏的庭園，連外景也有了。我在一九四七年（民國三十六年）來台後，曾去那兒觀光，進過那兒的旅館，自從它變成特別地區以後，便很少再去。這次爲了拍片，不得不單槍匹馬闖禁地。

有一次，遇著一位計程車司機竟誤認我是「特殊女人」，開快車和我開玩笑，幾乎闖下飛車之禍，眼看他超車越線，生命危在剎那，才不得不表明「身分」。「小老弟，拜託開慢點，我有心臟病，再者，我去××別墅是去拍電影的，不是幹別的生意。我是中國廣播公司的廣播劇導演，請你認清楚人。像你如此開玩笑，你我一老一少兩條性命事小，誤了人家的電影事業，就罪孽深重了。」

司機回頭再打量我一次，看看我的近視眼鏡，似乎認爲不是充斯文，再聽聽我的聲音，似曾「相識」，於是才將速度減慢，安全送我到新北投。

◎做了「限時專送」

在新北投，有一種專門接送「特種生意女性」（應召女郎）的摩托車騎士，美

其名爲「限時專送」，意外地，我因在那兒拍電影也開過一次「洋葷」。

因爲我對新北投不熟，導演便叫劇務在新北投車站等候接我，有一次我到達時，他叫我乘坐一個男人騎的摩托車上山，使我相當感動，但是我不慣於隨便搭車，心底很猶豫，我以爲那個男人是拍電影的工人，如果拒絕搭乘，一定會使他難堪，只好硬著頭皮搭車上山，拍電影的朋友們看見我如此而來，便開玩笑說：「你是『限時專送』啊！」大家大笑，以後我才知道「限時專送」的含意，好在那次我是戴著墨鏡，無人認出我是誰，否則遇到朋友，誤會我「改了業」，那要比車禍還要不幸呢！不過，反正人生如戲，戲如人生，被人開玩笑或開別人的玩笑，都對身體有益，有驚無險，倒增長了不少見識。

「海誓山盟」的故事類似「孔雀東南飛」，我飾演以虐待兒媳爲能事的婆母，她的雙腿不良於行，每日在輪椅上過生活，用腦筋想壞心思，因此我對此角色的表演設計也被拘束住「一半」，只能上半身活動，強調面部表情和聲音表情，強烈的情緒則利用輪椅轉動的快慢幫助表現，「靜中取動」較難於「動中取靜」，又顧忌「過火表演」。陳攝影師拍攝我的戲時，使用仰角，以加強此角色的傲慢和蠻橫，他對我的表演幫助很多，非常感謝。我自知這個角色較演其他角色少內心戲而多「典

型化表演」，尤其是在節省開支、爭取工作時間的原則下，拍攝速度快，只要導演認爲ＯＫ，即是某個鏡頭，演員對自己的表演有何不滿意，也只有pass了事。該片導演正是林福地。

焦姣飾演兒媳，她身材嬌小玲瓏、楚楚可憐，當時還是藝專一年級學生，沒上過我的表演課。台語明星陽明則像個大男孩，恭順有禮，飾演我的獨子，他穿上海軍服很像一位日本男星，頗爲一般台語片觀眾所愛慕。藝專第一屆畢業學生劉引商，在此片中飾兒媳的姨母，和我在戲中是死對頭，我們師生倆在廣播劇中合作多年，她能演播多方面的角色。拍電影，這還是她與我第一次的合作。「海」片導演林福地，富於創造精神，日後進入國語片陣營，更是鼎鼎有名。

那時我除了在電台工作和學校授課之外，每日定時趕往新北投旅館拍片，見識不少新事物，結識台語片一些新朋友，使我認識他們的生活形態，所謂戲劇人生更藝術化，他們個人眞實的悲劇演出也很多。

11. 憶小丁皓

想起拍攝「懸崖」這部電影時所經過的種種，便記起那個可愛、可惡、頑皮而美麗的十九歲大姑娘丁皓。

丁皓來自香港國泰機構的電影公司，被中央電影公司邀約來台，擔任「懸崖」一片的女主角小翠。由於同時有一女星也叫丁皓，於是大家稱她小丁皓，事實上，她也是我們這群工作人員中，年齡最小的一個。她文靜時像個賢淑的小姐，野起來卻像個頑劣的孩子。我和她有兩次合作的機緣，第一次在「懸崖」片中，我飾演她的媽媽李大娘，第二次便是黃河自編自導自任男主角的「癡情」一片，我飾演與她相依爲命的老乳母，本片在拍攝完竣多年後，改名「鄉下少女」，在台灣一小戲院上映，那時丁皓已在美自殺身亡，我當時因事忙也未去看過。我們倆都有一雙大眼睛，在銀幕上看起來很像母女。

聰明人往往被聰明誤，小丁皓也不例外，假如她自己知道努力，前途是未可限量的，她有做明星的許多優良條件，面孔天生甜美，未經人工美容，身材高眺，胖瘦適中，可惜無人發掘她內在潛伏的表演才華，她只懂一般的表演，而不知如何創造角色。她從不讀劇本，更不研究，也懶得記對白，臨場拍攝時，副導演抄寫一句，她背一句，語氣好歹只隨她高興，那時還是現場錄音，與拍攝同時進行，假設演員發音不正、語氣不對或情緒表現錯誤，如屢次拍錄，屢次糾正，便要浪費許多時間和錄音帶、膠片。不像現在全片剪接完畢後，再請專人「對嘴配音」那麼標準。

但是，她聰明伶俐、領悟力強，凡導演指示她該做的姿態表情，她都能「不負所託」、「點到做到」，可是她自己對戲沒有整體的研究理解，對自己的角色沒有具體設計，因此演出來的戲膚淺無深度，當時我很爲她可惜，蹧蹋了她這塊好材料，但因初識未深交，也不好置喙，只有在我們母女對戲時，借機建議她，使雙方表演統一。後來我發現許多年輕的女星們都有不研讀劇本的習慣，憑仗自身的美麗被捧起來，但多數是曇花一現，無法持久。

事實上，小丁皓是個孝心重、個性強、能忍耐、知節省而世故的好女孩，在我

跟她合作拍片時，還沒有交男朋友談過戀愛，因爲她要利用青春年華，爲老母和弟妹多賺點錢，她雖沒讀多少書，但氣質不低。因爲她父親離棄母親另組家庭，致使她對男人深惡痛絕，所以她總是以虐待男人爲樂，在片廠裡工作的男人都怕她，因爲她手打口咬毫不留情，又不好和她翻臉。在大庭廣眾之下，小丁皓總設法使男人們當眾出醜、狼狽不堪，她才稱心悅目，她的媽媽也制止不了女兒這股瘋狂勁兒。小丁皓拍戲穿的一雙布鞋，一部戲沒拍完就換過幾雙，因爲她在片場裡是馬不停蹄，從沒一刻閒坐過，否則就是病了。

我懷疑？她爲什麼這麼反常？她說：「我非這樣整治男人，心裡不痛快！誰叫他們欺侮女人！我心裡苦悶得很！」

苦悶，這的確是句眞話，這麼大的女孩，沒有愛情，整天被關在攝影廠裡，和些陌生的男人，做癡做呆，談情說愛，被男人哄著捧著，但等水銀燈熄了，所有一切眞僞都跟著幻滅，連一個說知心話的人都沒有。她的媽媽雖隨侍在側維護她，但也只是想保護她這一棵搖錢樹不受到損傷，影響全家生計而已。

小丁皓是個虔誠的佛教徒，很會看手相，從手紋上算別人的命運是凶是吉，說得頭頭是道，但對她自己的命運卻沒有算對，而且十分悲慘。

在拍完「癡情」後，小丁皓未再來台灣，聽說她選上一個華僑小子結了婚，也許因人財兩失，未得美滿，在生了一個兒子以後就離異。當她失去國泰公司這個靠山之後，不得已去拍廣東片，還是抵不過廣東明星賣錢，在事業與愛情雙重失意之下，帶著孩子去美國，不知又受到何種刺激，竟然服毒自殺，死時不過二十餘歲。

做演員的人，常能歡娛別人，而不能歡娛自己，大多數是心靈空虛，精神得不到平衡，他能在戲劇中創造新的生命，但在眞實人生中卻無法操縱自己的命運。在舞台和銀幕上享盡榮華富貴，是最快樂和幸福的人；在實際生活裡，往往是孤獨、寂寞、無依無靠的，在他們演過悲劇、喜劇，嘗夠了各種人生滋味以後，便以自己的雙手結束自己的生命，把自己的人生以悲劇結束。如此結果，中外演員大同小異，轟動美國的有瑪麗蓮夢露；中國最早的是老牌明星阮玲玉，後來還有香港的林黛，繼起而逝的有莫愁、李婷、樂蒂，小丁皓則客死異國。香港男明星洪波則從火車上俯衝而下，死於台灣。

記得一九四六年，劇專劇團在重慶時，洪波曾和我同台演出過「紅塵白璧」一劇，此劇也曾在復興崗政戰幹團禮堂公演，請總統觀賞，總統看至劇終才離去，當晚並招待全體演員豐美宵夜。

12. 皇后學生白蘭

我從事戲劇教育多年，曾造就不少在影劇界很有成績的學生們，我私人卻未開班授徒，雖然開設演員訓練班可以賺大錢。

多年前，我破例地單獨教授過一名學生，她是一個女孩子，被一家沒拍過電影的公司錄取爲「明星」，訂下九年合約。她本來在一家影院做帶位員，因家中姐妹眾多，父母負擔很重，受了別人的慫恿，才有勇氣報考電影明星這份容易賺錢的職業。那時她才十七歲，身材瘦高，長髮披肩，面型有古典美，杏眼笑窩，很像從前的老牌影后胡蝶，因而被老板看中，從此改變了她的生活，也改變了她的一生。

她，就是白蘭。

白蘭是做電影明星的一塊好材料，該電影公司決心培植她成名，爲她請了歌唱、舞蹈各方面的老師單獨訓練，我被該公司負責人聘爲她的私人表演教授。作爲

一個鄉下姑娘，能這樣接受新的學識，在台灣所有的「明星」中，包括成名的或沒落的，可說是少有這樣幸運的。以後她因爲與該公司解約問題曾訴諸法律，但是飲水思源，成名後的她卻不應該不感謝該公司最初爲了造就她所費的一番苦心。

白蘭讀書雖少，人卻聰明伶俐，所以我教她並不費力。我不講深奧的表演理論，因她無從了解，但實際的表演基本訓練，她都能領悟，從五覺訓練到情感的刺激和反應，多有體會。那時該公司預備她拍的第一部電影是「盲女戀」，所以我的訓練側重在盲人的聽覺、觸覺，在靜止中體態的反應，幸好這部片子沒拍，否則就隱埋了她那雙美麗的大眼睛了。以後該公司拍片不成，就經常把她借給別的電影公司拍片，使她成了「出租明星」。在白蘭被出租期間，有了實際拍片練習的機會，拍片經驗豐富，人生閱歷也多了，過了幾年，她便與那個發掘她的公司解約，成了「自由明星」，不屬於任何公司，隨時可與任何公司拍片，只要片酬合適，只要能賺錢。那時，台語片風行，以小成本可以在最短期間十幾天內拍完一部三、四流的片子，意外的可發大財，有十幾萬元的投資者竟會變成百萬富翁或富婆呢。

白蘭便以人美的資本，接二連三地接戲，她可以一天同時趕拍三部片子不吃不睡，坐著計程車來去三個不同的影棚，趕拍早中晚三部不同的電影。她自己不知道

劇情，甚至自己擔任的阿鸞或阿鳳，是在哪一個故事裡，她也分不清，反正是化妝不改，頂多換換服裝而已，臨時聽導演告訴她劇詞，就能在喊Camera之後背出來，一擠眼、一皺眉，便全部OK。大家都是「賺錢主義」至上，至於這樣的電影有無藝術價值，對社會風氣有無惡劣影響，誰管它？由此，白蘭也變成了台語片的一流演員，又被選爲台語片電影皇后。

對於這位皇后學生，自從私人教授告一段落後，我有十幾年未跟她往來，偶爾在某場合相遇，也像是似曾相識，連招呼也不打。只有在一九六四年（民國五十三年），我在台中拍攝「貞節牌坊」時，她也在台中拍片，一天晚上因他們的片子提早殺青，她突然來片廠看我，這是自她發跡後第一次跟我談話，頗使我受寵若驚！「老師！知道你在這兒拍片，我來看你。」她比十七歲時豐滿了許多，當然更成熟。

「白蘭！你好嗎？」

十幾年的時間，「白蘭」這個名字，在台灣已是家喻戶曉了！記得從前，因爲她很像胡蝶，培植她的那個公司本想爲她取名爲「白蝶」的，後來因她練習一首「白蘭白蘭我愛你」的流行歌，爲了加強宣傳，便以「白蘭」爲藝名，想她自己也

忘記她的本名叫「傅錦滿」了。

「貞節牌坊」一片中，台語電影皇帝柯俊雄任男主角，那晚同在廠中拍片，於是我有幸，與這一帝一后合影留念。自此一別，我與白蘭再也沒見面了，聽說她加入中央電影公司，主演國語片「玉觀音」，奪得亞洲影展最佳女主角獎，一躍而爲亞洲影后。

聽說白蘭個人生活儉樸，精於計算，私生活嚴肅，做人很世故，她在名成利收後便息影結婚了。

很遺憾地，對於我這位皇后學生的電影，我卻一部也沒看過。

13. 第一次做電影導演

從事戲劇藝術二、三十年，我做過演員、當過導演，也編過劇，但從未想過要做電影導演；我對影劇事業沒有野心，只有忠誠，守本分地負起我對藝術的職責，所以成就很少。我自感對攝影廠的經驗和電影藝術的知識懂得很少，怎敢妄想去執導一部電影？尤其我不是一個「鋒頭主義」者，可我又怎樣會做了一次電影導演呢？說來話長，寫起來又要費不少篇幅。

我導演的第一部電影是「窗外」，也許是最後一部吧？從「窗外」上演後，我再沒想過要繼續導演電影。

小×（為了使他反省，故隱其名，當他某日變成眞正大製片家時才不會影響他的名聲），應是「窗外」劇中和劇外的第一男主角。

他是位短小精明的人物，我因拍電影「海浦春潮」，他負責製片，而與他相

識，但對他一向的作風和品格則無從了解，看他的外表和談吐，我知道是一位有見解和事業心頗強的年輕人，在他決定自組電影公司，想購買「窗外」電影版權時，曾託我爲他從中說項，基於我與該書出版人平君在業務上時有來往，當《皇冠雜誌》奠基初期，我曾爲其免費撰稿，並經常採用其出版的小說作爲電台「小說選播」的書籍，獲得廣大的聽眾和讀者，尤其是瓊瑤的小說，選播的更多，因此當我去海外時也曾向書店推薦《皇冠雜誌》。

「窗外」是瓊瑤所賣出的第一個電影故事，由此引起其他公司購買她小說電影版權的動機，日後她在文藝界聲譽鵲起、水漲船高，便被港台大電影公司以高價爭購其小說電影版權，這是台灣文藝界少有的財星。

當我開始導拍「窗外」初期，經過艱苦撐持到全片結束，見她與出版人平君態度冷漠，拒絕在《皇冠雜誌》上刊登有關「窗外」拍攝的一段小消息，我猜想他們當時一定後悔把她的處女作《窗外》賣給一家不知名的電影公司，被一些在電影界不知名的人物，而且是相當貧困的，拿去拍成電影！但在當年，購買「窗外」的權利金其實不在少數。

小X雖無資本，但雄心勃勃、理想很高、聰明過人——他的失敗也就害在聰明

反被聰明誤上。他是製片人，因自己缺乏資金，到處去拉資金，不得不賣弄些小技巧，買空賣空，挖東補西，謊言成篇失掉了信用，已接近「製騙人」的邊緣。雖然我曾和他因合作拍「窗外」，使名譽金錢受累不少，但我相信他的本性還是善良的，只是在緊要關頭會不擇手段、不顧後果而已。英雄尚有卑下的情操呢，他是天眞的，他想白手成電影家，憑他「闖」的精神，如果機運好，他會成功，只怪當時霉星附體，無人欣賞他的才幹，使他名譽掃地。

本來是他自組公司，自編、自導的，他邀請幾位專家和我做骨幹幫助他，並邀我飾演「窗外」女主角江雁容的母親一角，但因他沒有廠房，又無公司辦公室，一切設備事項便借我朋友家裡進行。我朋友家的房子多，人口少，場院大，空著也是浪費，於是便做了「窗外」一片拍攝的根據地，所有的內景搭在院子裡，幾十位工作人員的吃食休息都在那兒，從此把他家攪得天翻地覆，以後連索付「窗外」欠帳的人也絡繹不絕了。

經過幾位專家的商討，集思廣益，認爲推我做導演，在號召上要比小×占優勢，讓他負責電影行政較好。我自知對此門藝術才疏學淺、沒有經驗，不敢承擔重任，經他們一再化解：這項決定對「窗外」的拍攝、宣傳、票房，有百利而無一

害，才使我硬著頭皮答應下來。他們都是我的前輩，在電影界是專家，相信他們的話，大概沒錯，他們又答應在技術方面幫我的忙，我也相信他們對電影藝術的熱忱。於是，我挑起導演這付擔子，以我的名義聘請攝影師、演員、各項工作人員，進行得很順利，女主角是小×屬意的一位蘇州小姐，瘦弱文靜，外型酷似書中女主角，男主角則是中國廣播公司的廣播明星趙剛，飾演母親的則是從「八二三金門砲戰」中初做「九三俱樂部」軍人節目而崛起的白茜如，其他各角色也都儘量找忠於書中所塑造的外型去聘請，這是一個新的組合。

在一次晚宴後決定第二日開鏡，大家預祝「窗外」成功。晚宴散後，夜深人靜，小×忽然來找我，愁苦滿面，他躊躇半晌突然說：「明天沒錢開鏡！」這對我眞是晴天霹靂！連日來，我孜孜不倦地籌畫開拍諸事，紙上作業、改編劇本、設計鏡頭……滿腦子「藝術」，竟忘記需要「錢」的大問題，滿心以爲小×已籌到足夠的資金，電影膠片已準備好，因爲他事先已預告×大老板（片商第一期願出三千萬元）。

「剛才我以『窗外』電影版權合約向他押借一萬元，他無論如何都不借，怎麼辦？」如果當時誰看見他那種可憐無告、受盡屈辱、又憤恨又可憐的樣子，相信誰

都會同情他的，可是電影公司的負責人邀請我做導演，忽然問我「無錢開鏡怎麼辦？」這對我是一「新」問題。我對於錢的問題，從未傷過腦筋，錢多多花，錢少少花，甚至不花，都隨其自然，可是現在擺在眼前的大問題是，沒錢，電影無法開鏡，那麼多工作人員都是放棄了別家電影公司的工作來幫忙的，不能開工，他們吃飯就成問題，若要通知他們明天無錢「開工」，這是失信用又失面子的事。電影界扯爛污的很多，被人譏諷不恥，我不願也被拖進這個泥淖裡去，因為我一向做事嚴謹而負責；但是即便是明天暫時有少許錢能開鏡，也仍需要源源不斷的大量金錢，才能解決問題的，我試問小X說：「明天，如果有錢開鏡的話，以後的財源呢？」

「X老板說，只要我的片子開了鏡，他答應先給我十萬元，能夠應付的。」

那時，我還沒「經濟腦筋」去計算一千呎黑白膠片需款三千餘元，攝影一轉動，幾千呎轉眼就會報銷掉，還有龐大的劇務費開支，再加上其他多方面都需要錢，這十萬的數目對市井小民來說是筆巨款，但拍電影像投入無底坑，支持不了多久就用個精光。

那時，小X保證資源絕無問題，請我信任他，他說得很有把握，為了維持我的信用，和我責任心的促使下，我願意先墊款開鏡，誰知以後竟不得不繼續墊下去，

墊光了我僅有的十幾萬元積蓄。結果是電影上演，不但未賺錢，連本錢也沒取回，而且對演員朋友們還有未付清的零星片酬，更拖欠下一大筆人情債。

事後我想，這也許又是小X的「戲法之一」，他將我的財產估計過高，認爲只要我能在一開始拿錢出來，爲事實所逼，準有力量把全部費用都墊開，不需要他再去求爺爺告奶奶地向人求錢，殊不知，我僅是比他略好一點的「窮措大」而已，不過也幸而如此，否則虧累更甚。從前的人說，要害人，勸他家裡娶個小老婆，害得他雞犬不寧，家破人亡；現在害人，則是勸他出資拍電影，保管他傾家蕩產。「窗外」開拍後，我深信此話不謬，但是腳已深陷泥淖，欲拔不能了。

「窗外」的拍攝，假設不受錢的牽制，眞可謂「天時、地利、人和」。主要的內景，是借藝專一個學生家拍攝，省下一大筆內景費，可惜工人們踏毀了他家玫瑰園，而答應爲他們修繕房屋的費用，也因賠錢未能償付，至今使我深致歉意。後來我的這位高足供職於中廣公司，我讓他做了「窗外」的副導演，他瞞著我借了錢，使他朋友無辜蒙受巨大損失，而將賣稻穀的一、二十萬血汗錢全部賠盡，我雖感不安和抱歉，但自身已陷泥淖，也無法償其萬一。

其他內外景，曾蒙淡江初中、淡江國校、大安初中、一條龍飯館和幾家有名的

咖啡館協助拍攝。淡江初中的女學生、淡江國校小學生和藝專夜間部的同學們，都熱情參加拍戲，免費擔當臨時演員，省了不少劇務費。記者們在報端著文鼓勵和代為宣傳，這些人們的熱情和友誼都使我永遠難忘。

假設當「窗外」未開拍前，小×能開誠布公地告白他籌措資金有困難，此片版權轉賣給大公司（已有人接洽過），或開鏡後即停拍，損失便不會加倍，以後在有錢就拍、無錢就停的工作情形中，其艱難和心情可想而知。幾位專家早看穿小×的欺騙伎倆，在開拍不久就相繼離去，我身為導演不能辭其責，亦應負責其咎，攝影師祁先生與我並肩合作，撐持到底，將「窗外」電影完成。我像隻老牛，忍饑受餓，數經艱險，終於把一車貨品送達目的地，送到觀眾面前，品質優劣的批評，只有仁者見仁，智者見智了。

事後檢討，我以為我在電影藝術上無驚人建樹，但自己在藝術上的表現，以及對我工作的毅力，確實是一次嚴格的考驗。在人事上更得到不少經驗，使我知道錢的重要，使我看到握有資財者的冷酷嘴臉，以及同行間的袖手旁觀、冷箭傷人，更悲傷於友朋間的道義淪落。另一方面是不相識者的熱忱可善，更明白了做一個電影導演，不但是位藝術家，還應該是個市儈，才能應付得了這個五花八門的電影世

界。

「窗外」上演後，小×仍未悔悟錯誤的作風，在出賣海外版權方面仍做了許多不法的行爲，使我深以爲憾，竟失去一個精明能幹的電影界朋友。別後多年未見，我仍希望他能轉運，完成他的抱負。

●透過鏡頭，看見人生。

14. 和李行導演合作拍片

我在台中拍攝「馬車夫之戀」時，曾和李行碰過面，那時他是師範大學藝術系學生，在「馬」片中，他扮演我的丈夫，顯然這兩個角色都是「配角」，所以，我不記得我們兩人有過單場的表現，因此那時我還不清楚他是誰。再一個原因是，我在中廣公司工作，拍完一場戲，就得回台北中廣導演或是錄音，沒有時間跟同戲的演員們有閒聊的時間。所以，有些關心演員「私事」的觀眾們，常常奇怪我的回答都是：「我不知道。」「我不清楚，有這回事嗎？」

等我和李行開始合作拍攝「街頭巷尾」一片時，我才大概知道了他已是拍了多少部台語片的導演了。在片場裡，他尊稱我是「崔大姐」或「崔老師」，那時我也在大專院校戲劇系授課。我稱他是導演，有時也叫他的本名「子達」，後來知道他還有三個兄弟：子弋、子堅、四弟子繼，父親是《自立晚報》創辦人，他們從上海

移民來台灣。

◎街頭巷尾

一九四九年，國民政府撤退來台，整個大陸改爲紅色中國，跟著政府撤退來台的百姓們，生活困苦，沒有居處，沒有工作，老老少少就在漳州街這塊地方搭建了許多違章建築；生老病死，都在那些幾呎不到的小窩裡。爲了生活，他們只有做最卑下的事情。我記得，在我還未去拍「街頭巷尾」這部電影時，我已實際去訪問過那些「窩棚」，就像俄國高爾基的作品「底層」（我們演舞台戲譯爲「夜店」）一樣，龍蛇混雜。我在初來台的一位女演員家裡吃飯，沒有桌椅，鍋碗瓢盆都擺在地上，而那裡也是睡覺的床。她育有一男一女，全靠她丈夫在電影場做小工生活。

沒想到，在十四年後，漳州街的整個景象在台灣製片廠中重現，劇中人物大都是那些曾在窩棚裡奔生活的小市民，現在由一些不是太大牌的演員們來重現——當然，「寫實」的電影，不是絕對根據「事實」，李行的自立電影公司就大膽地開拍了這部「街頭巷尾」，我受邀演出劇中一個只守著孫子過活的老奶奶，她已失去了「家」，唯一的一點積蓄是自己買棺材的本錢，但爲了救人濟貧，她慷慨地交了出

去。

在廣播劇裡，我常飾演「媽」和「祖母」輩的角色，因此常有「聽眾」希望我能做他們的「乾媽」（那時我還年輕哪）。化了老妝，白了頭髮，我以老態龍鍾的形象跟觀眾（聽眾）見面，還是頭一遭。

在這部群眾戲，每個人的戲份都不很多，所請的演員雖非「大牌」，但在舞台上或台語片裡，都是李行導演的好朋友。李導演是個不忘舊的人，第一次跟他合作的工作人員，日後都成了他忠實的合作夥伴。他也喜愛新人，我有許多國立藝專畢業的學生們，都是他的晚輩，也因爲他獲得不少發展機會。一個做導演的人，不單是創造個人的電影藝術，同時也要訓練藝術的接班人。藝術不是自私的，它不分界域，因此有些跟李行做過場記的、副導演的，後來都成爲有名的電影導演，或是編劇人才。另一方面，李行也廣結各種藝術領域的朋友們，追尋誠懇的合作，促使這個電影團隊成爲生命共同體，而不是賺錢賺名的工具——當然，看重藝術方面的成就，自然就影響了票房收入。

「街頭巷尾」是李行導演一九六三年的作品，也是我在演過「千金丈夫」、「馬車夫之戀」、「懸崖」後，第四次參加電影表演。

◎貞節牌坊

「貞節牌坊」則是李行在一九六五年的作品，一個漁村的故事。打漁的人兒世世窮，就像「古早」王人美演的「漁光曲」，打漁的男人和大海搏鬥，喪身的危險多，所以漁村中的寡婦也多。「貞節牌坊」的劇情，著重於寡婦是否一定要「守節不嫁二夫」，而自己在情慾的挑撥下，豎起那個冷冰冰的貞節牌坊，還要以此為榮。本劇的主要角色是一對老小寡婦，和一對漁夫父子。

我們在台中廠搭成一個漁村，全體人員每天就在那裡活動，像生活在自己家裡一樣，老寡婦的貞節牌坊就豎在她家門前，眾多的劇中人就在牌坊下來來往往。而小寡婦殉情投海，老寡婦領著小孫子（巴舊飾演，當年四歲）站在海邊，希望媳婦能活著回來的那一場戲，則是在台北淡水海邊拍攝的。

這場戲動用了一百多個臨時演員，為了等待那曇花一現的陽光，拍了一個多星期。我們天天坐在沙灘上，在風沙裡等太陽，在鹹風裡吃便當。陽光跟烏雲好像跟我們上百人開玩笑似的，忽隱忽現，劇務一聲：「太陽出來了！」大家又跑又叫，向大海呼喊，太陽竟又藏到雲裡去了。真辛苦了那些臨時飾演村民的臨時演員，他

們都是當年眷村（政府爲他們蓋的簡陋居所）裡的人們，劇務組把這些人編進電影臨時演員的名單中，有群眾的戲便請他們擔任，老少不用化妝，破破爛爛的服裝自備。他們一天可以混個幾十元新台幣，有時小劇務還可以爲自己抽點油水。每天的飯食是一人一個便當，比家裡吃的都可口，所以即使再辛苦，大家也沒怨言。只是坐在草棚中等喊「開麥拉」的李導演，卻氣鼓了雙眼，拍外景靠天吃飯，就算是導演也扭不過天。

記得有一次從台中打來的緊急電話催我去拍片時，我正爲「窗外」趕拍外景的End場面——那時「窗外」的電影組解散了，參加的藝術家們也不辭而別——所以說只談藝術，沒有金錢也不靈。只有我這個初當導演的人，還得墊出唯一積蓄來收爛攤子，因爲我是個守信義的人。最後，「窗外」的team就剩了男女主角（都是不支片酬的）、一個攝影師、一個助手、一個吹牛的製片小×（是他說找到投資人惹的禍）。

白天拍戲拍了一整天，天沒亮我就趕早車去台中。我不是大明星，小劇務不來接車，我一個人站在火車站的天橋上，頭昏昏、腦脹脹的，一晃眼，竟從天橋上滾下來，幸好，上帝派了一個穿軍裝的人在最後一步台階上抱住了我，臉完好，眼鏡

也沒碎，只有手提包的東西飛散，我的兩個膝蓋紅紅紫紫青青像化了妝。小劇務聽到站內人聲鼎沸才跑出來，發現中廣公司的大導演差一點在梯階上喪了命。幸好我下午一點開拍的那一場戲沒有走動的安排，否則李行導演會奇怪老寡婦怎麼變成跛子啦？我沒告訴他我的腿傷有多嚴重，而在他的開麥拉一聲中，我完全「忘」了疼痛，全部精氣神都是老寡婦的了。

在「貞」片中，我算是第二女主角，和艾黎、柯俊雄（男主角）共同合作。在白色恐怖時期，電視台曾播演過幾次「貞」片，但把預告上「崔小萍」名字抹掉，可是在片頭裡的「崔小萍」他們卻無法不演出來。想想那時大環境的氣氛多恐怖，連演員的名字也「畫清界限」，連出版的電影歷史書裡，竟然也把我爲中華民國得到第一個亞洲影展獎的事蹟抹掉，只登載了張小燕得到童星獎。最近有戲劇研究所的學生想寫廣播劇的歷史，寄給我他們的論文，請我指點，我才發現有些當年的合作者在寫歷史時，也沒有「崔小萍」這個名字，他們認爲當年的廣播劇都是他們製作和編導的——無論什麼「歷史」，都是代表一個時代的過往紀錄，對歷史人物的褒貶，相信有良心的歷史學家會有公正的評鑑。記得某年在一個話劇排演場，有一個學生帶來一本國立藝專（現改制爲學院）三十週年校刊，我偶爾翻閱，發現在教師

欄裡沒有我的名字，沒想到我教了十多年的學校，竟然也因白色恐怖，把我抹黑了。不過，話說回來，自從坐了冤牢回來以後，被抹黑的事情還多著呢！

在「貞節牌坊」中，我飾演的老寡婦戲份很多，一大段一大段的劇詞要如何說得「眞情」，眞得好好研究。她是一個無知識的村婦，語氣肢體動作、面部表情、對情慾的控制、對小寡婦和青年漁夫的情愛管制、對唯一小孫子的愛護，多種情緒全集中在一個死了丈夫的寡婦身上；她爲了守住「貞節牌坊」，不惜砍斷小手指來警惕自己，不得和已做石匠的漁夫再有戀情！諸如這些情景，都不是在一瞬間能表現得很完美的，但是做一個演員，必須接受導演的指示，設法把它們表現出來。李導演在該片中，多用面部的特寫鏡頭，演員如果沒有內化角色心理的過程，在一瞬間的眉眼之間，面部肌肉的顫動是無法把內心矛盾和理智的交戰，充分表演到恰到好處、不慍不火的。電影表演藝術之難，就難在這些微小地方。會看戲的觀眾，可以看出那些臉部大特寫的內涵，不懂的觀眾一定會奇怪拍攝這些交替的「大面部」是什麼意思？「貞」片票房不好，是觀眾想要的不是藝術的創造，不代表是李行導演失敗，但是該片很使他傷心，他在「貞」片的一張淡水海邊外景拍攝劇照上記著：

「貞」片是我近期作品中，較能滿足自我創造慾者，但上映時，不為觀眾接受，票房收入甚差！製片人尚不氣餒，我今後當更加倍努力，誓為中國電影奮鬥！

李行　民國五十六年元月二十三日

此後，他一直努力，爲中國電影奮鬥了五十年。

我另一部跟李行合作的電影是「日出、日落」，於一九六六年拍攝。我的學生江明飾演得癌症作家康宏，我飾演他的母親，仍然沒有大牌明星，女主角還是個沒演過戲的新人。

李行和我劇專的學弟謝晉，如今都是國際名導演，兩人也結爲好友。一九八八年，謝晉來台北慶賀兩人導演五十年時，剛好遇上台灣六點七級大地震。當年十月九日，李導演也組團去上海祝賀謝晉，並參加上海第四屆國際電影節，他邀我同行，因爲參展作品中有我的「街頭巷尾」、「貞節牌坊」兩部電影。這是我一次很愉快的旅行，也是我首次參加公家團體公費旅行，後來我的姪輩們都從其他省分到上海來看我，尤其我那漂亮的侄孫女盼盼出現時，人家還誤會她是明星呢！

記者黃仁編著了一本書，名爲《行者影跡》，是爲李行導演電影五十年所做的

紀錄和鑑證，書中刊載了我的一篇文章，那是爲「貞節牌坊」所寫的的感想，登在一九六六年九月二十二日《民族晚報》影劇版。難得他還存檔了這篇文章，我摘記了一部分下來：

〔「貞節牌坊」和我〕

無論「貞節牌坊」如何被〇〇七諜風吹擊，或被觀眾冷落，我仍覺得它是可愛的，不是因爲我演它而同情它，事實上，它確實是一部値得喝采、有藝術價値的製作。但它在票房方面遭到打擊的原因，也正是我們所渴望的藝術價値影響了它，它的故事「單純」，沒有傳奇，缺少激情，更沒有陰謀多端的情節支持它，僅是一個「守節」的老故事，和四個老少不同兩代人物愛情的糾葛，背景只是一個破落的漁村和一面海。像這樣的電影，沒有魄力的製片家絕不敢冒險，缺乏膽量的導演也不敢嘗試，演員缺少經驗也無法表現出角色個性，爲了想給中國電影製造一個崇高的理想，他們完成了「貞節牌坊」——他們冒險克服一切製作上、藝術上的困難，但是意外地（也應該是意料內地）在票房吃了敗仗。

我喜歡「貞節牌坊」，是因爲在中國電影裡，從沒這樣樸實、這樣坦白地描述

中國人的眞實生活，和他們隱藏的心靈生活。我們不了解上一代人是怎麼活，我們也無法啓示下一代要怎樣繼續活下去。我覺得那牌坊，不僅表現女人對貞操的堅貞，也能表現東方人在情感上的固執，和對生活堅忍刻苦的精神。

「貞」片的設計新與風格獨特，無法使所有的觀眾接受和欣賞，因爲他們習慣於接受「一般」的電影；再者，認爲電影只是娛樂的觀念，使他們不願意花錢去傷腦筋。所以他們想像不到那些使人感傷憂鬱的畫面、那些幽暗的光影，以及那些撼動人心的攝影角度，每一樣都是出自於藝術精心的設計和策畫。例如在「貞」片中特多的局部特寫，那眞是對演員一項嚴格的考試，在觀眾眼前，它只是一瞬間的「面部表情」而已；但在角色本身，卻像是把情感放在顯微鏡下解剖。當演員的得集中表演的最高智慧，才能創造出刹那間的心靈活動；否則，那些臉就等於一張白紙，沒有任何意義。問題也許就在這裡，觀眾不習慣看這些粗糙的臉，他們愛看的是油頭粉面，愛聽的是嗲聲嗲氣，或者是不能傳達情感的臉，像張白紙，而使他們失掉欣賞的興趣！可是，電影藝術是走在觀眾前面的！是要幫助他們擴大欣賞領域的，如果只是讓他們幻想一個打火機能有一百零八般武器，攻無不克，戰無不勝，或是不用火箭衛星就可以一步登天，那跟讓他們崇拜日本武士道的砍砍殺殺一樣可

怕！

我懷念在「貞節牌坊」中反覆無常的海，我喜歡看海灘上那寂寞的腳印。在「貞」片中，我咀嚼到生命苦澀的滋味。記得從前我認識一個只會畫一張畫的畫家，他只會畫人的腳印兒，他說那是「孤獨」。後來，他將腳印畫成一個釘子頭，他說那就是「生命」。現在我才明白他畫的意義——「貞節牌坊」也許就像他的畫，沒有開始，也沒有結束，它不是連環畫，它就是那樣的電影，沒有其他可比較。

但是，「貞節牌坊」被打敗了嗎？我記得海明威在《老人與海》裡有一句話：「人只能被毀滅，不能被打敗。」我想有價值的東西是不會被打敗的，就像那座「貞節牌坊」，豎起來不容易，要打倒它也很難。

15. 黑色影展

二○○○年的元月，學生萬里由美國舊金山寄來幾頁雜誌的報導，並且簡單地寫了幾個字：「老師，看完這篇報導，你會明白有關說你去送了『蛋糕』或者『花』裡面有炸彈，於是陸運濤夫婦和四十幾人坐的飛機爆炸墜機，全數罹難的慘劇。使得在台灣台北舉行的第十一屆影展變成黑色影展——你揹了三十幾年的黑鍋，總得澄清了吧？希望造謠的人，也能看到這篇報導。」

這篇報導名爲「社會切片」，是刊在《世界周刊》上頭的，我想它是屬於台灣聯合報系，署名王立楨撰文。核桃般大的字，是大標題：「台灣民用航空史上第一次劫機行動」。

一九六四年的民航空運墜機事件，台灣當局始終沒向社會報告墜機原因，而且否認有「人爲」因素，他們認爲是機件出毛病，並把錯誤推給了正副機長。看完這

篇報導，我才知道那的確是劫機事件。這件慘劇是在一九六四年發生的，我在一九六八年被誣告入獄後，竟有謠言把這件事加在我身上，說是我去送了炸彈到飛機上，我因此揹了幾十年的冤枉，比坐十年牢的冤枉還嚴重。我把這篇報導摘錄下來，印在我的這本回憶錄裡，起碼使罹難者的後代能明白他們的父母也是冤枉死的。

一九六四年初夏，第十一屆亞洲影展在台北舉行，亞洲各國的影劇界佳麗及遠道而來的好萊塢影星威廉荷頓，都聚集在剛完工的台北市立體育館裡面，慶祝這每年一度的影劇界盛事。

那次的影展，對於正在從事經濟發展的國民政府尤其重要，因爲藉著這個機會，國府邀請到了馬來西亞的華僑富紳陸運濤夫婦，他們將以馬來西亞代表團團長的身分率團前來台灣，在影展過後將和政府有關部門商談在台灣投資的事宜……（以下略）。

六月十八日晚上，影展結束之後第二天，各國與會人士就開始了觀光活動。陸運濤夫婦一向對中國骨董相當有興趣，因此決定了趁這個機會前往台中的故宮博物

院（編按：故宮早期置於台中）參觀。

本來影星威廉荷頓也決定了一道前往，但是臨行前，行政院新聞局通知已安排了十九日到花蓮參觀的行程，所以陸運濤夫婦及隨行的幾個人就更改了行程，隨著新聞局的安排前往花蓮參訪。威廉荷頓因爲已經決定二十日返美，所以就沒有跟著大家到花蓮去，而於十九日當天按照原計畫前往台中；他的臨時脫隊，雖然讓他失去了觀賞太魯閣附近鬼斧神工的天然景觀，但是卻也讓他躲過一場生死大劫。

二十日上午，陸運濤夫婦及台灣製片廠廠長龍芳、國泰電影總經理夏維堂，在台灣省新聞處長吳紹璲及行政院新聞局聯絡室主任龐耀奎的陪同下，搭乘民航空運公司的第一班環島班機前往台中。出發前他已在圓山大飯店訂下麒麟廳及金龍廳，預備當天晚宴包括行政院長嚴家淦在內六百多位貴賓。

就在陸運濤夫婦飛抵台中的時候，遠在澎湖的民航空運公司辦事處出現兩名要訂購機票前往台北的旅客，其中一位是三十八歲的海軍中尉曾暘，另一位是四十八歲的海軍退役軍官王正義，他們指定要購買下午經台南、台中，前往台北的班機機票。

那時因爲空軍每天都有一班交通機回馬公直飛台北，軍人及榮民都可申請免費

搭飛機，因此當民航公司售票處的職員見到曾暘告訴售票處的小姐，他曾搭過空軍的交通機，但是覺得坐起來不舒服，同時太吵，所以想換民航公司的飛機來坐坐。

售票處小姐聽了之後，建議他搭由馬公直飛台北的DC-4大型客機，那型飛機比環島班機的C-46型飛機更舒適，同時也不需經過台南及台中，可以早一個小時到台北。曾暘聽了之後改口說，他們要順便到台中去辦一點事，所以環島飛機雖然慢，但是剛好合適。售票小姐提醒他們，飛機在台中只停十多分鐘，根本沒有時間讓他們去辦事。但是這回曾暘就沒理會售票小姐，只要求趕快開票。

擔任那架環島班機的正駕駛是林宏基（空軍官校第二十四期），副駕駛是龔慕韓（空軍官校第十期）……（以下略）。

那天，那架飛機在台中落地後繼續起飛，在台南上下旅客後，又跨海飛抵澎湖。在那裡飛行員及空服員們下機休息，下午兩點鐘再起飛循原路飛回台北。

下午一點半鐘，曾暘及王正義兩人在機場隨同其餘的二十六名旅客依序登機。當時機場裡並沒有金屬偵測器的設施，對旅客登機前也沒有搜身的步驟，但當時在機場協助旅客登機的一位民航職員卻清楚地記得，曾暘及王正義兩人都拿著一本厚厚的英文書。

飛機經台南飛抵台中後，曾暘及王正義兩人並沒有隨著下機的旅客下機去辦事，飛機也在陸運濤眾人登機後隨即起飛。

當那架 C-46（編按：機號 B-908）由台中水湳機場起飛之際，剛好有一架空軍救護中隊的直升機，在附近由北往南飛。那架 C-46 起飛之後爬升到一千多呎高度的時候，突然轉向往南飛去。這個突來的動作，引起了直升機飛行員的注意，因爲附近並沒有高山，同時也沒有其他飛機在附近，沒有轉向迴避的理由。

那架飛機往南飛了一會兒之後，又猛然地轉向北飛，然後就在直升機飛行員的目視之下，那架飛機緩緩地右轉，最後在台中神岡鄉附近墜地爆炸。

當時那架直升機飛行員幾乎不敢相信自己所看到的景象，他一方面向戰管報告目擊民航機失事，同時馬上轉向失事現場，將直升機落在飛機殘骸附近，希望能發現一些倖存者。結果發現，現場唯一存活人士是一名地面的小男孩，他被飛機爆炸的破片擊傷，除此之外，飛機附近沒有任何生命的跡象。

飛機失事的消息傳到台北之後，政府當局在震驚之餘的第一個反應是「怎麼那麼巧會是那架飛機？」繼而根據直升機飛行員的證詞，更是讓有關當局覺得這不是一件單純的飛機失事，因此在民航機展開失事調查之際，情治單位也開始朝著人爲

破壞的方向展開調查。但是在當時戒嚴情況下，這種公然向社會秩序挑戰的行爲是絕對不可向大眾宣布的，所以當時媒體上並沒有報導這方面的調查情形。

當時情治單位最早的調查方向，是針對一些本來預備搭乘這架飛機，但在最後一刻更改行程的人，它包括了本來該在這架飛機上執勤但臨時找人代班的一位空中小姐；一位申請到台中的免費來回機票，但只坐了單程，回程卻改坐汽車的民航空運公司職員；一位在登機之前臨時決定退票的商人，但這些人經過約談之後，證明沒有任何嫌疑……（以下略）。

當時在失事現場處理飛機殘骸及罹難者屍體的，有民航局、民航空運公司及警務處等單位，同時因爲那家飛機上有許多美軍顧問團的人員，美國大使館派出駐華空軍武官參與加失事調查工作。

也就是那位美國空軍武官，在失事現場殘骸中，發現了一本厚厚的美國海軍雷達手冊，他順手撿起來一看，卻發現那本書的中間挖空成一把手槍的形狀。這個發現非同小可，附近的幾個記者正想拍照存證，但是馬上被現場的治安人員制止，並將書收走。然而《聯合報》的記者卻在書收走之前搶先照到了一張照片，並在第二天獨家將那張照片刊出（編按：經查證，《聯合報》於當年六月二十八日刊登該

照，照片爲中央社提供，以下同）。

發現那本挖空了的雷達手冊之後沒多久，在駕駛艙附近的殘骸中就發現了一把四五口徑的自動手槍。找到手槍的同時，飛行員林宏基的屍體也從殘骸中挖出，他的面頰右邊有一個小洞，左半邊的臉已被炸掉一半。當時因爲失事現場到處都是殘缺不全屍體，所以一開始現場人員並沒覺得有什麼不對，只是後來驗屍時發現。林宏基右臉的小洞有強烈的火藥反應，證明那是在近距離遭槍擊的結果。

另外，駕駛艙內也發現了一件撕爛的卡其布上衣，上面有著海軍中尉的肩章，根據衣服撕裂的情形判斷，那是在劇烈扭轉打鬥時被撕爛的。

由於飛機是在向右傾斜的狀況下撞毀的，所以坐在駕駛艙右座的副駕駛龔慕韓所遭受的撞擊力最大，他的屍體也是支離破碎得無法辨認，僅憑袖口上的三條金線（副駕駛的階級識別，正駕駛是四條四線）來辨證他的身分，後來他的屍體火化後，在骨灰當中曾發現一枚類似彈頭的金屬。

當飛機的左發動機被吊起來之後，在下方發現了另一把四五口徑的自動手槍，同時也發現了另一本雷達手冊，同樣也是在中間挖空成手槍的形狀。那兩本手冊都有澎湖海軍第二造船廠圖書館的借書卡，借書卡上顯示手冊都是由曾暘在一星期前

借出的。而那兩把手槍上的序號，也證明了是由海軍第二造船廠的軍機庫中所偷來的。

由這許多的證據看來，很明顯的是曾暘及王正義兩人企圖將那架飛機劫往大陸，但在駕駛員拒絕合作的情形下，持槍將正副駕駛槍殺，然後在飛機無人控制的情況下撞地失事。

眞相雖然已經大白，但是這個殘酷的事實卻讓當時的政府當局頗爲頭痛，因爲當時正在戒嚴期間，這種聳動人心的新聞是無論如何都不能公諸於世的。

失事現場雖然有許多新聞記者在場，但是除了《聯合報》在失事第三天曾刊出那張被挖空的雷達手冊相片之外，沒有一家報紙敢直追猛追地詢問飛機失事的眞正原因，只能捕風捉影去揣測，對於劫機這種敏感話題更是沒人敢提。

由於《聯合報》曾刊出那張被挖空的雷達手冊相片，警務處長張國疆不得不在立法院質詢時，承認失事現場曾發現兩把手槍，但是他強調無法證明手槍與飛機失事有任何關係。主持失事調查的民航局，也在保全政府威嚴的前提下，極力否認有劫機的情事，並一直將失事責任推在民航空運公司身上，就連飛機失事報告上也是說因飛機發動機故障，同時飛行員操作不愼，才引起飛機墜毀的慘劇。

聯合報

民航公司環島班機失事

昨在台中上空爆炸墮毀

中外乘客五十七人同遭不幸

陸運濤胡晉康吳紹璲龍芳等均告罹難

嚴院長表哀悼陸運濤等罹難

美軍裝備運泰儲存

明日可抵曼谷

包括坦克通訊設備軍火

由登陸艇及運輸艦載運

阻匪向東南

美將不

民航公司一〇六號班機失事地點圖

一九六四年六月二十日，台灣民航史上第一次重大事故，舉國震驚。（上）《聯合報》於失事隔天以頭版頭條新聞報導；（下）挖空成手槍形狀的雷達手冊（中央社提供）。

當時民航空運公司裡的員工都知道飛機是在劫持狀況下墜毀的，但是在戒嚴情形下，誰也不敢公開表示異議。對於台灣政府將飛機失事的責任推給公司，美籍員工尤其感到氣憤，他們甚至曾上書美國國務卿魯斯克，希望美國政府能出面說一些公道話，但是美國務院卻勸民航公司最好顧全中美友好關係，以大局爲重，不要在飛機失事的問題上再做文章。

據曾在民航公司擔任副駕駛的張崇斌（空軍官校第十八期）回憶，陳香梅女士——民航空運公司創始人陳納德將軍的夫人——當時也出面勸公司裡那些美籍職員不要再在這件事上興風作浪，因爲公司日後需要台灣政府協助的機會還很多，眞爲這事撕破了臉，對雙方都沒好處……（以下略）。

轉眼之間，這件飛機失事的慘劇已是三十五年前的往事了，當時因爲這是台灣民航界第一次的重大飛機失事，所以許多人對它印象非常深刻，也同時因爲那張挖空了的雷達手冊相片，更有許多人始終不相信那是單純的機械故障而引起的飛機失事。而我在最近讀了當年民航空運公司美籍飛行員 Felix Smith 回憶錄，及訪談了原來在民航空運公司擔任副駕駛的張崇斌先生之後，這多年來的疑問終於有了答案。

曾暘及王正義兩人在當年戒嚴期間會鋌而走險持槍劫機，一定有他們的理由。

選定陸運濤所坐的那架飛機，無非也是想到用他爲人質，以便劫機不成時可以利用他來作爲談判籌碼。但是沒想到，空軍出身的兩位飛行員在多年來漢賊不兩立的教條薰陶下，竟寧死也不肯飛往大陸敵區，在這種情形下，曾暘及王正義只有選擇同歸於盡的路子，全機四十六人（編按：經查證正確罹難人數爲五十七人，以下同）就都成了這場悲劇中的陪祭。

在當年的政治環境下，如果那架飛機眞的被劫持到大陸，那對國民政府的衝擊絕對比摔掉那架飛機來得大。所以一直到十年左右，華航的班機上一直帶著便衣安全人員，在一九七八年的一次劫機行動中，空安人員還眞的用槍將劫機者擊斃。後來因爲政治環境的改變才取消空安人員，並告訴飛行人員，在有人企圖劫機的情況下，應以全機旅客的安全爲重，不要做無謂的抵抗。

陸運濤等四十餘名旅客雖然死得悲慘而冤枉，但這畢竟是命運使然；而爲了國家的顏面，硬將這個慘劇的責任推到民航空運公司身上，卻也有失厚道，尤其是在失事報告中指責兩位殉職飛行員操作不當，更是對死者不敬。在這飛機失事三十五年後的今天，在此將這件事情的始末寫出，也算是替他們平反這三十餘年來的冤屈。

在王立楨的這篇報導中，還登載了正駕駛林宏基夫婦的照片，以及民航機 C-46 的外貌。

抄寫這篇報導，使我手酸頭疼，可又非寫不可，因爲我在一九六八年遭誣害後有關我的謠言很多，有的報上登了我已被槍決的消息，有的還說我是中廣公司副總經理李荊蓀的太太（他是同年被誣告的），我是他的領導者。但是最可怕的，是說這次的墜機慘劇是我送上飛機的「炸彈」！墜機事件是在一九六四年發生的，我被誣告爲叛亂犯是在一九六八年，兩件事相隔四年，假設我眞有本事如此厲害，那情治單位能讓我活著嗎？

飛機上五十幾位有名之士，其中也有我的朋友，就這樣不明不白地冤枉死了，這篇報導正可以明白眞相，但是我卻沒有辦法向大眾聲明：「那絕不是崔小萍幹的！」還好，我寫在這本回憶錄上，但是，這兩件大事，卻不是回憶錄能洗刷冤枉的。

◎遲來的正義

我看到一九六四年（民國五十三年）七月四日《聯合報》的舊報紙，上面登載

著在六月二十日民航客機於台中上空爆炸失事的一些報導，大標題之一：「民航機失事，尚無犯罪因素」。二標題：「警務處、民航局分別說明，螺旋槳引擎均無問題」。

當時警務處發言人是張珍，他是童星張小燕的父親。其中報導如是說：

一、現場撿到的兩枝手槍，已於本月一日送往日本美軍遠東刑事試驗所勘驗。

二、現場撿到的兩枝手槍，可能係罹難旅客曾暘所有。但曾暘帶槍的動機，正會同軍方調查中。

三、九〇八號客機失事一案，已引起中外之重視，警務處係站在治安立場，做一部分調查，技術部分由民航局負責……

另一份報導標題是：「環島民航機，有驚險紀錄，民航安全局處長趙庭珪已證實」。

事隔三十多年之後，這樁轟動世界的民航機爆炸案，竟被證實是由兩名劫機者所為，他們想迫使飛機去大陸。當年大陸的中華人民共和國，和在台灣的中華民

國，兩岸雖在咫尺，卻在一九四九年（民國三十八年）大陸被中共統治後已隔絕有十五年。根據我看到電視上的報導，顯示出的那兩把手槍是藏在一本被挖空的厚書中……這些已證明了當年九〇八號民航機失事，確實是因劫機而造成爆炸的悲劇，這是不爭的事實。

當年，我被主辦單位聘為影展觀察員。在影展期中，我曾與亞洲著名影星晤談，也曾與美國著名男星合影，學生張敦志是華視的攝影記者，順便給老師拍張照片是輕而易舉的事。本來這次影展是難得爭取到在中華民國台灣台北舉行，一次最榮耀的盛會，經中廣公司總經理魏景蒙以私人交情邀約來的馬來西亞電影鉅子陸運濤，請其投資發展台灣的電影事業，未料竟造成「中國」電影史的大悲劇，陸氏夫婦、台灣康樂界的龍頭老大龍芳、著名片商，以及新聞處長吳紹璲夫婦等都因此喪命。而魏景蒙倖免此難的原因是，當天他本要隨該機去南部看軍事演習，但臨時在機場陪同另一批參展影藝人員去了金門。

後來我被誣入獄後，竟有謠言說此次飛機爆炸事件是我送去的炸彈造成的。雖然謠言止於智者，但我卻揹負了三十幾年的傷害。學友賈兄在美國看到了這件事眞相的相關電視報導，慨嘆說：「你揹負的冤枉，得以澄清矣。」

但是，我另一老友愛華姐的長媳，卻認爲我是她殺父仇人，因爲他父親夏維堂是搭機的片商之一，也在此事件中罹難。這謠言實在害人不淺！

記得飛機失事當天晚上是星期六，我正在中廣做「監播」，消息傳來時，不知詳情，只擔心總經理魏景蒙是否在機上？他邀來海外影壇鉅子投資發展台灣影業，他居首功，但沒想到他的許多好友竟然因此慘死。我當時在電視上見此消息後，立刻寫信去華府向愛華姐報告。誰知在我遭人陷害入獄後，卻蒙受這種不白之冤，落井下石、打落水狗之人的心態實在可怕！

民航機爆炸發生於一九六四年六月二十日，政府當局未公布眞相，只說是機件故障，而我於一九六八年六月五日被誣告失掉自由，假若如謠言所云，司法當局早該將我繩之於法，槍斃兩次都不算多，我何以能活至今日，申請冤獄補償？而眞相大白，凡富有正義感的人士均爲我叫屈！

謠言止於智者，歷史證明了我的清白，眞理永存人間。

我寧願過去曾當過

「一分鐘」的共產黨！

如此判我，我也甘心！

第三篇

冤獄十年

（1968 ~ 1977）

我，永遠是個很天真、有純潔心靈的女孩子。我相信，我沒犯罪，一定會被「無罪」釋放的；但不曉得，調查局的人員竟「降」大禍在我身上。

調查局的那個逼供審訊室，是在三張犁吧？地址我弄不清楚，是在吳興街？離我的住處大約只有十步之遙，一轉彎兒就到。我被關在那兒三個月後，被移送警備司令部的軍法處，這是日後，我才知道的一個軍事機關。

一九六八年．籠中鳥

我，被關在一個有鐵柱子門、共有三張榻榻米的小屋裡。靠門的一個木板，不鋪榻榻米，是方便看守的人送飯；兩個榻榻米是供囚人睡覺的，像我這樣「袖珍身軀」，獨人睡一間，很覺寬敞，像其他房，一間住幾個大男人，就無法想像他們如何「安眠」了！

這個「房間」裡，為我預置了一個塑膠小馬桶。因為不「放封」的時間，不准許我到外邊去上廁所，大小便都得「拜託它」幫忙「解放」。後面牆高處，有個「小口兒」，說它是窗吧，外邊焊著鐵絲網，看不見外面的天，鐵柱門上掛著雙層藍

布簾，裡邊的人望不見外邊，外邊的人可隨時掀開簾子看裡邊。每次，當我被日夜疲勞審訊「擲倒」在那兩個骯髒的榻榻米上，苦思如何「編謊」才能滿足那些調查員所要的口供時，我凝視那個小窗，在這方寸之地、輾轉之「米」上，想著有多少冤屈的靈魂，他們曾從這裡「直著進來，橫著出去」，這是調查員的口頭禪。我們怕「橫」著出去，不得不把自己沒做過的事情、不知道的事情，硬著頭皮編到自己的身上（自白），來逃脫他們的辱罵，甚至「被打」（用報夾子一樣可作爲刑具）。但他們永不滿足，最後總是一句話：

「你還沒說清楚，回去考慮考慮，你要是『不說』，你就永遠住在裡邊吧！」

於是，被放回小屋，蜷臥在草席上（榻榻米是草編的睡墊），苦思，望著小窗口，看著鐵柱門，在暗無光線的小「套房」，我的詩興卻來了，我眞是個不知冤獄坐多久、不知酷刑何時停止的混孩子！天有多高？地有多厚？「政治案件」是什麼？

以下是我的「詩」：

鎖

鐵柱
三合土；
我被凝固！
凝固在此四方體中。
過去，「人」在此死亡，
未來，不在此產生。
一切停止。
被展示
像猴子，跳不出這鐵檻之外！
被看管
似待烹調的龍蝦，蜷臥於冰箱中。
我，被拋進一個不可知的世界裡，
從此「它」離我而去！那是
自由啊！
自由！自由！它在長方體之外！

木然、茫然、不知所以然！

我，被囚禁在這長方體之中。

從六月八日開始，至九月七日，在三個月之中，他們誣告我是叛亂罪，移押警備司令部軍法處，一審被判無期徒刑，二審被判十四年，後被減刑三分之一，大赦出獄。在監獄中，被凝固了十年的歲月，我被「解困」出獄！追憶造成諸多冤獄是是非非，我仍然會木然、茫然、不知所以然！

做了「十年無罪之囚，二十幾年無業遊民」之後，現在的我，已由四十五歲壯年，成為一個白髮滿頭的老嫗了！

一九六八年六月在拘禁中，為頭髮而哭泣

因為生下來就長了一頭彎曲的、稀稀的黃毛，所以家人就設法要使它們長黑，長得茂盛，似培植花草樣的，最簡單的方法就是全部「剃光」，據說此法可刺激毛孔發達。所以，兩、三歲時，我像個男孩子一樣，也不穿花裙子。後來，有了些頭

髮，就在頭頂上綁個「朝天椎」，那是一支小辮子，最後這頭黃毛總算「補救」好了！反而是黑髮，愈生愈多，而成了日後比人家三千又多了「三千」的煩惱絲。因爲小時候長得可愛，大人們總喜歡逗我，但每當撫弄我的頭髮時，我便火冒三丈，他們也不懂爲何會激怒我。

「小平，像個洋娃娃。」捲曲的頭髮、高鼻大眼，除了不是綠眼，我小時候是個很惹人喜愛的「小丫頭兒」。

我很在乎我的頭髮，除了每次不得不去美容院燙髮、剪髮之外，我都是自己洗，自己梳理我的頭髮。至今，仍為這已減少了許多的六千煩惱絲而煩惱。在冤獄時，我剪短了頭髮，自由後仍然是維持燙短髮，雖然覺得短髮梳理方便不費時，可我仍懷念我留長髮時的那些光鮮形象，縱使它們已經過去幾十年了。在那個長髮的形象裡，包含著我的青春年華、我一去不再的光輝事業。如今，它們又長長了，雖已兩鬢斑白，我仍無法下決心，繼續留長呢？還是再去燙短？今日雖無煩惱，可是回想起那些常為了「落髮」而心痛的「小事兒」，仍然會為頭髮而哭泣。

一九六八年，我被調查局捕捉拘禁，接受調查，調查什麼？什麼罪名？我不知道。

台灣的六月天很熱，我在六月得的氣喘病，每到六月就犯病。在中廣公司工作時，每在此時，我必須請假到南部休養——不能廣播，不能導演；但在這一年的六月，我卻被拘禁在調查局的一個問訊站裡被審問。

從三個榻榻米的囚室中，被叫出來「放封」，順便洗浴。

長髮必須洗，規定也得用冷水沖澡——頭上的、身上的痱子，要用熱水洗才會消褪——我如何洗我的長頭髮？這個問題好像比我被莫須有的拘禁還覺嚴重！

蓬頭散髮，我坐在水泥地上哭泣！穿著一件舊的布袋裝——這絕不像是崔小萍導演！

「你洗不洗？」雖然是山東老鄉籍的班長，過去對我景仰的人，現在是「管我的人——在這裡，沒有人權，當然更沒有人的尊嚴。

「我不能用肥皂洗頭髮，我都是用洗髮粉的。」那時候，還沒有發明種類繁多、各種牌子的洗髮精、潤髮水。

剛來台灣時，我是用日本人統治台灣五十年留下的「花王洗髮粉」，紙包上面有一個日本女人古裝頭。在抗戰時，我離開家以後，則改用一種樹上落下來的「巴角」。到了四川讀書時是用一種叫「油環子」（又名叫湯松精），把它們泡在水中，

用手搓磨出許多白色泡沫，就用這些泡沫來洗，隨後頭髮便烏黑亮，清除油。現在，「命令」我用「肥皀」洗頭髮，而且是長髮呀！

「你還很難伺候啊！」老班長很不服氣，我現是階下囚的時候，還堅持自己以前生活習慣。

我流淚，望著影壁牆外，在高處修建樓房的水泥工們從高看下，可以看到囚房天井裡的一切活動。我在吳興街新建的「家」，離此調查站只有幾步之遙。我坐在冰涼的水泥地上哭泣。

老班長請來了這個站的「所」長，他們稱他是潘所長，這個人長得魁梧，個子高、身體壯，面團團，一臉慈善相。

「崔大姐，怎麼啦？有什麼問題啊？」

「我不能用肥皀洗頭髮……我要用洗髮粉！」

「小問題呀！去街口小店裡買幾包回來！」他吩咐老班長，「以後，有生活上的問題，讓班長們報告給我，別哭啊！要保重才是。」語意深刻，那時我還不知道，進到這種「地方」，一般人多少年是不容易出得去的。在那個地方，被囚禁逼供的三個月裡，我被允許用洗髮粉洗頭髮——但是，梳子、洗髮粉、近視眼鏡都是

被班長們保管的。

三個月後——一九六八年九月，我被幾位男女調查員押解到軍法處看守所，當時，我不知道那是什麼所在，門口有執槍的衛兵站崗。那天，是星期六，他們告訴我說「去辦個手續」，我就可以「出去」了！我高興地告訴那位女管理員說：「星期一，我就出去，這些耳環、戒指、手鐲就不要保管了！」

「崔小姐，這是手續，『星期一』，你出去時再還給你。」

一九六八年九月到一九七七年十月五日，在被拘禁了九年四個多月以後，我「出去」了，記不得那天是否是星期一？但我記得在看守所四年中，我把長髮剪短，因為洗髮沒有熱水，而且住在牢房裡不見天日，也不容易乾——當然沒有吹風機可用了。

那時，長髮為何而剪？為何為它而哭泣？如今，頭髮又留長了，但已白髮叢叢，若隱若現，剪了它嗎？我仍然對自己交戰，我雖然愛它——但它已不復是當年的烏黑秀髮了！年華老去，為了什麼？

●曾經，長髮如雲。

16. 羈押在調查局審訊室的日子

一九六八年（民國五十七年），在台灣的中國廣播公司，發生了兩件震驚全國的大事——

六月，廣播劇團導演、節目部導播崔小萍，突然從廣播網上失蹤。

接著是中廣副總經理、《大華晚報》主筆李荊蓀被捕。

傳說，他們是「匪諜」。

我不知道李先生的事，在公司裡我們很少有節目方面的交談。這是後來在監獄裡，聽管理員說的：「你們公司裡的副總經理也關在這兒，明天要開辯論庭呢？有新聞記者採訪……。」

審理、辯論、宣判，一天完事，他被判無期，後減刑十五年，出獄一年後因病逝世。到底是犯了什麼罪？我不知道。

但是，我自己，在軍事法庭以「莫須有」之罪被判叛亂，一審判無期徒刑，二審判十四年，我都記得很清楚，因為我有寫日記的習慣。

一九六八年五月二十七日

我在公司監播晚上的節目，正在公司伙食團吃晚飯，工友來說，有兩個男學生來找我，我請他們在樓下客廳裡等我——不認識的學生來找我，詢問一些戲劇及廣播方面的知識，是常有的事。

是兩個男士，是哪個學校的，他們沒說，只拿出一個簿子，上面的字是「司法部」，翻開封面，裡面寫著「談話」。

「你們找我有什麼事？」我看不懂。

「有件事，想要和你談談，請你跟我們到部裡去一趟，我們已通知你們黎經理了。」一個臉黃黃的說。

「談什麼？我正在值班哪！」

「沒關係，崔小姐，你去一趟，很快就送你回來。」穿背心的、稍矮的一個補

充。

「好吧！」我回到樓上控制室，告訴工務員我出去一下，也拜託第二部分的播音員，代我監播一會兒。

公司門外停著一部旅行車，我坐上車，不知他們要駛向哪裡，平時，更不知道司法部在何處。

車子在一個淡綠色鐵門外停下來，我看到牆上有鐵絲網，進了鐵門，走過彎彎曲曲的道路，也看到一間間的小房間，有的敞著門，看見裡面有人坐著……，我被送進其中的一個小房間，牆上有隔音板，就像中廣發音室一樣。

「談話」，是怎麼開始的？一個臉上有疤痕的提出問題；另一個戴墨鏡的瘦子幫腔，還有一個剃著小平頭的男人在記錄。

他們問我一些在劇專學校的事，也問到我的家庭、我的姐夫齊夢非……。

「你知道一個叫『堡』的地方嗎？」那個臉黃黃的青年人問我，後來聽說他叫李明德。

「啊！那是安吳堡，是在我十幾歲時，姐姐爲了尋找姐夫，帶我去那兒的。」

在抗戰初期，日軍快打到濟南市的時候，姐夫齊夢非和我哥哥離開家，姐姐帶我也

離開家，後來，我們在西安找到了我哥哥，說是姐夫失蹤了……。

「嗯！是這樣的嗎？」又一個男人插嘴進來。好像是戲院散了場，一下子進來十幾個男人圍坐在我的前方，他們都吸菸，一霎時，便煙霧瀰漫全屋，我已昏昏沈沈，不斷地問話、不斷地向我斥責，我不知道他們要知道些什麼？

「你們像是疲勞轟炸嘛！」我好像很輕鬆，其實，我是又睏又累，希望他們趕快把問題說清楚。

「崔小萍，你說話客氣點，我們對你是很有禮貌的！」有一個像打手模樣的男人，忽然站起來警告我。

「對不起，我用辭不當。可是，你們要我說什麼呢？」

有人拿來十行紙，命令我把剛才回答的話寫下來（後來才知道那叫「自白」）。

天已經亮了，附近好像有個軍營，軍人們已經在唱軍歌。

後來的十幾個男人，相繼離開，我聽到別個房間裡有個男聲在叫喊，好像被打呼痛！

這時，屋裡留下三個男人，他們叫來了早點豆漿荷包蛋叫我吃，整夜我坐在椅子上，沒洗臉、沒刷牙，就那樣喝了，這是從昨天下午離開公司以後，才覺得放鬆

的一刻。

「我可以回去了嗎？我公司裡還有事。」廣播劇的 Cast 要請王大哥寄出去，要回浮州里藝專上課……。

「再等等，你還有沒說清楚的，你在安吳堡住了多少時候？」

「一共兩個星期，因爲那時沒有公路車，我們交涉他們從延安到西安去買菜的汽車，給他們司機錢。第一個星期日，我哥哥離開，第二個星期日，我跟我姐姐離開，仍然回到中國戲劇協會工作。」

「你們去那兒，不是去受訓嗎？」

「不是，是去找齊夢非，他不在那兒，我們就回來了！在抗戰時期，到處都有抗敵訓練班的。」

於是，問了又叫我寫，寫了又問，最後，他們說：

「今天約你來談話，不要告訴任何人，這對你自己有好處。」

他們用車子送我回吳興街的家，已經是第二天的下午了。洗澡睡覺。當我醒來的時候，是二十九號的晚上，沒人知道這兩天我做了些什麼。我很守約，更沒告訴任何人，這兩天發生了什麼事。

一九六八年五月三十日

我從學校回電台上班，又接到那個叫林金龍的電話說再去談談，我告訴他「世新」有課，可否改一天？還是那句話：

「談談就送你回來。」

於是，又是二十四小時，日夜問我在民國二十八年間在西安的所見所聞。我告訴他們，那時是第一次國共會談期間，在西安街上到處可見中共的八路軍，還有八路軍辦事處的招牌，還有什麼××先鋒隊的招牌……。

「你們談些什麼戲？街頭劇、『放下你的鞭子』？是共產黨編的吧？臨時可改宣傳的劇詞……。」

在精神不振中，寫「自白」。然後，放我走出那個淡綠色的鐵門。

一九六八年五月三十一日

又是接連二十四小時。這次的談話，牽扯的範圍很廣，懷疑邱楠先生是我的同夥，否則他為什麼請我到中國廣播公司工作？

「我在台灣演了不少的戲呀！他當然會知道我一定能擔任導演戲劇的工作。他現在是新聞局的副局長，你們可以直接找他談啊！」我覺得他們太無理，隨便指認某一個人有問題，就要抓人家，這時氣得我胃痛疼難忍。

「我們當然會找他談！跑不了的！告訴我，你在台灣的小組有多少人？你們學戲劇的，學藝術的，多半是共產黨！你那個學校都是共產黨！」

「小組？我們公司編撰組，有個廣播劇的編劇小組！」

「你裝傻？說！你在台灣吸收了多少人，誰是你的聯絡人？」臉上有疤痕的那個姓張的，一拍桌子，將茶杯拍倒，濺了我一身的茶水，他的巴掌在我臉上晃了一下，我從椅子上站起來躲開他。

「我沒做過的事，你們不能逼迫我承認！」

「好吧！把你在劇專小組裡的人名寫出來！」

怎麼辦？又得編寫謊話，從前的同學大都在大陸，他們從前是不是共產黨徒，我怎麼知道？如果不寫，這二十四小時的疲勞轟炸就受不了，天氣又是這麼熱，沒辦法，硬著頭皮，把記得的幾個同學的名字謊說是共產黨，反正他們不會到大陸去抓他們，何況現在大陸都是共產黨的天下。

回家除了大睡，就是打電話給我的好友K，請他來一趟，我有事告訴他。那時，他正在爲台語電影配國語發音。

落了一場大雨，吳興街成了河。

從五月二十七日約我談話開始，我已記不清是多少個日夜二十四小時，在他們調查局的調查站度過的，疲憊不堪，還得去學校上課，去電台上班。去永丹、羅蘭家過端午節，吃粽子，還去參加張凡父親來台北的聚餐。我沒有參加過共產黨，所以我不怕，我相信，法律是公正的，我沒犯罪，還會把我關起來嗎？

一九六八年六月四日至五日

我買了鴨翅膀，預備回學校吃晚飯，那個叫林金龍的又打電話來，說來電台接我去審訊室。他們叫我交出在台灣的共產黨，說我如何爲共產黨在台灣活動……，又是寫「自白」。

怎麼辦？我不認識誰是共產黨，我沒有爲共產黨活動啊！我要求他們不要冤枉我，他們不是求眞求實，勿枉勿縱嗎？

「冤枉你?也就冤枉你了!」他們說得多輕鬆!

我看他們在商量請個「女同志」來陪我，我才感覺事態嚴重了，他們要拘禁我嗎?他們要捕捉的共產黨是誰?

在睡眼迷濛中離開那個鬼地方，他們說，還得去「談話」。

「我自己來好了，七號，我認識你們這個地方，不用去接我，這兒離我住的地方很近，一轉彎兒就到了。」

他們堅持用車送我回家，他們說是爲了「安全」，一人開車，兩個人在後座。後來我才明白，那是「監視」、「跟蹤」，怪不得在前兩天，我跟他們「談話」回來以後的行蹤，他們都知道。

「端午節，在你朋友家吃的粽子很好吃吧?應該多吃幾個呀!」

可怕，他們把我當成什麼人啦?要逮捕的那個共產黨，指的是我嗎?

一九六八年六月六日

今天調查局的人員沒來電話，因爲已經約定我在七號自己去找他們。

六月六日，應該是個吉利的日子，「六六大順」嘛！我洗頭髮、洗澡，坐在我這個新置的家裡看電視。垂地的紗窗簾和黃色的厚幕遮住了陽光，自從到台灣以後，我從沒有過「家」，結了一次錯誤的婚姻，一直過著孤獨的生活。在三年前訂購的這一層樓，半年前才自己修好，因爲建築小組修到四樓，小組解散，只留下一層層上有窗洞、門洞，和地及屋頂的「空間」。這是「分期付款」從一位空軍眷屬買得的國民住宅，我沒有配偶，所以沒有權利購買。

這一地段在三張犁稻田裡蓋起來的建築，從廚房窗戶望出去，可見近山近鄰都是墓碑和墳墓，時常聽見出殯的樂隊吹奏「何日君再來」的哀歌。我的好多朋友都建議我不要在這兒居住，說是個「凶」地方，住下來要倒楣的！可是，中廣宿舍三個榻榻米的房子，我不能永遠像蝸牛一樣蜷臥在那兒呀！雖然我的節目收視率很高，可是我不會「交際」，有「權」給房子的人一直沒照顧過我。幸而以便宜價錢買了這層樓，我怎麼願意割捨？其實，算起給那位軍眷太太的修築基金和我的修建費，比買一層樓還要貴。幸好我缺少一個會「計算」的頭腦，還以爲我已經占了便宜呢！

按自己的設計修建，房子裡很有藝術氣氛，不枉我從前學過舞台設計，但是，

這裡交通還沒暢通，而且我每天在中廣公司或是電視台都會工作得很晚，沒有車送我回來，所以這層樓，我的「新家」，還很少有時間享受。

今天，我坐在客廳裡喝茶、看電視，過去幾天幾夜地被「逼供」，今天得以休息，很高興，我獲得這麼「自由」的一天，明天還得去受審呢！那將是個什麼結果呢？

電視上播出的新聞消息並不好，美國前總統甘乃迪幾年前在德拉斯被射中頭部身亡，今天電視上播出他的二弟羅伯．甘乃迪，競選總統初選勝利，在慶功宴上遭暗殺，一彈從耳後穿過……死了！在美國甘家的人際關係不好，但是他們在政界、他們的財富、他們傑出的子弟們，永遠都遭到一般人的怨恨，爲什麼？

我在這間大房子裡踱來踱去，去巡視一下我藍色的書房，未寫完的廣播劇稿還攤在書桌上；去看一看我粉刷成淡紅色的臥室，掛著我的放大照片。我的一些玩偶，像一齣舞台劇似的，它們有的站，有的坐，有的張著雙手望著天，那是一個有黑膚色的少女，瞪著大眼睛，她是向神呼救她們被白色人種的歧視嗎？「Human Right」在哪裡？

我打電話找到K！我們已幾天未見。我告訴他，將在七號要去被「查詢」什麼

事。

「我現在不能來，配音完了，我再去看你。」這是K的回答。

我撿出兩本日記，是我在重慶居住時的記載，因爲他們說那時我是在「陝北」——這個名詞，就說是「延安」吧？是共產黨的老巢吧？我準備在明天帶去給他們看，證明我從沒去過「陝北」。這個地方，在八年抗戰時期傳說得太多了，說他們那兒有抗日大學，有魯迅藝術學院，有……當然，毛澤東在那兒。

一九六八年六月七日之後

K清晨從配音室趕回來，他通宵配音，已無力再多言語。我告訴他十點以前，我將自己去調查局接受「談話」，什麼時候「回來」，我不知道。

我跟K說「再見」，提了我的書包，裡面有那件黑白兩用的風衣，因爲我總是風裡來雨裡去的，去學校上課、去演講、去拍電影、去錄音……。抱著兩本厚厚的日記本，走出我的房子，碰見鄰居丁太太，她問我爲什麼不坐車？我告訴她去看個朋友，就在附近住。一轉彎，就走到那個淡綠色的鐵門前，我按了電鈴，沒人應

門。看了看我的手錶「正十點」，我沒遲到——準時，是我的習慣。太陽已經很熱了，我等了半個多鐘頭，腿很累，我不得不蹲在牆根下休息，好在這條路行人很少，不會看到我「落難」的樣子。突然看見一部摩托車急急向我這方駛來，上面坐的兩個人跳下車來。

「你上哪裡去了？我們到處找你！」那個姓林的向我吼叫。

「我們以爲你跑了哪！」仍然是那個小矮子幫腔。

「奇怪呀！我們不是約好我自己來，不要去接我嗎？」

「好啦！別說了，看見她在這兒，我們就交差了。進去！」

小矮子用鑰匙開了鐵門。我跟著他們又進到那個院子裡，有疤的、戴墨鏡的兩個男人，像是等得不耐煩了。

「你們去接人接到什麼地方去了？看看現在幾點啦？」有疤的開了口。

「我們……誰知道她自己早在門口站著啦！」姓林的回答。

「崔小姐，對不起又叫你來一趟……這兩本日記先交給我們看……吃完了午飯，我們再談……你看，廚師傅特別爲你煮了牛肉麵，他的手藝很好……還吃得慣吧？」仍然是有刀疤的那個人發言。

「我這兩本日記，是我在重慶居住的時候記載的生活狀況，那時候我劇專剛畢業，在我們學校附屬的戲劇團工作。我沒去過陝北！」

「我們是求眞求實，勿枉勿縱，我們不會冤枉你，只要你跟我們合作，法律解決、政治解決，都可以。」戴墨鏡的說了話。

什麼「法律解決」？什麼「政治解決」？這些名詞我是第一次聽說。

牛肉麵好像很好吃，但是接下來的問題卻不好解決，最後，無論我回答了多少問題，都是句句實話，他們總是一句話：「你考慮考慮，你還有沒說的！」

我說什麼？我來台灣，我在中廣公司工作，我教書，我沒做過叛亂國家政府的事，像是一部長篇小說，從我的出生說到我現在的四十五歲，我沒加入過共產黨，我沒鬧過學潮，我是最優秀的戲劇藝術工作者！但是，他們說：「說了吧！說了吧！不要像你演電影『佳期』裡的那個固執婆婆！」

他們說去看了我和曹健、芳霞合作的電影，唉！我在電影裡是「唯我獨尊」，我在調查局審訊室裡卻是個「受氣包」，他們的吐沫星子噴到我臉上，他們的手指指著我的額頭罵，他們逼我承認「小組」是哪些人，吸收了多少人？我在哪裡開會？領導我的是誰？雙線？單線……天哪！我怎麼回答這些問題？但是，要寫自白

呀！在自白裡，要把這些問題都得「編」出來，否則，怎麼辦？最後，還是那句話：你得承認是共產黨員！否則，他們說：「承認了吧？我們給你政治解決。」

又是二十四小時的逼供，天亮時，我寫自白。

我已經不能支持，我請求他們「放」我回去休息。

「等一等，等一會兒就好了。」

等了不只一會兒，突然來了兩個胖子，都穿著白色的香港衫，我看了一下手錶，已經過了十二點。

「你們！都是在我吃飯的時候，通知我來辦案！」那個先進屋的白胖子，氣沖沖地坐在椅子上擦汗，另一個在桌子上展開了一捲十行紙，守候著我的幾個調查局年輕人堆著一臉笑容（這是我難得看見他們的笑容）說：「對不起，我們都忙。」

那個白胖子看著我昨夜寫的「自白」，問我姓名，問我問題，另外一個胖子就在另一張紙上記錄，然後叫我簽名。最後，他們送兩個胖子離開。

我心裡想，二十四小時已經過了，應該放我回去了？但是，在午飯後，他們仍然是那句話：「等一等，再等一會兒！」

我不明白，他們叫我等什麼？我已經忘了星期六早上要錄廣播劇呀！從五月二

十七日他們約我談話以來，我的腦子是混混沌沌，連續日夜談話，使我耽誤了不少學校的課，我很生氣：「我要回去了，我有好多事要辦！你們……」

等到來了一位矮胖子（胖子怎麼這麼多？他們吃什麼養的？）他們稱他是王處長：「崔小姐，我們還有些問題沒談清楚，需要你在這兒住幾天。你可以打個電話請幾天假……不要說別的話。」

要住幾天？好哇？省得我每天跑來跑去的麻煩，我打電話去中廣公司，幸好找到了K，我告訴他：「他們說，還有問題沒談清楚，叫我在這兒住幾天就回去！電台的工作，請你代勞，代打個電話去學校。」

K在電話裡的聲音很低沈，沒有問我「爲什麼」，只是「嗯嗯」的表示聽到了我說的話。當時我很奇怪，他為什麼一點也不關心我？現在追憶起來，也許那時公司裡的人已經知道我是「羊入虎口」，有去無回的了！

等到晚飯後，來了一位斯小姐，她也是那句話：「說了吧！說了吧！說清楚了不就什麼都完了？」

她叫我拆掉頭髮上的夾子（我是長髮梳起來的），又把我胸罩的帶子剪斷，檢查我的內褲，硬叫我穿上一雙男人拖鞋。

「你們怎麼可以這樣待我！」我從來沒受過這樣的羞辱，我哭了！

「去洗澡吧！爲你買的新鋁盆！」這位斯小姐帶我轉到這個房子的影壁牆後，有一個破舊大水池的屋子，他們拿來了熱水。後來我才明白，在這個影壁牆後的院子，就是調查站的拘禁室。

只穿著一件布袋裝，胸罩已無作用，一條三角褲，像是把我赤裸裸地送進一個小屋子，我躺在榻榻米上用我的風衣蒙上頭臉——我什麼都不知道了。

❖

「喂喂！醒醒！蓋上毯子，別著涼……」迷迷糊糊地聽見有個男聲喊我，他好像用什麼在敲打我蒙著的頭臉。

後來知道他叫「小張」，也是「班長」，在這裡的人好像都沒有「真」名字。他對我好像很好，每當我晚上被逼供回來，在他當班時，他都會讓我在院子裡坐一坐，給我一杯水喝，告訴我他也是我廣播劇的「愛聽者」，我也就毫不顧忌地告訴他：「我是冤枉的！」後來，應該說坐牢坐出「常識」來了，懷疑他是不是「臥底」的？才深思他常說的一句話：「好好保重，要打很久的仗呢！」這句話很真實，日

後我是結結實實地打了近十年的仗。

在昏睡中，沒了夢。在四、五十個小時的折磨以後醒來，發現天落了雨，不知道是不是神為我哭泣？從藍布簾被風吹開的刹那，呼吸到一絲絲冰涼的空氣。我顫抖。

調查人員休息時，便「放我假」，讓我在「陋室」中「思過」。

「你願意說的時候，就告訴班長，我們就請你出來『談話』，否則，你就永遠關在裡面。你再不說，我們就送你去『火燒島』，什麼時候回來，就不知道了。」害我的人這麼說。

「火燒島」，我大概曉得一點，那是在日本人占據台灣時懲罰台灣人的監獄，但我不明白，沒犯罪的人也會送去那裡「關」。火燒島（即「綠島」）有一個很科學管理的大監獄，長年徒刑的「政治犯」都往那邊送，那是一個四面環海的建築，像「基督山恩仇記」電影裡那種「堡」的建築吧。越獄的囚徒無法逃過官兵的追捕。有一年，聽說有十幾個囚徒劫械越獄逃到山上，被官兵搜山抓回來，手掌被鐵絲穿過，人們看見都說「好殘忍」。記得那一年，我從台東乘汽車到台北，應中廣公司節目部主任邱楠之約，商談製作節目時，車行濱海公路上，可望見那座孤立在海中

間的小島兒。

「那兒關了好多人噢！有關幾十年都出不來！家屬去探監的，坐車乘船，辛苦一路，也只允許看一眼，只有半小時的會面時間。」汽車司機是暫時導遊，向我們介紹「火燒島」，汽車駛過後，火燒之島在塵土飛揚中，漸漸變得模糊了。

要送我去火燒島嗎？他們要逼我承認什麼罪？

「誰領導你？」

「沒人領導我啊！」

「你別裝糊塗！說呀！」

我想起在劇專劇團工作時有正副團長，那是前屆畢業同學擔任，他們決定一切演出的事情，我就告訴他們有兩個前屆畢業的同學是正副團長領導我。

「你胡說，你是單線？還是雙線？」

「雙線！」我想有兩個人做團長，一定是稱爲「雙線領導」。

「雙線？怎麼會有雙線？說清楚些——不要含混其詞！」

我實在不懂什麼是「雙線」？什麼是「單線」？撒謊胡編，實在編不出詞兒來，怎麼辦？我就說他們叫我看些共產黨的刊物，我謊說什麼《紅旗》、《紅

星》，凡是有「紅」字都給它一個「紅×」的名稱，以證明所謂領導人如何領導我，只要冠上「紅星」的，他們就會相信。

「你們經常在哪兒開會？」

「在茶館。」因爲在四川，坐茶館是四川人的習慣，我們學生們也「入鄉隨俗」。抗戰時期，生活的物質條件很差，學校生活很苦，經常沒有供應的熱開水喝，我們常坐在茶館裡叫一杯茶，一直喝到變爲白開水，大家就在茶館裡做功課。所以，我就謊說是在「茶館」開會。

「你眞會撒謊！」那個臉上有疤的人，他的巴掌差點打在我的臉上。

我只好胡謅了幾個「地點」，當然無法獲得他們的相信，最後我說在旅館。在旅館開會，總算得上是「隱密」了吧！但是，談些什麼呢？眞是傷透腦筋！

「你爲什麼來台灣？」

「我是被邀約參加『上海觀眾演出公司』，來台灣爲台灣糖廠巡迴演戲的。」

「你們劇團回上海了，你爲什麼沒走呢？」

「因爲結婚。」

「爲什麼留在台灣結婚？」

「爲了……愛情。我跟話劇團來台灣的目的，也就是因爲我的男朋友——我們從小在一塊長大的。」

「很像演電影嘛？」在訊問室裡的男人們都哈哈大笑起來，笑得我毛骨悚然，我說的是實話啊，他們笑什麼？

「爲了愛情？你說爲了『政治』倒明白得多，你和宋×（S）結婚，不是爲了你在台灣做工作方便嗎？爲了共產黨，你甘心做人家的姨太太。崔大導演，你不覺得不值得嗎？」那個有疤痕的黑臉，靠近我的臉又說：「你們夜裡在床上摟著打kiss的時候，你唆使宋×幫你做什麼工作？」

神啊！他們這樣羞辱我！我不說話，我渾身在顫抖！

「你不說話，就是默認了？！說吧！宋×都幫你做些什麼事？」

我現在才明白，他們是要把宋×也扯進來。這個「謊」卻不可以隨便撒，我不能害他。又是一個夜晚枯坐在那兒。

「回去仔細想一想，這是對你自己有幫助的。考慮考慮喲！」

又是一天，叫我出來「談話」，我走進一個審訊室，看見桌上菸盤裡的菸蒂還沒熄滅。

「宋先生剛走，你看香菸頭兒還在冒煙呢？怎麼樣？想通了沒有？宋×告訴我們很多你的事情，你爲什麼還要隱瞞呢？對你沒有好處哇！你把你在台灣的工作情形，老老實實地說出來，我們政治解決，你還是回你的廣播公司做你的廣播劇導演不好嗎？幹嘛這麼固執？要先爲自己著想才聰明哪！你在這兒多關一天，對你的案子就多一些麻煩，牽扯的人和事就多。案子愈說不清，你關在這兒的日子也就愈多，爲什麼不乾乾脆脆把事情交代明白，早一點離開這兒不好嗎？你想想，你爲共產黨做工作留在台灣，海那邊會感謝你嗎？早把你忘了，你的犧牲不值得呀！」

吐沫星子、香菸的煙霧、口臭，一剎那都噴在我臉上。本能地，我想站起來打他一個耳光，把那些對我的侮蠛叫他「吞」回去！猶疑了一下，我想不可以，如果我發出那樣的舉動，所造成的「後果」不堪設想！他們就會眞的對我拳打腳踢的。

「怎麼樣？心動了吧！說吧！」

我告訴他們，我不是共產黨，我更沒爲他們做任何工作，我在台灣生活二十餘年（從一九四七年到一九六八年），所作所爲都是爲國家、爲政府效忠的！

「你不識抬舉！這樣勸你，你還嘴硬！」一個巴掌在我眼前晃過。

唉，羊陷狼穴，你有天大的理由，也無法反駁他們所給你戴上的「紅帽子」。

到了「裡面」，你不承認是共產黨，活著出去的機會似乎很少。

日後，我在記憶裡畫了一張圖畫：那是一張蜘蛛網，被捕捉進網上的小飛蛾，一步步被逼迫，落進網中心，那是一個紅色染缸，美麗清白的小蝴蝶兒，就變成了紅色的共產黨！多麼惡毒！有多少的「政治犯」，就如此被戴上紅帽子，被押解上軍事法庭去打官司——軍法審判，不是軍人身分，也得受軍法審判。當年在蔣氏統治的白色恐怖時期，軍法獨立，任何人是無權干預的。尤其那「懲治叛亂條例」，在戒嚴時期，任何人一旦被調查局約請談話就跑不了，那時有句標語說：「小心，你身旁就有匪諜！」「反共防諜，人人有責！」人人防諜，人人也隨時有機會被認為「匪諜」而被捕，失掉自由或性命！當然，被捕到的「真匪諜」，理當被誅，但是被迫戴上「紅帽子」的人，被當作政治犯、叛亂犯，被判刑、被槍斃、被終生監禁的人也不在少數。無數的人，就如此家破人亡，蒙冤泉下！

白色恐怖時期的調查局大權在握，在全省各地就像狂風掃落葉一般，毫無忌憚地大肆搜捕，無論是新聞界、教育界、學術界，被扣上紅帽子羅織入罪的很多。但在調查局內部，因為派系不同，也相互被關，在我被拘禁在軍法處時，就曉得他們有兩、三個專辦匪諜案的主任或是處長，被他們自己人控告為匪諜，而被判死刑。

在獄房中，和我「同居」四年的一位太太跟她的丈夫，就被控「通匪」，同時被拘禁在軍法處看守所，他們都曾是調查局最效忠的工作人員。

一次又一次地審問，然後叫我寫「自白」。所謂「自白」，是他們誘導你說些不是事實的事，寫在一些十行紙上，然後就以這些你自己「承認」的罪行判罪。他們也常常說些「捉匪諜」的故事，以那些「匪諜」的犯行引起我的幻想，幫助我在「自白」中編故事，這些「自白」就似蜘蛛網似地網住自己，以後在訴訟時還得用你自己的手去撕開它，逃出來。可是，很難，因為調查局幾十萬號中的一件公文，就否定了你所有的辯解，他們否認你的「自白」是「在不自由意志下」寫出來的。軍事法庭的法官們，也就憑著他們的「心判」，紅筆一揮，而判定了一個人「終生罪孽」，因為像這類案件，大多數是沒有實際犯罪證據的。

❖

「你如何進到中國廣播公司工作的？」

「我是被他們公司聘請的，他們公司要開播一個戲劇節目。」

「是什麼人出面請你的？」

「是公司的節目部主任邱楠先生邀請我的。」

「你那時候又不出名，他怎麼會邀請你呀？你們是不是一夥的？」

「我曾在台北中山堂演過不少的話劇呀！他知道我是專門學戲劇的。」

「這裡邊一定有問題，把你們的關係說出來吧！我們要找他……」

那時，邱先生已從中廣公司退休，任新聞局副局長，前中廣總經理魏景蒙是局長。

「他現在是新聞局副局長，你們自己可以找他，可以調查他呀！」我大叫起來。這時，我的胃像針刺一般疼痛，使我跌坐在椅子上。我覺得這些人太無理，難道把所有無辜的人都變成匪諜，才是他們的光榮嗎？日後我才知道，最初他們問我「上海觀眾演出公司」留在台灣的團員，除了我，還有誰？我說了有位「金」同學的名字，誰知後來在軍法處碰見他，才知他被判了十二年徒刑，什麼「罪」？金被送往火燒島服刑，後被減刑三分之一出獄，我對他深致歉意但無法補償，他太太一直不能原諒我。

「好啦！你休息一會兒，我們一會兒再談！」他們幾個人出去，一會兒又回來說：「這樣吵來吵去沒意思，我們商量了一下。等你情緒好了時，我們再繼續談

話。」他們叫一個班長「帶」我回那個「小監獄」。

有幾天，他們沒有「喚」我出去問話，我慶幸能休息幾天身心。「謊」也撒了不少，「圓謊」的技巧也很拙笨，「自白」也寫了不少。他們笑我說：「你很了不得，你竟連死鬼也吸收了！」因爲他們叫我供出在「台灣吸收了多少人」，我編造了四個名字，有一個是我教過的學生，他常向我借閱戲劇的書籍，因爲他已病死，我想把他寫上去，他們應該「抓」不到他，因爲我實在沒吸收任何人啊！可是，他們怎麼知道他已經死了？我對這個學生很抱歉，但我想他在泉下會原諒我這個崔老師，因爲我不能隨便寫出在台灣的活人啊！

不被喚出去的日子裡，我可「自在地」蹲坐在榻榻米上，從藍門簾的縫隙中，從圍牆根特築的通氣洞裡，偷看外方，高處望不見，只能低看。有時在這兒拘禁的男士們「放封」，便只能看見那些白白的、不著襪，只著拖鞋的腳丫子，來來回回，拖來拖去，只有拖鞋的聲音，沒有「人」聲，這都是些從前穿皮鞋的人。我是住在這棟巨宅裡的唯一女性，我猜，當我被「放封」時，他們也會「看」見一雙穿拖鞋的女人的腳。

這裡好像住了不少人，他們大概一間房住三個人吧？有十幾間獄房，沒有說話

的聲音，只有班長開關鐵門時，低低地叫什麼人出去問話，才聽到「人」聲。有一次，竟同時傳喚我跟另一個男士出「監門」。那個帶我出去的小班長，急忙把我推進旁邊的浴室裡，讓那位高大的男士先走出去，以免碰面，但我知道，那位是鼎鼎大名的作家柏楊，在我的「小說選播」節目裡曾選播過他署名爲「郭衣洞」的一本小說，他的太太曾因他被捕而遭中廣公司解聘。有一次，小監獄外的訊問室客滿，他被請在班長值班室問話，聽見他大聲喊叫：「我寫雜文有什麼罪？」

小班長偷偷告訴我說，柏楊出版的書和我的幾十本日記，變成調查人員的圖書館裡人手一本，正在研究，如何在字裡行間找出罪行呢？出獄後，我在索回的日記本上發現的確貼了許多小標籤，上面記著何年何月，在我記的那段日記裡，可能記著我看的書名、我對什麼事不滿或發了些什麼牢騷，或著我怒罵不合理的學校教育等等，就在如此記載裡，證明我的「思想不正」，日後大概可能成為一個共產黨員的證據，他們不是說，「有人一出娘胎，就是共產黨的胚子」嗎？我懷疑，這些調查人員是不是一出娘胎，就是調查員呢？

唉！有理說不清，他們說你「是什麼」，你就得「承認」是什麼。「活」罪難逃啊！他們說我：「你姐夫齊夢非吃掉一個師，你哥哥崔超吃掉一個團！」都是共

產黨！

那時，我已二十幾年和家人不通音訊，來台灣後根本不知道姐夫和哥哥在大陸什麼地方，他們怎麼會「吃」掉軍團？我不懂。他們問的事太多，我不懂的事太多，回答不出來，就得換一頓臭罵。他們說我「不合作」。

我不知道在這個小監獄裡蹲了多少天，記得有一次，他們叫我簽收一個文件的封面，內容沒叫我看。日後才知道那是「裁定書」。根據「法律」，一次羈押只能兩個月，如果超過，必須再向什麼地方申請繼續羈押。那樣，他們調查局就不違法。唉！我後來在軍法處打官司，被拘禁在看守所（監獄），在押房裡就聽見一個男士在放封時大喊：「笑話！我被監禁了五年，今天我才看到裁定書！」傳說，那位先生是位將軍，後來被送去綠島居住，免得他每次在放封時就大喊大叫，影響「監安」。

什麼違法不違法，他們調查員、他們軍事法官就是「法」啊！紅筆一揮，就定人的終生！我在第一審訊的時候，不是被判了「無期徒刑」了嗎？根據什麼「法」？如果，火燒島當年拘押女犯的話，說不定我將要在那座小島上度此「殘生」了。

叫出去，放回來，雙方合作情況惡劣，我不承認我加入過共產黨，因爲我根本沒有加入過。「不承認」，就永無止息的「問」！

❖

那位有疤痕的所謂張科長不來了，那位戴墨鏡的所謂黃科長也不來了，當我被逼得狂吼的時候，他笑著說他的女兒滿月了，胖胖的很可愛，爲他那麼瘦弱的體格能生出一個胖女孩而自豪。在我寫這段回憶時，我想他的女兒可能也已做了母親，生兒育女了，她不會曉得她父親曾經做了哪些不法的事。

換了一個黑長臉、滿嘴黃牙且叼著牙籤的大漢來問案，寫筆錄的年輕人告訴我說（當然是偷偷地）：「他是『那邊』過來的，姓張，陝西人，是投誠的。」

「那邊」是哪邊？共產黨那邊的？「投誠」？向國民黨投降？

這位張先生，眞是滿口「秦腔」（不是唱戲），我在西安住過，所以對他陝西口音很熟諳。開始問案時，他滿臉笑容，態度溫和，安慰我不要急著想出去，仔細考慮考慮，更不要發脾氣，說出來事實，不是一切都解決了嗎？他說，他從「紅區」急急逃出來，向「白區」起義。什麼紅的、白的？我沒常識，第一次聽說這樣的名

詞，我感覺到他是個「好人」，對他感到親切。自從我被捕進這個小監獄裡以來，首次見到有人微笑著，親切地跟我談話，我頓時好像有了依靠。但沒想到，後來他卻是勃然大怒，拍桌子砸板凳，大罵我是「血口噴人！」

原因是我撒了個大謊，後來覺得這個謊太嚴重，第二天告訴他：「我沒有爲共產黨工作，沒有人領導我，我沒有……因爲你說那樣『承認』了，就可放我出去。其實我是騙你的，我撒謊。」

「我說什麼了？你血口噴人！好吧！今天你就給我寫出來！」

又是命令我寫「自白」，六月天很熱，我坐在硬椅子上，低著頭，頭是像火車頭嗡嗡地響——我的手顫抖，我實在寫不出任何一個字。

「你們看，她在磨時間，她不寫！」他對著兩個在座的年輕人說話，「你不寫，你就別回去！」他到院子裡吸菸、乘涼去了，那兩個年輕人看著我。

我不記得寫了些什麼，最後是筋疲力盡地被送進那個小監獄裡。

❖

「你回去以後要做些什麼事？」

他們已經不再逼我承認加入過共產黨，閒來無事，叫我出去聊天，我以爲有了希望，我告訴他們說：「我要辦演員訓練班，組織業餘劇團……被你們抓進來的前幾天，演員訓練班的房子都粉刷好了，可是……」

「沒關係，你還是可以回去做你的廣播劇導演啊！我們都是你的聽眾呢。」

多麼親切的交談呀！霎時間，我幾乎忘了我身在何處？我把他們當成我最好的朋友！差不多三個月的日夜相處，他們了解了我全部人生，在我日記上所記載的「過去」，他們都記得清清楚楚。因此，一聊起天兒，便覺得很投機，我信任他們對我的允諾——送我回家。

有一天，小張値夜班，一早叫醒我起身去洗漱，倒小馬桶，我告訴他，他們對我很好，說不定今天我就可回家了。我約他來吳興街的家裡來玩！離他們調查站很近哪！

「休息一下吧！現在時間還早，他們還沒來上班。我走了，以後，你自己保重。」小張忽然換了一副冷面孔，也沒說「再見」，就匆匆離開了，我很奇怪，怎麼變得這麼冷淡？他不是很同情我嗎？我的預感很靈。有一個老班長來叫我：「崔小姐，今天你要出去了！」說著，他開了鐵柱子門的鎖，我興奮得一下就跳出來，

歡喜也使我渾身顫抖！

「哎！小心！別摔著！把你的面盆帶回去。」

「我不要了——我自由了！誰還要這些東西！」

在班長値班室，他們把手錶、耳環、戒指交還給我，讓我赤腳穿上高跟鞋，班長帶我走向前院，我看見潘所長跟其他幾個班長都站在那兒，他們把我的衣裳、吃剩的食物都放在面盆裡，放在地上，那兒還有一個體重機。

「恭喜你，崔小姐，今天要出去了，來磅磅體重吧，你看，你在我們這兒都長胖了。」

「你看，爲了你，今天星期六，我還得加班，你看看我爲你寫的紀錄，還算公平吧！」李明德翻開一個本子，上面貼著幾張照片，在國立六中和幾個女同學一起的，他注明著幾個小字：「這是崔小萍讀書會的成員」，另一張是我在南京「夜店」舞台劇團幕後，和同學們一起，他附注著「崔小萍和劉……」、「我們在河邊……」這詞句，是我日記上寫我跟阿蘭、德鑫在晚飯後到學校（六中）附近的河邊兒，去欣賞落日紅霞。他怎麼下文是點了許多點兒呢？什麼意思？當時我被自由激昏了頭，沒意識到，那是我的「罪證」！

一輛旅行車停立在淡綠色的門外，車上已有人在等候，除了司機，還有一位男士，一位胖太太把我拉上車，我向站在門前的潘所長和班長們揮手！

「謝謝各位！再見！再見！」我的聲音表情很興奮、歡喜。

他們都沒有回應，微笑看著我，李明德跳上車以後，汽車急速駛開。

「轉彎兒！轉彎兒！轉進這個巷子就是我的家。」

「前邊！前邊！到前邊辦完手續，再送你回家！」

汽車越過我家的巷口，急駛到大馬路上，我從遮蔽著窗簾的玻璃窗內，急急地向我的巷口一瞥。哪兒想到這一瞥，再進這條巷子時竟是十年以後了！

我不知道他們將送我到哪裡去，車子經過很多條大馬路，路上行人很多，星期六，又是好天氣，沒落雨。我認識那條北新路，是我去世界新專教書常經過的一條路，但是汽車轉進一個地方，門口有武裝的衛兵端著槍。汽車進到天井裡，除了司機，都下車，胖太太緊緊攀住我的右臂進到一個房子裡，我看見有一個人坐在講桌後面，另一個男士站在桌前；在另一面的長椅上，一個男士被手銬銬住。胖太太和我，坐在另一邊的長椅上，李明德跟一個男人不知跑去哪兒，後來匆匆忙忙地跑回來說：「法官不在，無法辦手續，只好委屈你在這兒住一夜，等星期一，我們再來

接你回家……我們走了，這位班長（穿軍服的兵）送你去房間。」

「啊！你們怎麼拋下我不管？你們別騙我啊！」我幾乎哭了，我覺得是這些「親人」要離開我。

「放心，到星期一，一定來接你回家！絕不騙你。以後我們還是朋友啊！上車！」他招呼其他的人上車，我望著汽車駛出大門。

後來我才知道，這地方是「軍法處」看守所，是另一個大監獄。新蓋的兩層樓房，押房裡有抽水馬桶、有洗臉盆，他們誇說，這是按照外國的設備，只是沒有床舖，犯人們要睡地板。在這兒拘禁的，據說大都是政治犯，當年國民黨不承認是「政治犯」，說是「叛亂犯」。

我不是政治犯，更沒叛亂，睡了四年的硬地板，臀部的兩個突出部分被磨成兩塊硬硬的紫紅色硬疤。剛住進這個大監獄時，我很不習慣一切「作業」，都得跪伏在地板上，以後蹲、臥、坐，也就只有硬碰硬了，因此練出一身「硬功夫」，否則就不能應付這「和尚打傘」——無法無天的軍事審判！

一九六八年六月七日至九月七日，我被拘禁在三張犁司法部調查局審訊室三個月後，被押送至警備司令部軍法處看守所監獄。

離開審訊室時是星期六，到看守所第二天是星期天，我借了一位王小姐的書《愛的追尋》，是美國舞蹈家鄧肯寫她一生對舞蹈藝術的愛和對男人的愛，我整天「蹲」在一角看完它，期盼他們也有愛心，在星期一遵守諾言來接我回去。

星期一，沒調查局的人來。

星期二，被叫出去，說是「開庭」，是那位白胖子，問了兩句話就叫我回押房，女囚們告訴我說，那叫收押庭，意思是將「合法」在此監獄中羈押審判。後來我才知道，他就是控告我的檢察官嚴春輝，名叫「起訴」。但在正式開庭時，他一直沒出席。

當我拒絕購買菜盒等物，說我星期一就要回家時，她們竊笑我太天真，後來才告訴我說：「這個地方，你進來容易，你要出去，比上天還難！你在做你的大頭夢啊！」

於是夢碎，只剩下「大頭」，頭上也有了「白毛」，開始在看守所裡腐蝕寶貴的青春歲月。

「冤枉你，也就冤枉你了！」他們說得多輕鬆！

17. 囚禁在軍法處看守所的日子

今天，當我參閱從前在獄中所寫的日記時，回想起當年白色恐怖時期軍法官不顧真理，泯滅正義良心，不憑證據，更不根據對受害人有利的證據而亂判重刑，現在仍使我身心顫慄，寢食難安。

當然，就算我現在控訴那幾位判我的軍法官聶開國、孟廷杰，呂達勇，扣押起訴我的檢察官嚴春輝，也無法補償這冤獄十年、出獄後二十幾年來，名譽受污、失業、生活困苦的慘況。我只能寫出一個清白的靈魂在黑獄中所受的折磨，來紀念自己。在我不平凡的生命裡，這是一首「奇異的插曲」，也使諸多認為崔小萍這個人是個「謎」的傳說，能夠看到謎底，更使眾多愛我的學生們、朋友們、觀眾們，和懷念我的最忠實的「廣播劇」、「小說選播」的聽眾們，有一個美好的結局。那就是——我在一九七七年（民國六十六年）十月五日，減刑出獄，獲得自由，現在

「活」得很好，仍然充滿力量。

可是，當你讀到我在一九六八、一九六九、一九七〇年那幾年的獄中記時，請忍住你的眼淚吧！因為在當年白色恐怖時期，像我這樣遭害的老老少少，還有好幾萬人呢！我們也渴望國民黨儘快能給予我們「平反」，洗清染在我們身上的污血，金錢的補償當然也是需要的，當年我們受害的一群現在已經白髮蒼蒼，還能活過幾年？他們的子女流亡海內外，不是也應該給他們父執輩的人權昭雪，給他們可憐的孩子們一些金錢的補償嗎？

❖

我望著那幾個調查局的胖瘦男女嘻嘻哈哈地上了車，車急速地開離。我想，他們今天星期六所得的加班費，可使他們大快朵頤一頓，但是，「親人們」哪！別忘了星期一來接我回家！

一個穿軍裝的班長端著我的面盆、衣物，對我說：「跟我走！」

我跟著他走，一面呼吸著這個大院子裡的新鮮空氣，好像有桂花香、七里香的花香飄過來，我心裡想，這個環境還不錯，是個大號監獄嗎？看守所和監獄有什麼

區別?我不懂。走進一個小房間，那裡有一個女士。在這個房間的左邊吧?像是個通道，但是有鐵欄杆門鎖著，好多女人的臉伏在那兒，嘀嘀咕咕，指指點點，像是說我——

「眞的!眞的來了!她是眞的!」

「崔小姐，請把你的手錶、眼鏡……交給我保管。」

「管理員，交給你了!」班長把東西放下走了，我才曉得那位女士是稱管理員。

「我星期一就回去呀!不必麻煩了。」

「這是手續，你星期一回去，我再交還給你好嗎?」管理員和藹可親，我不可拒絕人家的好意，於是，如數交出我的眼鏡和飾物，然後她打開鎖，把我送進那個通道裡，我這才看清楚，是那麼多老老少少的女人的眼睛在瞪著我。

「阿英，她就住在你們房裡;你告訴她要買些什麼東西!」女管理員鎖上鐵欄杆門走了。

這個黑黑壯壯的小女人阿英，還抱著一個小女孩，在這一群女人(日後曉得她們都是竊賣軍油犯)中有兩個白皮膚的，一位太太和一個長頭髮的少女，她們被分

配跟我同住樓上的一個房間，聽說她們是叛亂犯。

夜來，我被夾躺在其他三個女人和一個小孩之間，頭是頂靠在蹲式便池邊。我用發給我的一條薄軍毯裹著身子，躺在冰涼的水泥地上，無法入睡，依稀聽見房頂上衛兵來回踱步的聲音。一夜無眠，既無法輾轉，更是呼吸困難，鐵的屋門被鎖閉，沒有窗，空氣惡濁，我擔心，我的氣喘病將要發作。

星期日（九月八日），軍事管理，吹哨起身，排隊等水，在便池中接水洗漱。我仍然蹲在地上吃飯，我向王小姐（知識份子）借了一本書《愛的尋求》（鄧肯自傳）來度我的「假日」。她們大夥兒叫另一位太太是「奶奶」，聽說她已進來三年了，丈夫被關在附近的樓上，每在吃飯時她都會敲敲碗，高叫一聲：「Darling」，就會聽見樓上的男人咳嗽一聲，他們被認為是獄中恩愛夫妻。這則「美談」，我剛住進這個女監就知道了，後來我竟跟她在牢房中「同居」四年。

星期一（九月九日），女監移居二樓，我被分配跟「王」、「奶奶」，還有一位軍油犯吳小姐，同居一室。房間較大，有一排高高的大窗戶可望見天空；牆根兒有對外的通氣孔，被鐵絲網罩住，靠裡牆上有一小長方、約莫一寸大小的玻璃洞，內是放射形，從外可望見內裡一切，在內只能「平」看；牆根兒也有一個一呎大小的

長方「洞」門，那是個外邊遞送物品和飯食、水的「交通要道」。

據說，這兒關著三百多個男人，都住在底層和二樓；環繞著這些獄室的，就是囚犯們散步的院子。我們可從外牆根的小洞中，隱隱約約看見那些男囚們的身影；他們如果大聲說話，還能聽得見。我就是從這兒看見「金」，他用手指比了一個「十二」？那是判刑十二年啊！他犯了什麼罪？

星期一，我的「親人」哪！調查局的「朋友」們沒有守諾言，來看守所接我回家——一直到十年後（一九七七年）我出獄，也沒來接我回家。

星期二（九月十日），忽然管理員來喊：「開庭！」開什麼庭？我不懂。在女監鐵門外，女管理員把我「移交」給一個班長，他帶我走進一間辦公室，那個在調查局審訊室的白胖子坐在那兒，他仍穿著白色香港衫，臉上沒有任何表情，拿出兩張變黃的「文件」給我看——這時我才明白自己被捕的原因。

一張文章的標題是「我對崔小萍姐妹的認識」，下署名是梁××，內容是：

1.在山東省濟南市，因購買一日本人的轎車而結識齊夢非，他那時是汽車駕駛訓練班的負責人之一；另一人是叫張朋，因爲齊會說日語。

2.因去崔府找齊，在大門外曾看見崔小萍，她那時十二、三歲。
3.張朋帶他們姐妹和其兄崔超到安吳堡，兩個星期後，他們姐弟妹相繼離去。
4.在台灣看過崔小萍之電影，但跟他不認識。

另一張，紙張更黃舊，有一個表格中，列寫：「崔小萍，奸黨，到山東省立劇校活動」。其他有幾個在國立六中河北省籍話劇社的男同學名字，都是寫「奸黨」。

我的被捕，原來就根據這兩張舊文件，在四川德陽國立六中的國民黨職業學生，就因爲我拒絕他們的話劇社演戲，就僞造了這樣的黑名單來陷害我，誣告我是「奸黨」，是什麼奸黨？因爲這一張黑名單，使我在台灣生活二十幾年，進不了台灣電視台當導播（前警總司令鈕先銘介紹），在中廣公司不被送去日本NHK電視台學電視導播。這幾個「同學」，何其狠毒，就因爲我不畏他們的暴力威脅，勇敢地不參加他們的話劇社，而造成在我四十幾歲，正當事業興旺時含冤入獄。在四川學校時，我才十六歲呀！說到梁某人的「報告」，我根本不認識他，重要的是他已寫明不認識我，跟我沒有來往，梁的被捕又怎麼扯上我？唉！百口莫辯！

白胖子又問了我演街頭戲「放下你的鞭子」，劇詞是不是改成爲共產黨宣傳？

欲加之罪，何患無詞？

回到牢房，跟著來了監獄官和一個班長，還有攝影的，把我叫出去拍照「留念」，就像在電影裡看到的：正面、左面、右面，我做了「鬼臉」讓他照——這張照片，不是我正直的崔小萍；又蓋了手印——這一套把戲，在關進小監獄之先，也已經「演」過了。後來又來了兩個穿軍服的男士對我說：「崔老師如果有什麼生活上的需要，可以告訴我們。」原來他們是幹部學校（後改稱政戰學校，蔣經國幕後主持）政治科學生，現在做監獄輔導官，我在那兒教戲劇科時，他們還沒畢業呢。我謝謝他們的好心，如今的崔老師是「階下囚」，不是名師、名導演了。

我請教「難友」們，召我開的是什麼庭？她們說，那叫「收押庭」，就是說崔小萍以後的日子，就「名正言順」地押在監獄裡受「合法」審判。我以後才知道那個白胖子是檢察官，名叫嚴春輝，我的冤獄就是此官起訴的。

❖

在關閉著鐵門內的媽媽們、阿媽們、女兒們，想家想兒女，憂愁什麼時候可以出獄，她們在牢房內哭泣。

當我在六呎寬的走廊裡「放封」時，她們低低地傳出話來：「崔阿姨給我們唱歌！唱流行歌！」

好吧！大家都是苦難人，雖然官司情況截然不同，但是這些女人還不是爲了養家餬口，才去偷軍車裡的汽油。她們說，因爲用橡皮管子「吸取」油箱裡的油，有時吸進胃裡，幾天都吃不下飯。

於是，我趴在地上，對著一個個「狗洞」，唱我的最喜歡幾首歌，什麼「夢裡相思」、「不了情」、「情人的眼淚」，還有我更愛唱的「江南夢」……。剛結束我的獄中「演唱會」，忽然樓下牢房裡傳上來歡呼：「好哇！再來一個！」原來這些小狗洞，還有傳音的作用，我不敢繼續唱下去，否則，管理員會取消我「放封的權利」。唉！在監獄裡有何「權利」可談！囚人們在夢裡相思的權利都沒有啊！

「小橋啊！流水啊！夢裡的家鄉路迢迢啊！」淚水使我的歌喉哽咽，何時才能歸去？

「但願在夢裡相依——」唉！在夢中也難以相依，頭腦靈巧的被打擊成滿腦空白。

一九六八年九月十三日

今天十三日，基督耶穌受難日，我們是受難的一群，祂明日復活，我們的明日不知何日？

寫信的日子，寫給K兩封信，拜託他請一位能幹的律師來爲我洗雪冤情；其他心情「不准寫」，千言萬語只限於兩百個字之內，否則「退回」——法官批示，不給寄出去。

今天准許接見親友，叫「面會」；准許收取「不犯法」的食物和物品。我跟「王」，還沒資格，因爲不知是否被起訴。范奶奶（日後我稱她爲范大嫂）面會回來很難過，說她唯一的兒子生了一身瘡。「吳」擔心她的丈夫愛情要出錯兒，很煩惱。聽見其他女人們去面會後，哭哭啼啼地回來……。

到樓下醫務室檢查身體，那位主持這個看守所的醫生名叫陳中統，日後熟了，戲稱他是「陳總統」（國語不標準，「中」、「總」不分）。據說，他曾在日本學醫，回台結婚，在新婚後一個星期被捕入獄，被判十五年。在等候檢查時，我問他：「有孩子沒有？」我問了一個傻問題。

「做人技術還沒到家！」他很幽默，很年輕。他若在十五年後出獄，已屆中

年，若是他的妻眞懷了孕，出獄就有十四、五歲的孩子叫爸爸了，他的罪名是「台獨」。

我眞是個白癡，竟問這樣的問題，惹得在醫務室的人們大笑！

痛定思痛，我決意寫一份報告給法官，報告的內容是述說在調查局審訊室，那些調查員威嚇逼供的種種情形。我記得那個長臉獠牙的、從共產黨那兒投誠過來的陝西人。

「你不要蘑菇，拖延時間不說，等著有人來救你，告訴你，誰也不能！什麼人都要聽我們的簽報，我們辦的案子哪個敢不起訴！」

「你等人來救你嗎？除非總統打電話來！你聽說過嗎？有一個空軍高官，爲了替他乾女兒的父母說情而丟了官嗎？」

「你冤狂？那就冤枉你好了！我倒要看看是你硬！還是我硬！你和我們鬥，我們就鬥鬥看！看誰厲害！」

「你聽說過，『直著進來，橫著出去』的話吧？」我眞聽說過這個故事。我一個女學生的媽媽，是個女記者叫沈元嫜（編按：《新生報》記者，因白色恐怖冤獄而死），夫妻倆雙雙被捕，女的受不了酷刑，在審訊室上吊自殺，丈夫被判無期徒

刑，兩個女兒霎時間沒了家，沒了父母，媽媽的屍首埋在哪裡也不知道，她是眞的直著走進審訊室，最後是橫著被抬出去了！

這就是他們「求眞求實，勿枉勿縱」的結果嗎？

回憶到這兒，忽然不寒而慄：我蜷臥過的那個小牢房，是不是「沈」吊死的那間？

爲了用熱水輪流洗頭和洗一次溫水澡，今天輪到我，這已經是不可多得的享受了，很想把長髮一刀剃光，乾脆像尼姑一樣倒「瀟灑」得多，在這兒沒有「悅己者容」的人，外表的醜陋又何必關心？

寫一封信給中國廣播總經理黎世芬先生，謝謝他叫人送了許多食物來，因爲還沒允許接見，不能面會。

落雨，秋意甚濃，中秋節將至。我在自由的時候，每個節日都過得孤獨淒涼，因爲親愛的人都回家去和孩子們相聚。更意外地，今年的中秋節，我將在牢獄裡度過！

我爲他們夫妻（范氏夫婦）流淚！這受難的一對，關在牢裡咫尺天涯。他們來自專抓匪諜的機關，也曾是高階級的人物，但被他們自己人鬥爭，控告是「反間

諜」。丈夫坐牢，太太也得陪坐，以免到處去「喊冤」，擾亂治安。他倆已被關三年，還沒正式開庭審判。我曾在那個小監獄被禁閉三個月，曾受出賣祖國的「匪幹」們日夜審問。製造了許多「假匪諜」出爐，取得他們的「抓諜」業績。他們的「功勞」殘害了中華民國。我流淚，爲他們，更爲我們的國家！

我不敢想日後，我也不敢回憶過去。過去在此埋葬，將來不在這裡產生。每日昏沈沈，只想法子把時間殺掉。思想凝固，生命的火花在這裡熄滅。但我不想死去，因爲我想在無望的歲月裡等待法律開明的結果——他們將用什麼樣的罪名來裁判我？我不願變成「哀莫大於心死」的人，葬身在牢獄裡！

一九六八年九月二十八日．教師節

居此已四週，正逢教師節。從前，和學生們聚餐慶祝，今天，不知他們還會記起崔老師嗎？

每到週末，就記起那個僞造我罪狀的青年人李明德（也許是假名），他一定被「邀功受賞」。在我寫這段回憶時，已是在三十年後的一個週末，他應該也是有兒孫

的人了，他曾懺悔，他的那些斷章取義、張冠李戴的「僞證」，上面都流著正直人的血淚嗎？

一九六八年十月六日・中秋節

今年中秋節在獄中。

人生，是這樣的，我的感覺總像在夢中，我怎會遭到這樣的不幸？晚上給K寫信，情感激動，熱淚潮湧！在過去，每逢年節，他總是跟他的孩子們在一起，而忽略了我的孤獨；我也爲了不影響他跟他孩子們相聚，寧願自己去找其他的朋友們玩樂。誰能料到，如今，竟是鐵門重重，各自一方，他是否會後悔和我相聚的時間太少了？

上午，在失望中，忽然聽到叫我簽收東西——簽名金×炎，他在中廣公司安全室工作。管理員告訴我，總經理黎世芬也來看我，因未起訴，不允許面會，感謝他。

金×炎送來大批的文旦、月餅、蘋果、梨、桔；K也送來吃食。晚上我寫信給

K：「清風明月我無權享受，僅能在門縫中呼吸一口新鮮空氣而已，今日獄中也有魚肉大打牙祭，人情味濃，但咀嚼失去的自由，美食難以下嚥，只是熱淚模糊，只希望公平審理，早日還我自由！」

水果、月餅……我像開雜貨店，我個人也無福享受這麼多恩惠，於是分請沒有親友來面會的「難友」們吃。

每晨，我祈求上帝賜給我鎮靜、忍耐、毅力和快樂，我讀英文、看書，像置身我自己的家裡，促使無望的歲月趕快逝去。但是，坐在硬地板上，使得臀、腿、整個身體，也像地板一樣僵硬。我不知自己的牢獄命運還要延到何時才能結束？流淚不能解決問題，只希望軍法官認眞地去閱讀我幾十本日記，在那些字裡行間去了解我的過去、爲人處事、我的性格，以及我如何成爲一個堅強的女性，不能像調查局的那些人斷章取義，作爲控訴我的證據。有什麼人會把自己叛國的工作記錄在日記裡，而在三十幾年後，交給他們作爲證據來逮捕自己，這是什麼邏輯？

然而，日後證明，那些軍法官沒時間去找出有利於被告的證據，他們不敢違背調查局的「旨意」。

我們將崇高地挽救，或卑鄙地喪失，世界上最後及最好的希望。

我們用愛心來希望，我們用熱誠來祈求，願這場天譴的大戰爭能迅速結束。但若上帝要延長它，直到二百五十年以來，不得報酬的奴隸的勞力，所積的財富為之喪盡，直到每一滴因鞭撻而流的血，都由另一滴劍刃的血來償清。

多少年前說的這句話，如今仍能適用。

上帝的裁判是眞實而公平的，永無惡意，慈悲待人，堅信眞理。讓我們努力於未完成的工作，爲國裹紮傷口；善待爲國作戰的人，以及他的孤兒寡婦。力盡本分，使我們本國以及世界各國能獲得並維持永久的和平。

——摘錄《林肯外傳》

室友王小姐在十月四日接到不起訴通知，大家爲她慶賀，但要到土城一個感訓處所去管訓。無論如何，「不起訴」是好消息。據說她的案情，只是結交一些大學生，跟著寫文章而已，但鷹爪們認爲這是他們爭取捉「匪諜」的功績紀錄之一。

但是，我，沒那麼幸運。我在這個月十五日收到起訴書，負責起訴的檢察官嚴春輝，就是那位到調查局審訊室第一次裁定「合法」收押我的白胖子。

起訴書裡的罪名很簡單，但是全憑他們的臆測，以我在大陸流亡期間的所見所聞作為他們報告的一些故事，以及我在日記裡所記載的和朋友們的交往、我曾看過的書，替我編造一連串的「往事」，不是事實的「往事」。尤其是我在一九四七年隨「上海觀眾演出公司」來台，演出的幾個舞台戲如「雷雨」、「萬世師表」等，認定是為匪宣傳毒素。我在一九三九年（民國二十八年）跟隨姐姐去安吳堡，找尋姐夫齊夢非一事，控告我是在那裡受「匪訓」兩個星期，並抓了一個我不認識的人的「自白」，證明我們不能吃苦而離開……。

調查局的那些調查員，為受害者所編寫的「故事」，都很天衣無縫，他們認定你是「犯」了這些罪，再用不正常的手段迫使被害者自己寫「自白」，自己寫出「曾經」「犯」過這些罪，然後再在判決書裡記上：「對犯罪事實，承認不諱！」

上帝，這就是調查局人員和軍事法庭的法官們，官官相護的證明。

在看過這些不實的控告之後，我的血衝上腦門，幾乎腦袋崩裂。寫至此，心情激動，無法繼續。

❖

從一九六八年六月被羈押在三張犁調查局審訊室監獄，至一九七〇年六月三十日，經過兩年「簡單」的審判，軍事法官像開玩笑似地，第一次判無期徒刑，第二次判十四年。軍法只有二審，天大的冤獄，他們已拒絕上訴。在第二審，我請了石美瑜律師，他老人家在第二次大戰結束，中國抗戰八年，日本投降，擔任審訊戰犯「岡村寧次」的審判長。在軍事法庭認定的罪，誰也不敢抗爭，抗爭也無效，他們起訴我的罪名是：

崔小萍意圖以非法之方法顛覆政府而著手實行。

記得我在調查局審訊室時，前後由那個陝西來的長臉「匪幹」審訊時，他說：「冤枉你？就冤枉你了！」他們是寧可錯殺一百，不肯錯放一個，他們泯滅良心，忘記被害人有家庭也有兒女。

「國民黨是水，你是魚。魚需要水，但是水不一定要魚！」國民黨應當希望的

是活的魚、美的魚，不會不給牠水，讓牠們乾死。我不相信他的話是對的，因爲甘霖是培育天下萬物的，只要它有生命，祂一定會保護它，而不會致置它於死地！

「求眞求實，勿枉勿縱」是他們判案標榜的精神，但是事實上卻是倒行逆施。我從沒爲匪做過任何工作，我於心無愧，愛國是我的責任，從事戲劇藝術工作是我一生的志願，他們如此誣告我，再嚴重也不過一生葬送在此。一個人既然毀掉了名譽、前途，生命對於他已沒有意義。與其屈辱地活著，不如勇敢地死去；與其沒有希望地忍受歲月的磨折，倒不如希望未破滅之前結束生命，在那個不可知的世界裡仍會充滿快樂和幸福。我並不憐惜自己的生命，可是我也不輕易摧殘它，我自幼就全心全意地把它獻給我的國家，能夠支持我長大成人，是國家對我愛的培育，但是當「她」拋棄你的時候，死又何足惜？

我坦然地、理智地書寫答辯書，沒有打官司的經驗，請教范大嫂與王小姐，將在「五天內」提出上訴。以她們的經驗，被判幾年的牢獄之災是免不了的，他們捕人急如星火，審判卻慢如蝸牛，只有忍耐，再忍耐！我相信，有「愛」的支持，我對社會、對世界沒有失望，我會忍下這口氣，安心在此一席之地蜷伏著，創造我心靈的天地。曾經從早到晚，一天二十四小時，被關閉在不透風的牢房，四肢不能發

達，但我仍可運用我的頭腦，我仍願自己能再爲自己的國家，繼續奉獻我的生命！

寫信給我的摯友K，講述被起訴之事，請他爲我尋找律師爲我辯駁不實的控告。

現在，外面的世界是什麼樣子了？我只能從窗的鐵欄杆中，望見一彎冷月、一顆寒星，一陣秋風飄進牢房，涼涼地。全看守所監獄幾百人，竟無聲息！只聽見遠處的犬吠聲。室友都睡了，在慘白的日光燈下，照射著一條條可憐的靈魂，扁扁地躺在地舖上，菜盆、口杯、零亂的衣物，像一條難民船，正行駛在驚濤駭浪中，大家在睡夢中祈求早日到達安全的彼岸。

❖

根據起訴書中的罪名，我想在此簡單地做一個辯解：

一、崔小萍於民國二十六年間，在前陸軍第三軍醫院充當護士，結識該院實習醫生韓匪谿（在大陸），由韓匪介紹參加匪少年先鋒隊。

一九三七年（民國二十六年），七七事變開始，日軍從黃河北以大砲攻擊山東

省濟南市，爲躲避日軍之燒殺、強暴婦女，我家人和該醫院院長熟識，請求以掛名護士，讓我和姐姐參加該醫院撤退後方。韓豁是山東省主席韓復渠的姪女，曾服務於濟南市齊魯醫院，在戰況緊急時，負傷國軍眾多，遂參加該醫院醫治傷患。泰安陷落時，我和姐姐跟隨醫院撤退河南郾城，與韓豁女士不通音訊。我在民國二十八年，隨姐姐赴西安尋找哥哥崔超和姐夫，路途所見有「××先鋒隊」招牌，在調查局述說在西安所見。從二十六年到二十八年，從山東到河南，相距時地如此遙遠，韓如何介紹我加入××先鋒隊？在三十年後，調查局人員如何得知韓是「匪幹」？只是我在日記裡記寫了我對韓豁的友誼詩篇，調查局的辦案高手竟異想天開，把韓推演爲「匪幹」，實在不可思議。

二、民國二十七年至西安，由朱匪星南（在大陸）介紹參加「西北戰地服務團」。

這又是他們編造的罪名，我是民國二十八年才到西安。跟隨兄姐參加「中國戲劇學會劇團」（簡稱「中劇」），當時文藝團體都有相互參觀拜訪的活動，我是跟隨「中劇」去參觀，發現朱先生在該團工作，他是在濟南市一劇社的主持人，他曾建

議兄姐去陝北（延安）尋找失蹤姐夫齊夢非，兄姐拒絕——這是我口述在西安的見聞，但在起訴書中，把我說的「參觀」改寫成我「參加」，列爲罪名，這不是要「氣死人」嗎？

三、旋在安吳堡「青年訓練班」受訓二週。

他們控告我「旋在」，大概是二十七年，事實上我在二十八年，才跟隨姐姐離開第三陸軍醫院，去陝西西安尋找哥哥和姐夫。到安吳堡是爲了找姐夫，因交通不便，在該地滯留兩週，並沒有受訓事實。當年，我十五歲不到，更不知道那個地方叫「青年訓練班」，在初被審訊時，我就向他們說明當年去安吳堡的原因。

四、民國二十八年就讀國立第六中學第二分校時，參加「匪」讀書會。經常集會研讀匪黨書籍《大眾哲學》、《唯物辯證法》及討論時局。

如果認定讀書會是「匪」的，我就不會把它記在日記裡。同學們有讀書會，大家互相借些文藝小說專著，《大眾哲學》如果是「匪」書，我也不會把它記在日記裡。但是《唯物辯證法》是在一九七二年（民國六十一年）我被送到土城仁愛莊感

訓學校時，由一位曹教官講評的。從一九三九年到一九七二年，相隔三十年之久。調查局的調查員，竟有如此神通！

五、民國三十六年，劉匪厚生負責匪上海戲劇文化工作，組織「觀眾劇團」，崔小萍應邀參加該團，並於同年十月隨該劇團來台，在台北市中山堂演出左傾話劇「清宮外史」、「雷雨」、「續弦夫人」、「萬世師表」等，以及在屏東糖廠演出「雷雨」，隱射政治階級黑暗，煽惑工人掀起階級鬥爭，暗示匪黨前途光明，從事爲匪宣傳。案經司法行政部調查局察覺，解經本部軍事檢察官偵查起訴，經本部初審判決……。

軍法處根據以上五項罪名，初判是無期徒刑，二審是十四年有期徒刑。他們唯一證據是：德陽國立第六中學國民黨的職業學生所寫的黑名單，只是簡單幾個字：「崔小萍，奸黨，到山東省立戲劇學校活動。」

山東省立劇校是在山東省濟南府，我如何從四川省德陽縣到山東省去活動？該黑名單，只有名字，無其他記載，也無照片、年齡，怎可認定崔小萍就是奸黨？是

什麼「奸黨」？

既然已被起訴，就得據理力爭，但是法庭不根據證據、法理，被誣告的人流乾了血淚，判決書上仍然是四個大字：「直認不諱」，判決「企圖顛覆政府正在著手實行中」的罪名。被丟擲在牢獄中，不聞不問，他們迅速結案，可以快活地去領加班費和獎金，到餐館裡去大吃一頓！慶賀被他們陷害的人，在黑暗的牢房裡，被痛恨腐蝕著有價值的生命，而沈默地死去！

你冤枉嗎？誰敢替你說一句話！調查局的人說：「誰敢管？把他關起來！」

❖

在夢裡，我望見神，流淚的雙眼，祂伸出的雙手，如何拯救這些無辜的靈魂！

但在現實裡，我要壓制住憤怒寫答辯書，明知無濟於事，還是得寫，請律師代爲答辯也無用。他們懶得按照當事人的答辯書重抄一篇，他們能爲被害人辯護致「無罪釋放」嗎？

神，也不會相信。

❖

星期日，風和日暖，正是郊遊的好天氣。

既已被起訴，寫信給K，我的摯友，代我請律師，我還有些錢放在他那裡，用不著他花費分文，只要能在我打官司期間，能來「探監」，照顧一下就好了！據鐵門裡人們的經驗，「久獄無親」，我不必太天真，希望從前的朋友能給我一些幫助，即使是K，也是此一時彼一時。這次的「事變」，正是一個好的考驗，朋友在患難中才見眞情，眞正的朋友，不就是「one soul with two bodies」嗎？

官司打下去，苦獄能熬就熬下去，否則，我也不願苟延殘喘地活著！

一九六八年十月二十九日

陽光很亮，祈求眞理像太陽一樣。

第一次調查庭。

我正躺在牢房的地舖上看書。

「開庭！」女管理員在門外喊叫，接著是鐵門開鎖開啓，聲音很大，我這才眞的感覺到前人說的「鋃鐺入獄」的滋味。

管理員沒有耐心，敲打著獄門催促著「快！」我總得穿好衣裳（不能穿睡衣上法庭吧），頭髮也沒梳好，她把我交給一個班長，然後又大力地關上女監的鐵門。這些聲音，使我的心臟急急地跳動，頭腦有些發脹。

這就是法庭吧？兩個年輕的法官高高地坐在案桌後面，我站在低處，要仰望他們答話。開口的法官約有三十餘歲，穿著軍服，外表看起來還不使人討厭（後來在起訴書裡，知道他的名字是孟庭杰），戴一副學生眼鏡。

他好像看著我寫的「自白書」問我問題，有些心不在焉，時時對著庭外的院子微笑，忽然一下竟笑出聲來。

「法官，我們說冤枉，你覺得好笑嗎？」我述說在調查局被逼供的情況時很激動，可是，法官竟然「笑」了！我不懂這樣的法官將如何處理我的案件。如此的調查庭，很像法國戲劇家莫里哀的劇本「鬧劇」（Farce）。我雖然沒有法律常識，但在電影裡也看多了法庭的場面，今天，怎麼竟是如此調查？就是我自己編劇，也不會編得如此可笑！

「你去『市』上找律師，我們也有公證辯護人。」他看看錶，匆匆地走出去。獄中十一點半吃飯的號聲響了，書記官拿筆錄叫我簽名——這位書記官學識太差，他記的法官問題，支離破碎，他記的我的回答「牛頭不對馬嘴」，我只好代他塗改。

這就是調查庭也！法官在笑，書記官不會寫筆錄，崔小萍的這場官司好像開玩笑。

室友們關心調查庭怎麼開的，我搖搖頭，長嘆一聲！

❖

晚上，室友們借來一副撲克牌，邀我打「百分」——我已經忘了如何「打」了，因爲我在自由時，哪裡有時間玩牌？只有在劇專時，跟同學打過橋牌。雖然現在生疏，竟然「贏了」，我對於「賭」，永遠是「輸」。人家說「賭場得意，情場失意」，也許眞的情場將要失意了。

一九六八年十一月一日・晴

今天是民國五十七年十一月一日，我失掉自由將近五個月了。被起訴後，已允許和朋友們會面，名爲「接見日」。

誰來看我？

女管理員下樓去，大家藉機扯開嗓子大唱。我站在馬桶上，望著獄窗外自由的天空，高唱我喜愛的歌「Rolling River」，這是從前雁子教我的；還有一首「悲歌」，不知爲什麼每當我情緒被壓得透不過氣來時，這兩首歌便不覺地唱出來。我現在眞像是被綑綁的「普羅米修斯」（希臘神話故事），因爲給人類火而被宙斯罰下天堂，用鐵鏈把他捆綁懲罰他。

晚上，樓下傳來小喇叭聲，有些淒涼，尤其在吹「Summer Time」時，更感淒慘。那是被判刑的男囚人充當外役，組成的樂隊吹奏。他們犯了什麼罪？被判了多少年？是在音樂中洗滌我們的憤怒吧？

一九六八年十一月十四日

這是值得懷念的大日子，這是我被准許的第一個接見日。我被女管理員領進接見室——像電影畫面，一面厚玻璃，兩部電話機，隔開被囚禁和自由兩個世界。

意外地，第一個來跟我會面的是K，我最「親密」的朋友。自從六月六日，我跟他在吳興街我的住宅說聲「再見」後，至今，已是五個多月以來的再見了！

強忍淚水，說了些瑣事。總經理黎世芬很關心我，新電視公司決定在仁愛路的中廣公司宿舍舊址蓋大樓……你好嗎？我好……，不能握手，不能擁抱……。

「時間到了。」監獄官Cut斷了線，我望著他離去，我已無法忍住這悲痛，竟嚎啕大哭出來。多少的憤恨，從丹田裡衝出來，聲震屋瓦！

❖

范大嫂在《六法全書》上找出法條，證明我們現在被拘押是「違法」。如果真按著法條去審理，無憑無據，我們就不會被關閉在這個大墳墓裡了，和外界斷絕一切消息。我們的生命、名譽、事業、前途，都葬送在這裡！眞是，過去在這裡死亡，將來不在這裡產生！何時能洗清冤枉，從這裡跳出去？

一九六八年十一月十九日

通知我接見律師，他叫仲兆福，五十幾歲，河北人。我的答辯書，他還尚未仔細看過。他告訴我，明天開調查庭，他要來。

一九六八年十一月二十日．第二次調查庭

在牢房中，整裝待發——不是去旅行，是被叫去法庭調查。

仲律師穿了律師服，已經先到，法官跟書記官遲到。

仲律師出示了一條法律給我看：「在不自由意志下所寫自白，不能作爲犯罪證據」。我不懂這法條，我在調查局所寫的自白都是在不自由的情況中，寫了又寫，補充又補充啊！

調查庭法官，仍是那位愛笑的，叫孟庭杰。

問我西北戰地服務團的事，並叫我辨認兩篇自白是否我寫的：一篇是「自

傳」，一篇是我承認曾答應參加匪黨經過，他問我是否是事實？

「不是，我沒參加過匪黨，當時，我不這樣寫，我就不能過關！」

我請他查閱，我從民國二十六年到五十七年被捕前所有的日記，可了解這些年所作所爲、所演出的戲劇，內容是否有爲匪宣傳毒素。

又是匆匆忙忙，他笑著結束了這樣的調查庭，因爲吃午飯的號聲又來了！

法警送我回牢房，我在想，我是在做什麼？演戲嗎？法官、律師、法警、被告人，這眞是一幕難演的戲，調查局編的這個劇本太沒道理，我眞痛恨他們，把我這樣一個無政治頭腦的人，竟編成一個政治犯！

❖

我已厭倦了記憶時間是怎麼過去的，我也不喜歡再偷看窗外的青天白雲。陽光從窗縫裡擠進來，我知道那是晴天。日光燈日夜都亮著，方便獄卒們偵察你在牢房裡舉動。睡去，醒來，夢都是在最甜美的時候醒來，白色的獄牆，滿目茫茫……。

讀狄更斯的《塊肉餘生》，他奇妙的筆所描繪那些可笑可愛的人物的形象，我啞然失笑；他淒慘、眞情的生活，又使我感動得落淚。

蜷曲得坐累了，雙腿麻木，起來走走，和室友們聊兩句，或是說句笑話，又把自己關進書裡，爲那些可憐的靈魂哭泣！詛咒那些沒心肝的惡人，將自己現實所受的誣害、生活上的磨折忘卻！

天又黑了，夜又來了，就這樣，時間飛逝，我被遺忘在另一個世界裡，這就是現實生活，我必須接受它，而且要面對它，因爲我不能死去。「Wrong to be Right!」

基督說：你要進「窄門」。

一九六八年十二月十五日

從六月七日，我自動到調查局報到後被羈押，蹲了三個月的小監獄，日夜疲勞逼供，然後被送到軍法處看守所大監獄，由糊塗「莫醫生」（那位起訴我的檢察官嚴春輝，很像漫畫裡的莫醫生）執行收押。然後，開了兩次所謂調查庭。到現在有半年多了，這樣的戲要演到何時閉幕？我不敢想，室友范大嫂夫婦羈押至今將至三年，只開過一次庭，還沒任何結果，他們曾是調查局忠實幹員，被自己人鬥爭，被起訴爲「反間諜」，這罪名不算小，如何證明他不是「反間諜」，我看是要費些時

間。

女監大掃除，裡裡外外洗刷了一個星期，說要來「參觀」的人，今天終於來了，聽說是個官，是警總副司令。他忽然叫女管理員打開了我們的獄室門，進內觀看，我正倚在牆根裡看《塊肉餘生》。他走向我，我只好以點頭爲禮，范大嫂忽然跪在他腳前，雙手遞上一張喊冤狀，哭訴著要求他伸冤，這個突來的舉動，嚇壞了跟著進來的所長、監獄官，趕快把她扶起來，當然，也使這位副司令嚇了一跳。這一幕，很像包青天到陳州放糧，被劉妃以貍貓換太子所害的李后，叫義子攔轎喊冤一樣，這是宋朝的事，現在是一九六八年民主時代，奸佞害人的事仍然層出不窮，就是有現代包青天，我看也得被調查局裡的人，「把他先關起來再說」！

月子後來告訴我說，這位官詢問我是什麼時候進來的？月子以爲是我的朋友，就眞是朋友，在「紅帽子」的罪名下，誰敢出來說話？我曾告訴調查局裡的人，我有個保密局的朋友，曾請他調查一下，爲什麼有人叫我去「自首」？我沒犯罪，「自首什麼」，那個朋友曾說：「沒問題。」可是那些調查員大吼起來：「誰說沒問題，我們就先辦他。」「誰敢說話，我們就把他關起來！」

不知，現在入獄的這些「捉匪諜」的幹將，心中有何感想？

❖

聽說，最近拘捕了大批的大學生進來。每次，聽見他們在院子裡散步（放封）時嘻嘻哈哈的聲音，有的戴著腳鐐在院子裡跑來跑去（判死刑者戴腳鐐），他們都是國家的中流砥柱啊！他們都是叛亂犯嗎？在牢房裡，他們高聲唱「夜半歌聲」、「松花江上」。

「娘啊！我像小鳥兒回不了家！」

唉！這些小鳥兒們，何時能回家見娘親？

❖

下午，K匆匆趕來，送來大批吃食，並告訴我電台同事們的最近動態：張×玉調花蓮台長；沈×毅升任傳播組組長，K說，本來這個職位是給他，但因我的原因被Cut（我很抱歉）；徐謙將去日本接受電視訓練；馬國光和陶曉清閃電戀愛，將在元旦結婚；王玫辦退休，全家將去香港……。現在，我卻坐在監獄裡，工作了十六年的退休金拿不到，說不定還要被判「叛亂罪」。唉，人事就是這麼陰暗不定，

眞使人傷心落淚！

我犯罪了嗎？在斷絕一切消息的監獄裡，很想知道一些塵世上的消息，可是聽過了又引起「思凡」，痛苦萬分！又想，最好是什麼也不聞不問，使我的熱血凝固，變成冷血動物，沒有悲哀，沒有痛苦。可是，又不能！一張厚玻璃，隔斷了所有的愛，國家、親情、友誼、愛情，我的受冤使我常有自殺的念頭，雖說「死有重於泰山，也有輕如鴻毛」，如果我想「死諫」，能使一些人不再被冤枉，那死也有了代價，可是他們會說你是「畏罪自殺」！所有的清白，都會被埋葬。生命誠可貴，但是失掉了自由的生命，活著不如死去。人活著是爲了愛，假如這些愛都已背棄了你的時候，死又何足惜？

一九六八年十二月

老夫妻倆，愛情還是那麼新鮮，盼著，能在「放封」時，偷望他一眼，以解相思之苦；盼著，出太陽，對他的健康有益；盼著，能在一個默默的手勢上，一閃的眼神裡，猜出他的心語，然後她才能讀他寫來的「英文小品」。

早上陰天，擔心會落雨，停止放封，可是有幾班放封的男士們，又沒有他。終於下雨了，早上的希望沒有了。盼著，午睡後會晴天，最少不要下雨。但是，狠心的天竟然不留情地落起大雨來了，希望被澆溼。我了解她的焦躁，她掛心失掉母愛的兒子，被毀的家；痛恨被同事們的陷害。她是個堅強的女人，沈重的腳步，已在這監獄裡踱來踱去了三年的美好歲月，她的丈夫也是一樣，遙遙相望，但是咫尺天涯！她讓我看她丈夫獄中「交」來的情書，字體、情意、節操，都是那麼美。觀看被管理員交來的情書上寫著，「請交對面樓上553室×××收」，下記「第35室×××交」送。她看著信，流著喜歡的眼淚，高聲對空中高喊一聲：「Darling，你好嗎？」有時「放封」時，他故意咳嗽一聲，讓她聽見。

可是，後來我和范大嫂被移居在靠街的一間牢房，離開「放封」的那個院子，我們已聽不到男人們的聲音，她的「親愛的」呼喊，他的一聲咳嗽再也聽不見了，當然，在小窗洞中「偷看一眼」的機會，更被斷絕了。

當我被移送土城感訓所時，才和她分別。聽說他們在監禁八年後，以「知匪不報」罪名被釋放，一個被他們擔保的年輕人做了替死鬼「無期徒刑」，據說是這個男孩曾在北平時，鬧過「學潮」。

❖

記得在調查局被逼供的時候，他們恐嚇我說，凡是電台上出的錯誤，都要我承擔，叫我供出電台裡的祕密組織，那就是我「立功」的資本，我不是匪黨份子，我更不能做僞證，我寫了一篇自白，堅決地告訴他們：「我不能陷害人，隨便你們怎麼處置我。」他們很失望，也就不再逼問我，這也是我最後的一篇自白。

❖

讀《歷代名家筆記選》，該書文章簡短，分別有詩、典故、言語等九類，很有趣味。其中有一段是和坐牢有關的：

「一入詔獄，聲息俱遙聞，不能覿面，是即死也。」

「在詔獄寫單索飲食於外，譬如祖宗之顯靈。家人送食傳單而進，譬如子孫之祭享。」

非久困於獄者，焉能描畫至此乎？原來，古時的大牢，和現代的監獄一樣，傳單簽名，接納食物，可能面會時，沒有用電話交談，當然更不允許和家人相擁痛

哭。

看《北極圈內奴工營》書，原名是「伏庫達」（Vovkuta），書中有些描述也引起我在調查局小監獄中慘痛的回憶：

❖

「你是……」「我們有資料……」「我們再給你一個機會，考慮考慮……」「你想過嗎？」「我是無辜的，沒什麼可考慮的。」「你不準備全部承認嗎？」「我不能承認我沒做過的事……」「我們只要你承認你所做過的事……」「我是無辜的！」「你知道你在誰的手中嗎？」「你承認……」「我否認！」「承認你……承認你……」疲勞審訊——「你是……是……不對！再早一點！再早一點！在三十年前！」

這位X光醫生，在最後說：「我以前所宣稱的一切，都是假的，一點沒有事實的根據，都是你們的人不健全想像的產物，我本來沒有，是你們把我塑造成一個叛亂份子！」

這是一位X光醫生，記述共產黨逼迫他的惡行！無憑無據，他被判二十五年，結果在勞工營被奴役三年後，僥倖活著返回西德。

共產黨逼良爲奸，跟調查局的方法是一樣的。從前，我沒看過這類的書，現在才恍然大悟。

一九六八年十二月三十一日

馬路消息：樂蒂於二十八日在港自殺身死；洪波跳火車自殺，他跟我在四川重慶曾同台演過話劇「紅塵白璧」，是位反派角色；崔小萍被誣告冤獄（這是事實）。

今晚是五十七年最後一天，明天是五十八年開始，往年，都爲自己許個心願，有個希望，現居獄中，我將爲自己祝福些什麼？

希望早日洗雪冤枉，還我自由！

我是無辜的！我沒犯罪！

一九六九年元旦

第一次宣判　無期徒刑

這篇日記是用紅筆寫的。

每當一個新季節的開始，我都習慣地要換一本新的日記本。每年元旦，我都要記些對過去一年生活的感慨，想今年對自己的希望、計畫，包括感情、事業、友誼等等。自從民國二十六年（一九三七年）七七事變、對日戰爭開始，濟南市被砲火所逼，我跟隨湘姐離開溫暖的家以後，抗日、戰亂，我從幼小到長成，迄今三十餘年，我習慣寫日記而喜歡保留它，由它做一個時代轉變的記憶，和對自己生活、做人的檢討。所以，我喜歡寫，尤其是一生漂泊、婚姻不幸、愛情不能美滿、孤獨的時間多、事業不順心，我又不是一個「talkative woman」，因此，最好傾訴哀怨悲淒心情的對象，就是日記。它是我最親愛的祕密。意外地，它，竟變成調查局、軍法官誣害我的「罪證」——爲了讓他們了解我的過去，我將幾十年的日記交給他們，可是，他們爲了「立功」，而斷章取義、張冠李戴地牽強附會，不惜陷害忠良，竟將我爲影劇藝術、文化教育、廣播事業的努力，愛國的忠誠，一筆抹煞，以叛亂嫌疑犯交付軍法審判。

我是個愛名譽的人。自幼，父親曾教導我說：「名譽是人生第二生命。」所以我在抗戰流亡時期接受教育，畢業後進入社會做事，都秉承父親的教言，潔身自愛，從未做過不法的事情。在女孩兒的時候，我沒有和同伴交惡；與男友交往，從未踰越禮教的藩籬。就是S他前妻來台，在貧困痛苦的八、九年婚姻生活中，我也從未口出惡言，增加他們的不安；就是離婚，也是由S決定的，而造成我終生污點（因爲，社會上對離婚的女人是有成見的）。二十年前，爲了愛他，而和他結婚，留居台灣，放棄了我最愛的戲劇藝術工作；但在二十年後，竟被誣告，當年留台是爲潛伏做叛亂活動？

離婚後的生活是淒慘的。在台灣，我沒有親戚，沒有知己的朋友，經過十幾年的掙扎、自修、自勵，我的一切都有了一些成績，生活環境也漸入佳境。雖然在愛情方面，並不十分滿意，但認爲K君是位忠厚的人，在我中年的時候，他會善待我，也許會成立一個家庭——但是，如今事與願違，冤獄事件使我們分隔兩個世界，這是我的命運嗎？我不相信命運，命運卻實實在在地玩弄了我！

我不是個無能的人，可是現在，我在牢獄裡卻無所事事，每日禁閉斗室，不見天日，除了埋頭古書堆中，就是長吁短嘆，徘徊、蹉跎、吃、喝、睡、拉……不敢

思想，不敢回憶，不敢悲憤，不敢大聲哭泣，不敢……。假使不是理智地約束自己，一個清白的人受到如此的誣陷，真的會變成瘋子！

我已在此冤獄期中，度過許多特別的日子：

五十七年教師節——在台二十餘年，教授影劇藝術十六年，我曾在政工幹校、國立藝專、世界新聞專科學校、台北第一女子中學教過書，年輕的孩子們都已成家立業，在影視戲劇、廣播界都獲得了好的地位。

雙十國慶日——我來台後，已度過二十個國慶日，但意外地，這第二十個偉大的日子，我竟在監獄裡，當天曾降雨，天似憐憫我這無辜的靈魂而落淚！

聖誕節——沒有崇拜，沒有祝賀，也沒有一張賀卡。

國父一〇三歲冥誕——第一次的中山文化基金會曾聘我為評審委員，我曾為別人爭取五萬元獎金及廣播劇獎的榮譽。基金會曾獎我的六千元，印了我的《第二夢》廣播劇集，書商送來時，我已陷囹圄。

擔任中國廣播公司的導演、導播，廣播劇「廣播小說」第一次獲得金鐘獎最優團體獎（那時沒設個人獎），但在五十七年六月八日，我被司法行政部調查局違法羈押後，聽說就對我以「免職」處分。中廣是國民黨黨營機構，起碼專案有結果

後，再免職也不遲呀！我曾在那兒消耗了我十六年的青春年華啊！

我沒犯罪，所以在獄中心地泰然；生活雖不便，精神被壓抑，但希望年輕的法官（孟廷杰是其中之一）頭腦清楚，按他的年齡計算，當我是孩童時（誣我犯罪時期，是我十四歲不到十五歲之際），他才剛剛出生，他如不能仔細研究民國二十六年七七事變，抗戰之時代背景、社會環境，而以「現在」的情形論斷（當時「反共抗俄」時代，認為「匪諜」就在你身邊的人人自危時代），就將會造成不可饒恕的錯誤！

冤情何時得以洗雪？何時獲得自由？以後的歲月將要如何度過？事業？前途？友誼？愛情？「過去」，是由我自己掌握；「現在」，我被此不幸掌握；「將來」，我如何掌握？

每晨，祈求上帝拯救我，因爲祂知道我是無辜的！

一九六九年元月二日・雨

今天是新年第二天，也是今年第一個接見日，看守所不放假，照常使羈押人接

見家屬。

意外地，K沒來，也沒食物送來。K從去年十二月十二日接見以後，即未相見，爲什麼？如果眞是「久獄無親」的話，我現在心裡就應該有個準備。

一九六九年元月三日

今天接傳票一張，訂本月十四日開審理庭，是上午九時，從上次開調查庭（一九六八年八月二十日）至今一個多月就開審理庭，不知爲何如此之快？該調查的人證，都已調查過了嗎？寫信給仲兆福律師，請他來接見，以備審理庭之答辯。

一九六九年元月十一日・晴

仲律師上午來，將一份答辯書交給他，他也將閱卷後所抄一部分資料給我。有關張駿祥報載事項（一九五二年上海《大公報》報載，張宣布加入共產黨，他是劇專校教授，教導演，沒教過我），以及我在調查局六月五日一部分「筆錄」——很使

我驚訝，我不知那些回答怎麼是我說的？我記得，那調查員李明德在我二十四小時疲勞審訊後，我在半睡狀態中不知所云，都是他問，然後替我措詞回答的。所以，現在看起來，我竟記不得是我的「口供」。

很盼仲律師能「引經據典」，爲我辯護，可是看情形，他對我的案情毫無研究，假設我自己不寫答辯書，不知他將如何爲我伸冤？中國的律師，都是以賺錢爲目的嗎？

一九六九年元月十四日·審理庭

今天上午九時開審理庭。天冷，陰雨，我的長襪、大衣、厚裙都沒拿來，范大嫂把她的冬衣全部做我的裝備，並囑咐我要鎮靜，不要緊張。長嫂若母，很感謝她對我的關心和照顧，否則我眞不知如何管我自己。其實，我也眞不明白何謂審理庭？

九時一刻，班長來領我去法庭，仲律師已到，我將一份報紙所載有關張駿祥資料答辯交給他，另一份準備交法官。

這位姓「孟」的法官，總是有些神不守舍，一早上就顯得不耐煩。審理庭改開調查庭，給我的是審理庭傳票，給律師的卻是調查庭通知，不知是什麼人弄錯了，我覺得他們對「開庭」像鬧著玩似的。

他一開口問話就是官腔——我的籍貫是山東濟南，但他們替我寫的是S的肥城，我照實回答，說我繞彎子。問我的生日，我回答成「二十號」。

「你上次不是說是『十號』嗎?你連生日都記不清了!」

因爲我的學生們爲我過生日，不是在「十號」就是在「二十號」，選一個大家都空閒的時間，我衝口而出沒加思索，就被當頭一棒，我感到這位法官對我頗有成見，他說我不要「演戲」——我最恨人家說我在現實生活裡演戲，否則，我就不會演到軍法處看守所來坐監獄了。

照舊是幾個「老問題」，我回答的語言頗不精練中肯，我的口齒是這樣的笨拙，說不清一件事情的來龍去脈，加上法官那種厭煩的口吻和表情，很使我不滿，想到過去所受到的侮辱，情緒激動，現在再站在這兒受審，眞不知自己是造了什麼孽，要受這種罪!

律師請法官「賜」我一把椅子坐下，謝謝法官開恩，在下午開庭時，我可以坐

著回答，不再仰著臉，站著，看法官大老爺擺官架子，幸好沒叫我跪著回答問題。

法官叫我看我的日記本，是調查局提供的所謂「證據」。另一個是梁某人所寫「對崔氏姐妹的認識」，其中只說他如何認識姐夫、姐姐和哥哥，曾經見過我，那時我十二、三歲。曾在抗戰後方西安，遇見崔氏姐弟去安吳堡；在台灣曾看我演戲，聽過廣播劇，未跟我交過話……，這能證明我犯罪嗎？至於有關所謂四川國立第六中學的證據，更不可思議，僅是「奸黨，崔小萍」，說我去山東省立劇校活動，就這麼幾個字就是四川奸黨調查，而且年級錯誤，名字錯誤，我在六中的名字是「崔玉蘭」。

調查局調查員李明德，把我在大陸演戲、和同學們的照片張冠李戴，加上些注解，像「崔小萍讀書會」的成員，其實這些女孩子都已經來台灣居住。再如，我在南京國民大會堂演完「夜店」和同學們的照片，他注上匪幹「劉厚生」，那時劉某人是在上海……就這樣，成爲我犯罪的證據，就憑這些不正確的資料，檢查官嚴春輝竟起訴我是「潛伏伺機叛亂」。

上帝啊！這叫什麼法律？隨便給被告按上一個什麼「法條」，就不費吹灰之力，使人家身敗名裂，家破人亡！

下午開至五點，法官要回去吃飯，宣布下次庭再訂時間，他和律師先走了，留下我跟書記官看筆錄，我發現一個大錯誤——法官跟書記官抄的是一個問題，但法官問我的卻是另一個問題，所以書記官記的答案，卻不是他問的！眞是驢頭不對馬尾，而且書記官的國文程度太差。

請庭上調查的證人，一個也沒調查。

仲律師告訴我說，他將在二十七號來閱卷，下午接見我。我猜測下次的審理庭或調查庭，或在本月底會再開，假設眞正調查證人，這個月是來不及開的，我希望能仔細調查蒐證，不要隨便地給我裁判。

一九六九年元月十六日·第三個接見日

上午，沒人來，我不抱希望，所以不失望。

下午，蘇和周來，K竟也意外地來了，我報告了一些被審和律師的事，沒抱怨他爲何不來看我。聽范嫂的忠告，在此受難，一切求人幫助，能忍就忍，不必過於認眞。是的，我要學著忍耐！

一九六九年元月二十一日

研讀《六法全書》——從未見過這樣的書，假使從前讀過，起碼我不會被調查局那些小子們欺侮得這麼厲害，寫「假自白」作繭自縛。現在說起來，雖然無法亡羊補牢，可總還有點用處，最低限度我能了解法官不可以隨便裁判，否則他就是「違法」！

難友抄來幾條從前法院的判例，例如——

最高法院民國三十年上字，第八一六號判例：

Δ認定被告不利之事實，須依據積極的證據，當積極的證據；不是不利於被告之事實認定時，即應爲有利於被告之認定，不必有何有利之證據。

五十三年台上字，第二號判例：

Δ按犯罪事實，應依據證據認定之，爲法所明定。故被告否認事實之辯解，縱屬不能成立，仍非有積極證據，足以證明其犯罪行爲，不能遽爲有罪之認定。

刑法第一百五十六條第二項規定：

Δ被告之自白，不得作爲有罪判決之唯一證據，仍應調查其他必要之證據，以

察其是否與事實相符。

就根據以上幾條，頭腦清楚的法官，他就不能判我有罪。

就憑三十年前一張錯誤的調查表，算是我犯罪的證據嗎？還是憑梁某人沒和我交談過話的一篇敘述？這個人是不是也是被調查局人員所逼迫的呢？何況我根本不認識此人！但是，我擔心年輕的法官是否能了解三十年前的時代背景？上次開庭，那位叫呂達勇的法官，竟問我「西安」在何處？顯然他的地理程度很壞，不要再談其他有關藝術方面的問題了。就像那位檢查官嚴春輝，既然不仔細審查案件，隨便起訴了事。我曾在外國電影裡看過許多為冤案辯護的律師、主持正義的法官，冤案得雪，難道這都是假的嗎？那些都是從「眞實故事」(true story)編出來的呀！或者說，中國的律師也懼怕法官判他的罪嗎？法庭不調查我的證人，不研究我的起訴書，上次仲律師提醒他，還有最重要的一條控訴，他竟沒注意到，臨時查看起訴書！唉，如此的官司如何打？我只有再問上帝了。

❖

元月過後，二月又已開始。在二月六日的前一個星期就接到傳票開審理庭，六日當天九時開庭，但等到十一時，還未見班長來帶我去，什麼原因呢？也許是法官傷了風，感了冒？又改期？但在下午，叫我出庭時，說上午是調查庭，仲律師告訴我，證人對我的講話「有利」，尤其是他們摘錄的一篇日記，竟是S的日記，但在起訴書上的一段起訴理由是：「足證與前所控各條吻合……」

S的那段日記是：「三十八年元月十九日——今年我又重新開始一個新鮮的工作，而這工作的完成，需要我付出最大的忍耐和堅苦……爲白濤（他的胞弟）、吳侯（他傘兵的朋友）的計畫努力一下，假如完成，我倒想把它和現在的工作連繫起來……。」

他們把「工作」二字，認定是爲共產黨工作，調查局把別人的日記認定是我的，以「工作」兩字，認定是我爲共產黨工作的「鐵證」。但是，今天調查S，他在庭上證明這篇日記是他的，他的日記本是和我的放在一起，被調查局統統拿去的。我在起訴書上，也沒注意這段寫著「工作」兩字的日記，是不是我寫的？二十

幾年過去，誰有時間再去翻閱從前的舊事？

法官唸了一段調查局的覆文謂：「崔小萍在調查局承認曹禺是匪……所演劇本是爲匪宣傳，毫無逼迫行爲。」

我聽法官在唸的時候，我在笑，眞覺好笑，如果他們沒有威逼我，我會願意他們控告我是叛國者？而把自己編寫成是「匪」？而把那些「萬世師表」、「雷雨」、「清宮外史」，寫成爲匪宣傳的劇本？這都是可以查證的。我說「雷雨」劇本是曹禺的作品，他是我在劇專時的老師，並沒說到他什麼事，再說兩岸隔絕二十幾年，誰知道他們怎麼樣了？但是，在調查局的覆文中說：「承認曹禺是共匪。」

在調查局被逼供時，我一再要求他們，本著他們「求眞求實、勿枉勿縱」的辦案精神，不要冤枉我。可是另外控告我在安吳堡受訓的事，是梁某人指證（據他們說，梁×是匪諜，已在民國五十年判決），二十七年兄姐帶我去該地，兩星期即離開，和他未有來往。

四川省奸黨調查表，說六中學校五年級學生崔×人去山東省立劇校活動——六中只有三年級，沒有五年級，我人在四川德陽，如何能飛越關山，到山東省去活動？更重要的是，舉證錯誤——明明是S的日記（他親自到庭證明），怎麼硬指稱是

我記的？

民國五十七年，S之弟白濤、其友吳侯，都在台居住，可以查證他們所說的「工作」是什麼內容，怎可硬指爲這是崔小萍爲匪工作的記載？如果當年的共匪如此急躁愚蠢，相信大陸不會變色。

他們在起訴書上，就依據這些證據，以「懲治叛亂條例」認定我是叛亂份子。起訴書「……是爲匪宣傳，潛台伺機活動。均係基於一貫叛亂犯黨，已達於意圖以非法之方法顚覆政府，而著手實行之程度，核其所爲，顯有觸犯懲治叛亂條例第二條第一項之罪嫌。全部財產，除酌留其家屬必需生活費外，並依同條例第八條第一項沒收之，合依同條例第十條後項，軍事審判法第一百四十五條第一項提起公訴。」

假設，就以此項爲證據，以此種「假自白」就判我罪，這種「國法」，怎能使一個忠良的百姓信服？因此，當法官唸完調查局的覆文後問我：

「他們說，都是你自己承認的，並沒有威迫你。」

「他們承認威迫我，就是承認他們犯罪。」

「那爲什麼威迫你？」

「因爲他們吹牛，說凡是調查局送出去的案子，沒有不起訴的，爲達到目的，而造成假口供、假自白。」

他們查證六中同學「莊氏姐妹」，問我在學校是否叫「崔玉蘭」，她們竟說「不記得」，只記得我叫「崔小萍」，但可查證教育部的學籍呀！她們在台灣收聽廣播劇十六年，都是報告「崔小萍」這個名字，二十幾年過去，怎麼會記清楚那個同學的學名是「崔玉蘭」？有利於我的證詞是，她們在六中沒看見辦壁報，沒組織讀書會，但是，法官說這是「祕密」，當然她們不知道。上帝，這還有「理」好辯駁嗎？

有關照片，和女同學圍著一團花照的，內有莊氏姐妹，李明德注明：「崔小萍讀書會中的人物」，並特別寫明內有姜璨。

是姜璨帶我去六中讀書的，因爲校長蘇郁文是她濟南女中的校長。我們曾是在西安「中國戲劇學會」的小姐妹，我是跟我姐姐哥哥，她是帶她妹妹（我被誣告打官司時，她居住日本，丈夫是名記者）。這都能查證是眞是假，怎麼憑他們調查員白紙黑字，就認定這是「讀書會」中的人物？（姜璨因此冤案，與我絕交。）

法官告訴仲律師，十五日再開庭。

K很久未來接見，晚上寫信告訴他：按所誣告，依據審理，我應無罪，否則，我是冤枉的，請代我伸冤！

「最近你少來看我，也少送東西給我，如有『決定』，請明確表示，我會理智接受，我相信你的情感，但免我在此再爲情感折磨……」嗚呼哀哉！

一九六九年二月十五日

今天是大日子，說是開「辯論庭」，以後就要宣判我是否有罪了——我犯了罪嗎？

九時三十分，我被領到那個舊法庭，仲律師已在座；看見中廣公司安全室金先生也在那兒，他告訴我是軍法處通知他來旁聽；另外還有兩位，我不認識。小法官呂達勇和書記官也已入座，後來進來三位法官——現在我才明白，今天是辯論終結，就要結案的一庭。

宣讀檢察官的起訴書，但是嚴春輝並未出庭。

宣判長聶開國宣布開始辯論。首先他問我有什麼話說？我述說在調查局被逼供

等等，幾次痛心疾首，泣不成聲。

接著是仲律師，他按著我寫的答辯書內容說話，沒有特別的伸冤辯護。因爲請求調查的證人都被拒絕，我請求再開第二次辯論庭，並指出原檢察官爲什麼缺席？聶說哪個檢察官來都是一樣的，可是那位代替的是知道我的案情嗎？審判長宣布辯論終結，等候宣判。

如此，這個官司到此告一段落，宣判不公平，還得繼續打下去，我的冤獄還得繼續坐下去，我請金先生向黎世芬總經理報告我的一切，寫給他的信，經法官批示，寫有案情退回，不准寄出。

陽光普照，溫暖如春，牢房外的世界眞好，漫步在陽光下，呼吸幾口新鮮空氣，對自由的渴望更強烈了。碰見服勞役的李醫生，他是「二二八」事件進來的，已坐牢七年，還有一年就可自由，我向他打招呼，忘了在監獄裡，這是被禁止的。

一九六九年二月十六日．農曆除夕

自從三十七年元旦和S結婚留居台灣後，我沒有過一次「好年」。和他有家

時，等於沒家，每到除夕，他必須到他前妻那兒「報到」，避免她打上門來，我孤獨地留在「家」裡，年初一早晨他回來後便蒙頭大睡。年復一年，在八、九年的歲月裡，我的團圓年就如此過去。民國四十五年，在他宣布跟我離婚以後，每個年，我是在朋友們的家中度過。有時除夕趕著排戲，我一個人從劇場走回住處，街上行人稀少，都回家吃年夜飯了，我一個女人，還在寒冷的夜裡，在街上踽踽獨行……。今年，我不必等待丈夫回來，等待情人相聚，更不必去朋友家苦中作樂，而是和幾百個在這個大監獄的「難友」們共同吃年夜飯，意義非凡。

沒有眼淚，既然爲愛犧牲，就應該有勇氣承擔，就連叛亂嫌疑犯這個罪名，我也得用毅力接受它，誰叫我是這個大時代的受難者？

年夜飯，菜很好，但難以下嚥，整個監房都是靜靜的，孩子們也沒吵鬧，只聽得獄外的爆竹聲，起起落落地接連響起來。

一九六九年二月十七日・年初一

用紅毛線編織了一朵小花朵戴在頭上，去霉氣，希望我很快會離開這個倒楣的

地方！

賀管理員好心，讓我們到天台上去曬曬太陽，這是來此第一次正式迎接陽光，而且在天台上大開眼界，看見青山、監獄的全貌及四周的建築，因爲怕引起男人們的注意，不敢走到天台當中去。在左下方，說是覆判局的監獄，有一個大男孩向這方扔石子，有幾個男人望著這天台指手畫腳……怕引起麻煩，急促地吸了幾口氣，貪婪地向遠方再望一眼，趕快下樓回到牢房——這間黑洞更顯得黑暗。

一九六九年三月八日．農曆二月二十日我的生日

我不是一個「實際」的人，我永遠生活在情感和虛幻的生活中，只要我愛的人表示一點深情，我就會百分之百的滿足，所以我很容易受騙，也容易滿足，因爲我向別人要求的是微少又微少的。所以，在上次給K君信中，我請他表示明確的態度，我寧缺而不願若即若離，我是爲愛活著，沒有了愛，我的自由也無價值。爲愛人、愛國，忍耐這窒息的生活，等待公平的裁判還我自由，否則，假使什麼都沒有了，到「外面」是大的監牢，在「裡面」是小的監獄，意義是相同的，我情願在這

小的監獄中度此殘生，隔絕一切，那樣倒活得無憂無慮。不工作，也可以有飯吃；不付錢，也能住長期旅館。已入墳墓，只待結束最後一口呼吸，壽終正寢又何嘗不可呢？等於我在四十五歲因病身亡。

但所遺憾的是——如我在外面病死，還會有許多人公開地追悼我，沒有畏懼地懷念我，談談我的好處或缺點，或者我在藝術、廣播界遺留給他們的財產，設個什麼獎學金之類的，或者把我的塑像造個什麼金像獎……，那時的崔小萍是活在人的心裡，雖死猶生。假設，像這樣的冤屈未伸，罪名不能澄清，糊糊塗塗地被氣死在獄中，誰敢再提一聲崔小萍，誰敢問一句崔小萍是怎麼死的？如此死去，是眞正死了！那時，我的靈魂也會譏笑我說：「崔小萍是這麼個不實際的人物，竟在政治犯的名目下冤死獄中，實在滑天下之大稽，閻王爺要以什麼資格收留她？」因此，在三思之後，還是要澄清罪名，死也要死在自由的世界裡，呼吸到一口自由的空氣再死去，對於冤獄的長期桎梏也不惋惜！

上帝，請幫助我，忍耐、愉快地度此牢獄生活。

夜來傾盆大雨，早飯以後卻好像有了陽光，牢房也好像充滿了些日光，日光燈日夜都不熄滅，對於分析光的能力，眼睛的靈敏力似乎差了很多。

看書，是監禁中最好的消遣。最近在看二十年前出版的有關「中共」的書籍，使我對共產黨有些了解，也對抗戰時期中日、中美、中共等政治方面的許多糾葛、戰爭、詭計明白很多，過去雖然生活在兩黨混亂的時期，因爲自己沒接觸過所謂政治人物，所以對所發生的事情的來龍去脈都不清楚，想不到在三十年後，卻變成「政治犯」，被關在監獄裡。眞不可思議，我竟因國共兩黨鬥爭，而冤枉入獄！

《亞洲紅禍記》是美國人喬治．冠克寫的，《中央日報》翻譯。該書是從國父奔走國民革命時期，共黨在中國扎根，後軍閥割據，共黨被剿竄逃，抗戰和平談判，至到抗戰勝利，談判決裂，再起戰爭，內容豐富，資料很多。

另一部，書名是《在鐵幕之後》，也是三十年前出版的，是美國記者約翰．根特（John Guntter）所寫，內容是描寫淪入蘇俄手中的歐洲國家，文筆幽默而不苦澀，讀起來很感興趣——是不是我將開始研究政治了呢？由於所謂我的「政治案件」？

書中描述共黨審訊背叛的黨員時，有這麼一篇描寫：

最先我將說明在國民軍監獄中的審問情形，俾議員諸君對於「供詞」如何產

生，與共黨控訴之如何構成略知梗概。他們使你達到體力與精力完全崩潰的程度，到了那種境地，你將對於生命與命運全不顧惜，渴望一個結局，一個可以解除你痛苦的任何結局。但這種完全崩潰之來臨，正當你認識你毫無抵擋者，沒有法律和權威可為你保障，而你將永久陷入你的審問者之掌握，這正是他們自始便要你深信不疑的。審判的程序，是與我們一向所知的完全不同……他們最先說明你的罪行，然後竊取你的承認，以為憑證。他們獲取供詞的方法，大致分為三項：

1. 生理的，就是饑渴和缺乏睡眠。
2. 物理的，就是痛楚。
3. 心理的，就是暗示你的家人將被逮捕，你的身體要受酷刑等等。

他們逼供受害者的手段，怎麼跟調查局審問我的方法是相同的？這就是欲達目的，不擇手段嗎？如此製造出來的假罪犯，對國家有什麼好處？實在是擾亂我們社會的安定啊！

他們這樣做是為了什麼？升官嗎？發財嗎？我實在是為我們的國家悲哀！

❖

在監獄中，哭聲是不斷的，有的是剛剛被關進來，有的是被判了刑，有的是冤屈難伸，有的是看著別人出獄，自悲仍繼續度此無望歲月……我雖然在這裡居住已有五個多月，仍無法習以為常，無動於衷，常常為了受難的一掬同情之淚。

在女監中，最近又進來兩個，都帶著一個兩歲大的男孩子，一個是有關汽油的，一個是買賣銅線，丈夫都是退役軍人。母親們哭，哭家中的老弱無人照顧；孩子們哭，哭被關進小房子裡，不能自由自在地到外面玩。再加上原有的小孩子們的哭聲，啊！這眞是個悲慘的世界！

樓下被禁閉的精神病患者在吼叫，敲打牆壁、門窗、地板，那種瘋狂的聲音，使人不知置身何處？

是在「自由中國」重寫法國蕭伐（Hugo，又譯為雨果）的《悲慘世界》（*Les Misérables*）嗎？

從農曆年以來，一直是風、雨，陰陰沈沈。今天出了大太陽，尤其顯得光明，但於我們無關，被關禁在陰暗的牢房內，仍感淒涼。

三位國小老師，今天宣判。只爲了別人「說」她們曾經「認識」什麼人，開過什麼會……，無憑無據，被判五年徒刑。

像瘋狂了似的哭喊，三個破碎的家，十一個無母的孩子，三個失魂的丈夫——僅僅爲了「別人說她們」。

我爲她們哭泣，頭巨痛，我的牙齒將要咬碎，這是公平的宣判嗎？

每當鐵門響的時候，我等候叫我去開宣判庭，我得到的會比她們好嗎？我不敢相信法官的賢明、國法公正了！他們既不調查相關事實，又不詳閱文件，又不採信證人，完全「認定」式的，只顧「儘速結案」，不顧人權，草菅人命！

我已失掉鎮靜和忍耐，我無法忍受這刺激，我病了，每一個聲音都會使我心驚肉跳。

星期日不辦公，今天沒人「提」我去聽宣判。午飯後腹痛如絞，我知道在調查局被虐待時受的痛又犯了——我不能想到案情，它使我顫慄，一股氣像把刀，在肚子裡亂攪。明天，該是我了吧？上帝，莫讓我的祈禱成了空話。

一九六九年三月二十日・第十九個接見日

蘇來，帶來吃食；下午K君來，今天覺得他很漂亮，他穿了一件有花紋的襯衫，是新的，紅色的袖扣。他告訴我，現在銘傳教課外活動的話劇，證人喬文采的地址還沒找到……。我很想親他一下，但是，今天穿得這麼整齊，是去教課嗎？難道──假設他有了新的愛情，我又將如何？我是個極端尊重愛情的人呀！也是相信有愛才有生命的人！我記起法國詩人拉馬爾丁在愛人愛爾雅爾死後，他寫的詩：

山谷、宮殿、茅廬，還有什麼用？
景物對我已失去了秀麗。
河流、森林、岩石、寂靜，多麼可愛。
沒有她，一切還有什麼意義？
太陽升起或降落，
我漠然地看著。
太陽升起，天空晦明。
對我還有什麼重要，我已沒有可等待的了，

一切所照耀的，我都不希冀。
茫茫宇宙，我毫無所求……

我的愛，會像雅爾一樣的死去嗎？在這半生中，我愛過，也被愛，和雁子的初戀是幸福的，和S的愛是痛苦的。在中年以後，本想有一個相愛的人來共度餘生，但是，K君並不能夠眞正地了解我，他也不想我爲什麼那麼看重他，如雨果在老年重獲愛情時所寫的詩：

我愛你像生命之上的神，
我愛你像明智的祖母，
我愛你有似關懷我疾病的姐妹，
老年時善待的嬰兒。
啊！我是怎樣地愛你，聽到你的名字便禁不住流淚。

愛，不是用言語能形容得透徹的，只有感覺，他有時不喜歡我的嫉妒，他把我

看成一個「成人」，其實在愛情方面，我是個嬰兒，我是把愛情如此認定的。拉馬爾丁不是說嗎：

宇宙只剩下我一個人，
她的生命是我的生命，她的靈魂，是我的生命。

我也記得謬塞（Musset）在失去喬治桑的愛情的時候，他說：「人是學徒，痛苦是師傅。沒有愛過痛苦不能知道痛苦。」

那是誰說的？「不知道痛苦的人，不會長夜哭泣。」是約翰．克里斯多夫說的嗎？二十多年前談過的羅曼羅蘭寫的小說，記不太清楚，但這句話使我記憶很深，當我跟S在淚水浸泡的愛情之後，不就是長夜哭泣嗎？

長夜哭泣啊！又怕驚擾了受難的難友們，即便是長夜哭泣，又怎能洗淨這血案的冤枉？這叛國名目的侮辱！

我想寫長長的情書給K君，但又怕「檢查退回」，在這裡連訴衷腸都是被禁止的！最近，遭退回的信很多，我寫了幾首舊詩想寄給他，我們已有半年多沒有書信

往返。

獄牆外飄來斷續的古琴聲，
好似杜鵑泣血，不能成聲！
在呼叫：不如歸，不如歸，何時歸去？

寄黎總經理的信，及上星期寄王藍和羅蘭的信，都遭退回！理由是：「奉法官批示，退回。」

意外但感到快慰的是收到海音的回信，信封信紙都印著《純文學》雜誌的封面設計：「小萍，農曆年前收到你的信，眞是又驚又喜。……有什麼事要我辦的，想吃什麼也可以給你送去。」

我想，她驚喜的是我還「活」著，聽說，陰謀者放出去的謠言說我：「已被處決」、「畏罪自殺」。

這是我接到文藝界朋友的第一封信。以後，沒有文藝的朋友寫信給我，他們也怕被「抓」！我用「抓」字形容那些執法的違法者，就像「老鷹抓小雞」一樣地抓

無辜者進監獄。

❖

借到《貝多芬傳》，這是我很想讀的一本書，因為我計畫寫一個「貝多芬故事」的廣播劇本，可是在對貝氏沒有充分了解以前，不敢隨便動筆。所以，我準備聽他的交響樂，看看他的傳記，看他作品的介紹……，但在自由的時候，我實在沒有太多的個人時間供我如此研究，以致這個構想未能動筆。但是，現在借到的書，雖是羅曼羅蘭的著作，可惜是「節譯本」，太簡單，對於一個偉大的音樂家來說，等於宣判了死刑，尤其對於一個不可多得的天才；但是上帝對於一個完美的造物，是不是也會嫉妒？在貝氏寫給友人的信中說：「我時常詛咒我的生命，普魯塔克（紀元一世紀希臘倫理家、史家）教我隱忍，我卻願和我的命運交戰，只要可能。但有些時候，我竟是上帝最可憐的造物……傷心的避難所……然而，這是我唯一的出路！」

他不但是樂聖，還是個極重道德情操的人，在他的遺囑中，他寫給他的兒女們：「把德性教給你的孩子，使人幸福的是德性，而非金錢，這是我的經驗之談。

在患難中，友情支持我的是道德，使我不曾自殺的，除了藝術以外，也是道德。」

多麼偉大的德性，他寫給朋友的信說：「假如我不知道一個人，在能完成善的行爲時，就不該結束生命的話，我早已不在人世了——而且是由於我自己的處決。」

藝術家的生命，總是悲劇性的，不完美的。貝多芬完成的藝術，遺留給後人美妙的音樂，他自己卻從未享受過自己的作品，尤其在耳聾以後。他窮病而死，不知自己遺留給人生，留給全世界是些了不起的影響。當藝術家們活著的時候，在對他執著的藝術創作中，他們的生活是貧窮、困苦、災難，現實生活的凌虐，以及藝術上的摧殘。在藝術界有成就的人，很少是在現實生活中得到幸福的。所幸的，貝多芬雖然也批評政治、挑剔當政之人物，但是德國當局爲了他是一位不可多得的藝術家，而沒把他以政治犯入獄，使他在藝術方面能自由地發揮。也許當年的德國很了解，凡是藝術家都屬於熱情、放浪不羈的，不可能在政治方面有所作爲。

不知那時有沒有匪諜？一九八九年，柏林圍牆被擊倒，東西德可以交通。也許，被共黨所統治過的東德，還會有這種專抓匪諜的人物存在：搞政治的人物，永遠不顧老百姓的和平生活，只要為他自己有利，他們是什麼手段都使得出來的。

我站在水池旁洗碗，F（范大嫂）說：「你這位有名的大導演，卻在監獄裡洗碗。」

❖

晚上聊天，我說到在抗戰時在西安演戲宣傳，我飾演在「四行倉庫」被日軍攻占前夕，那個過蘇州河獻旗的女童子軍楊惠敏。每場，當我從懷中取出那面青天白日滿地紅的國旗時，全場觀眾起立，掌聲雷動！F說：「這是你過去為國家做過的事，你爲什麼不說出來呢？」

「我說過，可是調查局的那些調查員都說，那是爲共匪宣傳的，他們不承認我從小到大都是生活在國民政府管轄中，所有在那時爲抗日宣傳的活動，遊行、演戲……他們都硬說那是『爲匪宣傳』，不准否認！但在我的日記上都寫得清清楚楚，他們卻把那些眞實的抗日宣傳，硬指是爲匪宣傳！他們否定了所有在抗戰時期我們這些熱血青年爲國家所做的任何事，變成他們誣告我們的『證據』。」

星期一發信時，在法官貼在信封上批示退回的簽條上，我寫一首打油詩，因爲我寫給K的舊詩，他又批示退回，我已經半年多沒寫信給K了。不曉得那些「法官

大人」們，有沒有親愛的人？

無罪入獄已是苦，七天二信訴衷情。
兩月退信十數封，法官何必太殘忍？

從二月十五日辯論庭開過後，至今尚未開宣判庭，也許對我有利，希望法官大人們仔細研究我的案情，找尋我的證人，不要馬馬虎虎，以「快」結案爲目的，宣判了事！

我的詩興大發，是寫給K的，但是沒寄發，我已料到結果——法官批示，退回！他們幹這種缺德事，只要毛筆一揮，責任就了了。我的詩：

萍本飄零無根生，命運多舛災難生；
平地波濤翻是非，晴天霹靂降牢星。
獄房狹隘風不通，煤氣碳氣缺新氣；
苦臥地舖叢病生，哮喘風濕痔和瘡。

諸多雜事勞君神，妾心難安感金石；
冤情速明復清譽，急驚風怕慢郎中。
見君一面五分鐘，一週間隔情萬千；
冤苦難耐日月長，魂兮歸來恨難消。
修君限超字兩百，紙闊意多難下筆；
縮意檢字二十行，氣煞詩神不負責。

❖

又接到「裁定書」，這是對延長羈押人犯的一種「法定手續」，沒有理由，也充滿理由，只要錯字拷貝紙上：「……第×次羈押期間屆滿，茲本部認為尚有繼續羈押之必要，應予延長二月」。如此，就可無限期地羈押下去，直到執法者應該釋放判罪、執行槍決，當然有被羈押幾年之後無罪獲釋的幸運兒，像F夫婦，他們在此已經被認爲有「羈押之必要」而延長了三年多了，而必要之審理庭還未開過。等這種庭過後，就可宣判有罪無罪，被告無申辯的機會，先失掉人權，自由數年，還得再等待下去。不知世界其他各國的法律是否也是如此「不能講理」，但是在裁定書

上卻印得冠冕堂皇：「如不服本裁定，應於送達後五日內，以書面敘述抗告之理由提出，於本部提起抗告。」

上帝，這不是白紙黑字說空話嗎？向誰抗告？誰又理你有無理由？我在調查局拘禁三個月，只讓我在裁定書封面簽名，連內容都不准我看，更不知道他們控告我的是什麼罪名了。反正，這是他們的特權和自由。一旦被羈押，不管你是神是人，就已經失掉了一切，生和死也是他們主宰，如果能得到一個公平的判斷結果，那眞是不幸中的大幸，使你借屍還陽，重返人間。否則，他們輕易地紅筆一揮，也就在一剎那間，即使被告十年、二十年……喪送了人的一生。即便被告再上訴，被告者仍然被繼續羈押，所謂有羈押之必要，直至把你的精力、體力、意志、熱情，都折磨盡了，你對眞理懷疑，你對法律的公平失去信心，因爲時間的殘酷，使你失掉獄外世界的一切，愛的和仇恨的統統沒有了，從內到外，你已經變成一個空無所有的臭皮囊，那時候，你還爭什麼？還有力氣爲你自己呼救嗎？

在過去，我是絕對相信法律是公平的，我認爲凡是被判罪入獄的都是罪有應得，但是，由我本身的遭遇，和在此居住半年的「所見所聞」，使我無法再如此相信；我知道了「不公平的裁判」，冤枉的被定罪，在這裡是家常便飯，當軍事法官

的聽到十一時三十分午飯號聲時，他們就會匆忙地判下個死刑、無期徒刑，因爲他們的腸胃比冤判一個被告人重要！可是，他們沒有「良心」！

情緒不好，心神不寧，不知這是什麼預感，有時，不幸的預感很靈驗，只是我的第六感沒讓我感覺到將有牢獄之災！

讀《耶穌傳》，想從這位捨命救世的神身上，尋獲一些靈魂的安慰，但在當時以色列統治者的心目中，祂是一個了不起的叛徒，因爲祂說：「主的靈在我的身上，因爲祂給我膏油，叫我向窮人傳福音，差遣我醫好傷心的人，向俘虜報告釋放，向盲者報告復明，解放被壓迫的人。」因爲祂主張：「人之情同手足！終止宿怨、血仇和憎恨，以寬恕來消解民族間和宗教間的鬥爭，以愛去醫治一切的傷痕。」

但是，祂被邪惡出賣，被釘十字架，最後，祂復活了，雖然祂是被冤枉的。以愛去醫治一切傷痕！（Hate begets hate）

我請K去找莫天瓊，她是我在劇專的同學，但不同科，我是話劇科五年畢業，她是普通高級職業科三年畢業；我在讀三年級時，她已畢業離校，和我不通消息。但未想到，當我在台灣居住了二十年之後，調查局找上我，只因她說她是爲了我坐

牢，我曾接濟過她，照顧她的三個孩子，說是我為了向她贖罪？哪兒想到，二十幾年不見的一個同學，竟向調查局說，她的陷獄是因爲偷了我的一本讀書筆記——讀魯迅的書寫下的名句。這不是不可思議的事嗎？

調查局的人告訴我，曾去審問過她三次，才決定請我談話的，她受調查人員的威脅，誣告我許多不實的「故事」。我在劇專時，從沒跟她談過政治，也沒找她開過什麼座談會，因爲曾經同屋半年，只爲室友的關係，她是四川瀘洲人，在台沒有任何親屬，在她受難前，她的丈夫因匪嫌早被槍斃，她在生教所（後來我也在那個學校被拘禁了五年多的日子）受訓，知道了我在廣播公司做事，而託人帶信請求救助，我能不聞不問嗎？但是，卻爲我招來災難！

據調查局去問過她的人說：「莫天瓊是不是有精神病？是白癡嗎？怎麼說話顛三倒四的？她告訴我們說，是爲你坐牢，判了七年，你幫助她的女兒上大學，照顧她的兩個兒子讀書，是向她贖罪的！」

上帝啊！我對她們母、子、女的愛顧，竟變成了我的罪！我是在民國四十一年剛到中廣公司就職時，在劇專同學的校友會上，才知道這位莫同學也來到台灣，可不清楚她的情況，後來她七年牢獄生活結束後來找我爲她找工作，我曾介紹她到一

個同學帶領的劇隊裡去工作，但她的演技、四川語言及已老了的外貌，無法被任用爲女主角，憤而離隊。她曾在一家保育院工作一個短時期，又受不了那些智障殘疾兒童的煩擾，就與院中一位老先生同居。在這時期，我也曾把中廣公司發給我的「配給食物」米、油等物接濟她的家，因爲我沒有家庭，不需要這些東西。記得那一年（一九六八年）她的長女來找我，說她在大學畢業典禮上需穿一件白緞旗袍，但是……「別發愁，崔阿姨給你買一件，也可能，我去參加你的畢業典禮！」

女孩子很高興，我也很高興，莫天瓊有這麼一個爭氣的好女兒！就在那幾天，我被調查局拘禁起來，一去不歸，她的白緞旗袍沒辦法送給她，更無法去參加她的畢業典禮。

我寫完這篇回憶時，我想「明珠」（她的名字）已做了母親，或者已做了祖母，她的兩個弟弟也已成家立業，不知她們是否還記得這個崔阿姨？他們現在哪兒？從一九六八年至今，已隔絕了三十多年了。一九九八年十二月二十九日，中廣公司在和我斷絕關係三十年後，為我舉行盛大酒會，歡迎我回中廣公司工作，繼續錄製廣播劇，我的名字又成了海內外的新聞，不知他們姐弟看到，會不會來看一下崔小萍阿姨？我也為她們媽媽坐了十年的牢啊！

我在主的愛裡活得很好，不知道那位莫同學還在人世沒有？我已原諒了她的愚蠢，和被調查人員威迫下所說的一些謊話，我跟她一直沒再見過面。

一九六九年四月十三日

住在獄房對面樓上氣窗中的一家老小麻雀們，每逢天將破曉的時候，就開始了牠們的談話，唧唧喳喳地叫個不停。有時，我站在便桶蓋子上，從監窗的狹縫中望出去，望見牠們在外面飛飛停停，在屋頂上跳來跳去，眞叫獄中人羨慕牠們的自由生活。

今天，突然一隻小麻雀誤飛入我們的牢房裡，牠突然掉進黑暗中，顯得驚慌無措，也引起整個女監的轟動，因憐憫牠的幼小，同情牠的無助，誰都不願把牠當成玩物，而想把牠重新放回自由的天地中。因爲我們都深刻了解不自由的痛苦，但是同情的呼聲太大，似乎把牠驚嚇住了，阿英把牠從牢房的「狗洞」（牢房送遞食物的小窗口）裡把牠接出去，帶牠到天台上去「放生」，但是我們擔心牠無法找到回家的路，因爲這牢獄的門路太曲折，只要一旦進來的人，很難很快找到出路，雖然

我們天眞地喊著：「牠的家在我們隔壁啊！牠不會找不到家啊！」

慶幸牠重獲自由，在自由的天地任意飛翔，暫時失掉家的溫暖，又有什麼關係呢？就這樣，想開了一陣，我們又沈默了，感到惘然若失！我們在層層鐵門的牢獄裡，插翅也難飛呀！

牢獄只能產生仇恨——沒犯罪的入獄，被冤誣，坐幾年牢出去後，仇恨的心理自然產生；累次入獄的，仇恨再結仇恨，因此犯罪事件層出，社會永遠不得安寧。假設裁判不公，控訴錯誤，冤獄百出不窮，治亂的結果是什麼呢？愈治愈亂，禍根深埋，一旦爆發，將不可收拾！

我，無罪入獄，惟等待公平之裁判，使我早日得到釋放，心中一時激憤時，只有把精神集中在書本裡，將體力發洩在運動上，對著獄牆單打乒乓，和難友們的兒女們吵吵鬧鬧，玩玩他們的積木，穩定心情。否則，坐牢、睡牢，一天早晚，午吃、晚吃，那不變成一隻眞正的豬或狗了嗎？牢獄不但產生仇恨，也造就廢物，政治清明，法律公正，監獄的牢房是不會愈造愈高、愈建愈多的，如能使監獄的大門大開，而無人出入，那眞是變成理想國了！如果希臘的哲學家蘇格拉底因抗議誣告而服毒自殺，他的門徒柏拉圖也不會大談「理想國」，柏拉圖的徒弟亞里斯多德也

不會編寫《詩學》來談悲喜劇了。人生如此灰暗，法律如此不公，有什麼理想可談呢？國民黨政府，什麼時候能建造出一個理想國出來？

一九六九年五月五日

熱水來了，正想擦個澡，忽然來傳我說要「開庭」，我以為是宣判庭，F叫我不要緊張，已將死置之度外，還有什麼可怕的呢？跟著法警到法庭去，是個新法庭，法官和書記官都不是從前問過我的那兩個人。

開始審問以後，我才知道要為「金」作證，他也是隨「劉」的觀眾公司來台演戲的，他不是演員，是負責團務工作。他是後期同學，我沒見過他，來台後，在劇團裡才知道他也是我們劇專同學，因此曾幫助他在中廣公司做兒童節目。他當年是在北投育幼院做老師，後來，他也幫我抱貓咪去農會的獸醫那兒看過病。因此，在調查局問我還有什麼人留在台灣，沒返回上海，我說起他，沒想到就把他抓起來了。在我心中一直對他很歉疚，對不起他，而他的太太一直沒原諒我。

他是像我一樣的倒楣人。這次的對證，是兩篇不同的自白書，他在自白書上說

是和我開過「小組會」，事實上是劇團裡的演出會議，就像我一樣，在逼迫下把過去在國民黨政府下所做有功於國家的事，都改寫成爲共匪宣傳，否則，在六月的大熱天裡，枯坐於不透風的訊問室，不如此改寫自己的歷史，他們那些調查員怎能放你回牢房休息？

我記得那些「人」讓我看過「金」的第一篇自白書，「金」寫他來台後，在劇團中才知道我是誰，說我是大小姐脾氣，寫他和我從未說過什麼政治、什麼小組會，與「劉」僅是同學關係。劇團來台，是經過警備總部批准的，那時是魏道明任省主席，還在賓館設宴招待我們全體——當然，這些「報告」，調查局人員不相信，座上的法官也不相信，我們被冤的人怎麼辦呢？欲哭已無淚。

一九六九年五月十二日．宣判庭

管理員通知，可到院子裡去散步，這是值得高興的好消息。一個星期一次，難得的機會吸收一點新鮮空氣，望望藍天白雲，伸展一下筋骨……，但是，忽然又宣布，謝副所長上來，把獄門關閉，裡面的人都站在房外，於是從最後一間牢房開

始，我和F轉到第二間，翻箱倒籠，大大小小，都檢查個乾淨，把我們的文件都帶出去查閱，舖蓋是從底翻到底，衣裳一件件地審視——老經驗說，這叫「安全檢查」。最使我心痛的是，把朋友為我泡的一瓶糖蒜也拿走了！官走了，我們又得大大整理，累得滿身大汗，還沒坐定，管理員又來通知我：「開庭！」什麼庭？應該是宣判庭吧，審理了三個多月，該找的證人應該都找過了，我相信今天的宣判是無罪釋放的。

那是在一個小法庭，讀宣判書的仍然是那個年輕的法官名叫孟庭杰，他的軍裝襯衫飄在褲子外面，笑嘻嘻地，我想他也許是為我的無罪釋放而高興吧？在他問完我的姓名之後，笑瞇瞇地站起來唸宣判書：

崔小萍……叛亂……正著手實行中，判無期徒刑……褫奪公權終生……財產全部沒收……

我不相信我的耳朵聽到的是這樣的宣判，我更不相信是對我的宣判，我的案情簡單，和匪諜案無關，僅是誣告我是在十四、五歲時參加了什麼劇隊……，我沒犯

罪，我在台灣二十幾年所作所爲都是對國家有益的事，怎麼會有這樣的裁判？

「法官，你們無憑無據，怎麼能判我無期徒刑？你們有什麼理由判我重刑？」

「理由？你去看判決書，你不服可以上訴。……現在簽你的名字！」

「我不簽名，我沒犯罪，我不接受你們這種宣判，你們沒有道理，你們憑什麼？你們無憑無據！」

「檢察官起訴你，在審理庭你爲什麼不辯？」

「你們檢察官起訴我已經錯誤！把我離婚丈夫的一段日記，硬指認是我叛亂的記載！這證明你們法官沒仔細查閱我的日記和調查事實，他舉證錯誤，檢察官應該有罪。」

「那你在調查局爲什麼承認？」

「你們的檢察官去調查局時，不穿軍裝，不說出身分，對我沒任何言語，叫另一位胖先生照抄我在調查局所寫的自白書，他們抄完就走了，他們犯不犯罪？」

「把她帶走！有話你以後再說！」他命令法警送我回牢房。

「法官，你也有父母，你以後也會生兒女，判案不能這樣缺德！把證據拿出來！」

這位法官仍然笑嘻嘻地走下高台，一邊把襯衫塞進褲子裡，瀟瀟灑灑地走出法庭，叫書記官命令我在宣判書上簽名認罪！我沒犯罪！我不簽！堅持了約有半小時，書記官請示後，叫法警帶我回牢房，後來有囚友說，你不簽名，他們代你簽，誰又認得你的筆跡？

「我當然不簽！這名字不是從我的筆下寫出去的！因爲我沒犯罪。」

上帝啊！崔小萍竟落到這樣的執法人的手裡！怎麼不被冤枉！而且是這樣的冤案！這樣殘酷的判決！終生監禁。

在《六法全書》上，我找不出我犯了什麼罪？當時，我沒有眼淚，如此的冤案，不是哭號流淚能表示悲悼的！當時，我罵他們法官混蛋，不調查案情，就一手遮天、隨心所欲，我所悲痛的，這是在「自由中國」，竟然有這樣的判決！這道理很明白，是我揭穿調查局的黑暗。我曾送交法官在調查局我被迫供的報告，和證實他們檢察官舉證嚴重錯誤，他們只有如此活埋我，才使我的冤情不能公諸於世，才能讓社會上相信我一定有叛亂的證據，才會如此判刑！多麼卑鄙可恥！官官相護，竟不惜犧牲一個清白無辜的人！

我從法庭出來，一路上碰著的外役、法警們，我向他們呼喊：「我告訴你們！

我是崔小萍，他們無憑無據，宣判我無期徒刑！」

我望見多少囚室的玻璃窗上的許多眼睛、許多憤恨的手勢，向我表達他們的不平。

冤枉啊！由此證明，被槍斃的不知有多少冤魂？坐牢幾十年，不一定犯過罪，我，就是一個證明！可是，他們把我活埋在這裡，我向何處去伸冤？他們倚仗軍事法庭是獨立審判的，所以才敢如此判決！

上帝啊！你的獨子耶穌被冤枉釘十字架時，他沒有說話，祂得到永生；我也是被冤枉的，誰幫我爭取我的清白？

回到牢房，我告訴難友們這個消息，她們被驚嚇得沒有聲音，有些人哭了！她們看見了我是被冤枉的！

這是謀殺！殺人滅口！

我用紅筆，寫了幾個大字在日記上：

二十世紀冤獄！無證據！判我無期徒刑！終生監禁！

當我在寫這段被判無期徒刑時，又是一陣急劇的咳嗽。忽然發現，每次，當我回憶起這些冤情時都會忽然一陣咳嗽！這冤情，使我在三十年之後仍會如此激動。因為流血的傷口，一旦觸及，不管在過去了多少年後，它還是一樣地刺痛流血！

一九六九年五月十五日

第二十七個接見日，我控制住自己悲憤的情緒，向K宣布法庭對我「無理」的判決，請求他一定爲我伸冤！

K怎麼想呢？

管理員扶我回牢房，我幾乎無法站立。

麟麗送來吃食，我無法接見她。

下午三時許，收到判決書。

我的辯護理由、證人對我有利之證明全不採納，認定「自白書」所寫爲全部眞實罪行，並寫明爲體諒犯罪時在年幼無知，誤入歧途，斟酌減刑，判無期徒刑！

上帝啊！否則應判我死刑嗎？判決主文是：

崔小萍意圖以非法之方法，顛覆政府而著手實行，處無期徒刑，褫奪公權終生，全部財產除配留其家屬必需生活費沒收。

眞像開玩笑，我弄不清楚是「眞」？是「假」？什麼罪我都沒犯，竟判我要「顛覆政府而著手實行」？好像我在扮演一個角色，被逼供、審訊，然後被宣判——劇終（The End），我卸妝回家睡覺……。但是，我睡在監獄裡！失掉自由！那是誰？是崔小萍嗎？怎麼會是我？我沒做過一件危害國家的事，我的言行忠貞，可是竟指定我叛亂，著手顛覆政府！我從沒這個意念，也從沒把自己「想」過是這麼厲害的人物！可是，請求改判不能勝訴的話，「終生監禁」將會是「眞」的！不是舞台上或電影裡那個被誣告的角色。

上帝啊！祢遺棄了我；我的國家，你也不愛我。生命還有什麼意義？沒有愛，沒有生命，我是時代、黑暗政治的犧牲品，未料到竟犧牲得如此沒有價值。現在，我寧願過去曾當過「一分鐘」的共產黨！如此判我，我也甘心！多麼不可思議的事——崔小萍竟因「叛亂」被判無期徒刑！可惜從我知道打日本人開始，我就是個極端的愛國者呀！現在，執法者竟罔顧法律的神聖和道德，無眞實的證據，全憑「認

定」和「演判」，判我叛國罪！

我是叛國者嗎？

我是叛國者嗎？叛國者？？？

一九六九年五月二十一日

呈遞國防部覆判局，請求覆判報告，理由後補。

我並不抱很大的希望，我只是暫時逆來順受，因爲我現在才了解官官相護的眞正內幕（我曾呈法官，報告調查局人員對我逼供的情形），我是目擊者，我是受害者，我更是「證人」！他們會讓這個「活證」活著出去嗎？太不可能了，冤案已定，冤獄也判定，只是我自己在生命和自由之間做一抉擇而已！

沒有犯罪入獄，心中沒有玷辱的回憶，因此心中純潔如昔，而且我孤獨已成習慣，並不覺太苦。只是爲K的命悲嘆，一死別，一生離，兩個愛他的女人，都如此離他而去了！

一九六九年五月二十二日

第二十八個接見日。K來告訴我，正在接洽請石美瑜律師為我辯護，我囑「蘇」，本週不要來看我，我怕她會不能忍受這使人如雷擊的惡訊！

第二十九個接見日。K來告訴我，石美瑜律師已答應接辦我的案子，與仲律師合作。

「蘇」來，淚眼模糊！我親愛的朋友啊！你怎會想到你們的小萍竟有如此悲慘的命運！

一九六九年六月二日

石美瑜律師來接見，他是個能說善道的老人，在台灣很有名，我曾在法院旁聽過他為「姚嘉荐命案」（編按：指一九五九年七月十八日，西門町武漢大旅社經理姚嘉荐上吊死亡，旅社負責人黃學文夫婦被控謀殺案）辯護，他說：「沒想到將要六十歲的人，還會為崔小萍辯護！」

他指出判決主文「著手實行」即和事實不符，按未成年人之犯罪，不能判無期

徒刑，這是法律規定的——軍事法庭「古事今判」，還可判死刑呢。我們的談話有錄音。

一九六九年六月五日

第三十個接見日。

這是一個悲慘的接見日，忍受了一年的冤氣，今天和K說話時，已無法控制，我無法呼吸，我熱淚滂沱，他楞楞地望著我，微微聽見他說：

「我記著，我會替你辦……」

D管理員扶我從凳子上站起來，我已無法抑制，高聲大哭起來——一年了，我被誣受辱，忍耐了一年，就是希望國法嚴正，還我自由，但是……我怎能不哭！手腳麻木，D扶我轉進監獄官房間暫時休息，我哭倒在他的床上，冤枉啊！

自從三十六年，在上海五月，因S和雁子絕裂後，我返回南京劇專劇團，記得是思誠在勸解我，我曾嚎啕痛哭過一次。二十餘年來，在台灣因S之前妻的精神虐待，爲了愛，忍辱偷生，我常暗自流淚，但未如此宣洩過。今天，我竟在監獄裡，

對著那些陌生人，一個親人也沒有，痛哭失聲。他們雖然同情我，知道我被判得冤枉，可是愛莫能助。我未感到終生監禁的可怕，我只感到以叛國者罪名判我，是我終生的奇恥大辱！

自從在此看守所有接見的日子以來，我從未對著K哭，有時情緒激動要流淚，總是控制住。自從和他戀愛以來，我也從未如此失態過，因爲我總爲別人著想：「不要影響別人」。因此，在牢房內，我只是暗自飲泣，以免影響別人的情緒，可是今天，我要向著我愛的人訴苦啊！訴冤啊！愛人！我是冤枉的！

一九六九年六月十二日

第三十一個接見日。

自從五月十二日宣判以後，我再沒向上帝祈禱，一個多月以來，我也沒寫日記，也沒做健身運動，吃、喝、睡，只爲維持生命暫時之存在——沒有希望、沒有明天，生命也沒意義。我只是想，儘快把做完的事做完、寫完。否則，如此被毀滅，這一生更沒意義了！

Give me liberty or give me death!

長髮爲誰剪？爲了冤獄而剪！

在監獄裡頭髮太長，沒足夠的水梳洗，我又犯氣喘，每次汗水從頭上流下來，很痛苦。因此，決心將此「六千煩惱絲」剪短。

日前向看守所長建議，爲了「體面」、「整容」，可塗口紅，不要叫家屬們目睹囚人的可憐相而更難過。所長接受了我的建議，今天請了幾個女理髮師到女監裡來，給女囚們燙頭髮，她們爲有大批的錢賺歡喜，女囚們更高興，看看自己捲的頭髮，似乎有了精神，再抹上一點口紅，臉上的笑容也好看了！

我最愛我的頭髮，從小就不許別人拉我的小辮子。如今，什麼都失掉了時，對它也不憐惜了，把剪下的長髮辮，好好地包藏起來，在紙上記著：「長髮因冤獄而剪。」這包頭髮一直寶藏至今，我且要保存到我的生命終止時。

一九六九年六月十八日

石美瑜律師，於下午來接見。

他將四川省奸黨調查表抄卷——除了名字是「崔小萍」、「入山東省立劇校活動」、「女」，其他都空白。他說：「一個犯罪證據必須是詳細的。在外國的犯罪卡有照片、有特徵、有手模，有各種詳細的紀錄，不能只因姓名相同，就認定是某人；這是不合理的。」

另外，他也抄錄調查局覆文一件，謂我在調查局所供劇本內容都是我「自認」的；但我寫的形容詞，都是和劇本內容相反的，因受逼迫，我只好把「正」的都寫成「反」的，所以石律師說：「你在每劇的注解是暗示共產黨……那就是承認犯罪了。」可是，我不加寫「暗示」等語，他們那些「人」是不會放過我的。他們竟在覆文後語稱：劇本內容侮辱總統等等，但是劇本就是證據，所演各劇都沒提到「總統」什麼事，在「清宮外史」劇本裡，光緒變法會和蔣總統扯上關係嗎？這樣的覆文，不是又罪加一等嗎？

石律師的態度給我很多鼓勵，他很敢講話，並不怕錄音；他也不怕得罪軍法官，他強調說：「在初審時，法官未詳細檢閱證據和調查事實，實在是不對！」他不像在我初審時的辯護律師仲老先生，那麼畏縮而不敢負責，對自己的當事人不敢信任，只把我的答辯書做根據去辯護，沒盡到責任。每次來和我接見，都是匆匆忙

忙，整個時間都是聽我說話，好像我是他的律師似的，敷衍的態度很使我不滿。我眞怪K，對我這樣的冤案，竟爲我請了這麼一位律師？他在庭上講話無力，語意不清楚，他太老了啊！

自己的遭遇如此，不怨天，不尤人，盡力忍受現實的折磨，當生命還存在時，我就多做點事，不是爲我自己，我的「生前」既已消逝，我之「死後」更不可知，計畫把表演藝術寫出來，寫一部自傳小說，人總是要留下點什麼，如此被冤枉，假使再一無所有地死去，就更冤。我無子女後代，能承繼這文化財產的，也只有喜愛表演藝術的學生們，其他身外之物誰都可以撿其所愛的取去，只要他們喜歡。

自從被宣判無期徒刑以後，在我的感覺上，眞像是已經「死」了。過去的，什麼都不願記起來；以後的，也不敢想要怎樣去度過。日久天長，久獄無親，沒朋友，無金錢，每天吃這種「豬食」，如何維持生之興趣？

從清晨，在地板上爬起來，吃、喝、拉、睡、讀、寫，像一切都沒經過心靈，一直弄到疲乏不堪，再倒向地板上，忽然想起：「爲什麼？」從前，寫讀研究有個希望，希望有一天出獄，我能更充實地去教授年輕的一輩，再爲國家做更多的事，按我的體力，尚可結實工作二十年！但是，現在，出獄無期，清白未被澄清，竟無

理被判極刑，再有更多的精力，更多的學問知識，又有什麼用呢？可是無望的歲月再忍，長夜漫漫，白晝無盡，時間如何苦挨？哀莫大於心死，但在生與未死之間，不得不用書本，將自己的悲痛憤恨穩住。否則，除非殺人，才能解除我一年來所受的侮辱和折磨。

我時刻在警惕自己——自己沒有犯罪，雖被判重刑，自己心上沒有罪的負擔，應該坦然地過獄中生活，公理存在，覆判局發回更審，應該平反。否則，即便改判幾年徒刑，對我來說，和「無期」也無甚分別，因爲我不能受此侮辱，活著不如死去。所以，對於徒刑，我並不重視，有時很覺可笑，怎麼我會變成個叛國者？而且竟被判無期？我的罪在哪裡？是在拍電影嗎？我是角色？還是演員？假設我的精神不健全，我會以爲自己眞正患了精神分裂症！可是，事實上，卻眞像人格已被分裂，他們所判的是崔小萍，和現在的崔小萍所作所爲，完全相反，判決書上謂我的「言行正常，固屬實情……但仍不能脫其罪責……」寫那些胡說八道的自白書的崔小萍是哪一個呢？我沈默，我實在弄不清楚孰是孰非了！整天不言語，我在思索。

一九六九年六月十九日

今天是端午節，吃粽子的節日。去年今天，我在羅蘭家裡吃晚飯、看電視，永丹回來時又喝了些啤酒，很晚回宿舍，羅蘭給我包了幾個粽子，讓我「明天」繼續過端午節。老朋友見面，聊得很快樂，我並沒告訴他們，調查局已約我「談過話」的事。我的心情放鬆，也不感覺有什麼嚴重，哪想到，竟被判無期！即使一個眞正的共產黨員，案情不嚴重的話，我想頂多判個十幾年，如果他不被酷刑致死的話，還會活著出獄。可是，對於我，如此簡單的案情，有一半還是調查員自編的，全憑假自白，不根據證據，全憑軍事法庭的獨斷獨行，專橫無理，糊塗判斷，不惜犧牲一個無辜的藝術工作者，把我在台灣二十幾年，在電影、戲劇藝術、廣播藝術各方面的建樹，完全抹煞，寧願去香港爭取那些眞正的共產黨員到台灣來，作爲「政治號召」，而把在台灣眞正愛國的藝術工作者，隨便誣害判罪。這是什麼政策！我爲自己的遭遇想，我更爲國家悲，由這些害群之馬胡作非爲，殘殺良民，會給台灣種下不良的後果，遺害無窮！

帶回來的粽子放在冰箱裡，調查人員去抄了家，不曉得他們把粽子帶走了沒有？羅蘭、永丹夫婦不會曉得，那天晚上的聚餐是我「最後的晚餐」呢！

監獄裡，今天加菜，也有粽子，胃口缺缺。

今天也是接見日，K沒有來，倒是好友蘇帶了菜和粽子來跟我面會。

夜裡醒來，像是在「做夢」，好像我在演一個「角色」，我用想像孕育創造了一個叛國者，被判無期徒刑，但是奇怪的是，「監獄」這一場景，導演卻不喊「卡」！每次從惡夢中呼喊著醒來，看見的，仍是獄房無情的石灰牆、昏黃的日光燈，感覺到的是死寂的空氣，不時有被逼迫成精神病的囚人在漆黑裡的呼叫聲，從樓下傳上來，……崔小萍所飾演的叛國者，仍像狗似地蜷臥在地鋪上，蓬亂的頭髮、失神的眼睛！是演戲嗎？可惡的導演，早應該喊「卡」，讓我卸妝回家，洗澡睡覺。我懷疑我所研究的「表演方法」——法國導演Canqueir的「雙重自我」，都在我身心上活動著，或者，我眞患了精神分裂症了？

屈原，有誰記得他爲何而死？《九歌》、《離騷》、《哀郢》，爲詩而詩？汨羅江水有知，應爲此無罪被放逐的老人而泣！

寫信的內容很難伸縮，不可以寫「無罪」，不能寫「被冤枉」，可又能寫我坐冤獄，生活得很「幸福」？「快樂」？除非我眞瘋了。

K來，我請他和律師聯絡，請他……，除了這些話，我不知道再做什麼？什麼

吃的、喝的，對我都無意義，很想抱他一下、親他一下，人生幸福，也就如此滿足。除非他親吻我的屍體，在我有知覺的時候，我無法再觸摸到他了。記得有一個國王說：「只要我嚐到一點蜜，我情願死去。」

我這不幸的人，竟然未嘗到一點人生的蜜，就這樣被毀滅，實在太悲哀！人有許多後悔的事，我後悔，沒有對我愛的人付出最大的愛。我也寬恕那些迫害我的人，因爲他們的罪行是可憎的，但他們也是被憐憫的小人物。在神的面前，他們會得到相等的論斷，只是時間遲早的問題，因爲「殺人者，恆被殺之」。

心情煩躁，將精神寄託在書中，近看《唐宋八大家》文集，證實我過去所寫的一首歪詩中一句「忠貞常是獄中人」是不假的，韓愈（退之）、柳宗元、蘇洵、蘇軾、蘇轍……，這些敢上諫皇帝、敢寫敢爲的文人學士，不是被貶、被流放，就是被冤入獄，但他們都曾爲國忠心耿耿，但奸臣當道，不容於朝廷，他們文雖載道，留芳後世，但在當時都是吃了不少苦，讀他們寫的「表」、「疏」，眞是罵得痛快淋漓，一針見血。現代所謂言論自由，但在「自由中國」絕對找不到這類的文章了，即使有敢寫的人，最後的「歸宿」也一定會在監獄中終其一生。

自從牢房裝了無線電喇叭以後，從起床到睡覺，每日三餐都有音樂伴奏，於是在這兒什麼粗茶（沒茶）淡飯，因爲聽著音樂，也就糊里糊塗地嚥下去，不知其味，但是播放的唱片老舊，噪音難忍，假使在此被禁十幾年，我不知是何心情，我情願被殺！

❖

據說有一個颱風來了，不知何名，風雨從高窗縫隙裡吹打進來，我站在高台上的馬桶上，將臉迎向窗戶，使擊落在窗上的雨水灑在我的臉上，好舒服，涼涼的，冷冷的，這是大自然的賜與。我把頭髮散開，讓風使這頭腦冷卻：「生前」（我願意用「生前」二字，比喻我的「過去」，因爲過去已在我入獄後死亡），我愛在風雨裡奔走，因爲我感到那是會給我一種新的人生啓示。住在劍潭里時（初任職中廣公司，在外租房居住），我曾孤獨地撐一把傘，在中正橋上瀏覽夜的雨景，那時是我的事業剛剛開始，我剛離開在花蓮的「家」，四十一年五月來台北中廣公司工作。

我獨自住在台北，經常在下班後，在淒風冷雨的夜裡回到那間一百五十元租金的小屋裡，我沒覺苦和害怕，我感到幸福，因爲那時我有愛，我有理想，我像乍離

開「家」的枷鎖的小鳥，自由世界可讓我自由飛翔，只要我有能力飛得動，我就振翅高飛。十幾年的努力，終於讓我飛上高枝，築好了美麗的巢。但是，十六年的努力，竟被廢於一旦——廢於那些禍國殃民的奸佞之手，我現在被禁閉在這個獸籠裡，連接觸風雨的權利都被禁止，殘忍啊！

晚上的音樂，突然播放舒伯特的「聖母頌」和舒曼的「小夜曲」，躺在地鋪上，閉上眼睛聽，彷彿回到了生前的時光，睜開淚水朦朧的雙眼，望見的都是無情的、白色的獄牆，多麼諷刺！

一九六九年八月一日

臨時通知「散步」（放封），每個人都很興奮，像是去郊外遠足，嘰嘰喳喳似出籠的小鳥，整裝打扮，活蹦亂跳，忽然年輕了幾十歲——在監獄裡被囚的人，都好像回到童年，變得很幼稚，失去一切慾念和智慧，回到嬰兒時期，只有「本能」尚存。

在男押房，有個年輕的聲音喊出來：「廣播劇，崔小萍導演！」

我聳聳肩，擺擺手，對著那個聲音笑了笑，算是答禮吧？這段廣播劇的前奏。在空中曾飛揚了十六年之久，他們不會忘記這個名字，在這兒（監獄），有我好多好多聽眾和觀眾。去醫務所看病時，有些外役跟我打招呼，我只有跟他們點頭微笑，在這兒，他們才得看見崔小萍一面，可也不是在自由世界裡那位崔導演了。

寫給史直老伯的信，又遭退回，批示是「言詞欠妥」，如何欠妥？我的信是這樣的寫的：

伯父母親鑑：

苦獄難度，姪在此竟然也一年有餘了，每日將時間埋葬於古書中，使靈塊升天，以治療現實之折磨。久未寫信給二老，是免使二老爲我懸心。大劫於我，生命雖被摧殘，但無污於我之靈魂，因我無愧於國法，天地良心，善良、清白、忠貞是我之爲人，想二老知我之深，不以姪入獄爲恥！

仰法夫婦如去高雄居住，相見更難矣，毛弟媳已生產否？念念。

伯父仍去碧潭游泳否？願二老能常賜教言，以解獄中苦寂。敬請

福安

姪

小萍敬上　於獄中

五八．七．二八颱風聲中

這是言語欠妥嗎？不能強迫我吞下毒藥，在我痛絞心肺時再讚美毒藥香甜可口吧？還感謝劊子手手段高超吧？

法官啊！你們有「心」嗎？你能擔保你的後代子孫不會被冤誣嗎？記住，你如何裁判人，你也被如何裁判。輕易給人重刑裁判，還怕消息外露嗎？當你們年老時，如何面對你的兒孫？你敢對著神，說你的裁判正確，沒冤枉人？你不敢！你們會「良心」受責，會得精神錯亂，多少冤魂會追著你不放，你的魂不得安靜，你們的「家」，也會像我們被冤誣的人一樣——家破人亡！這不是我詛咒你們，而是神對你們的懲罰，你無處逃避！

記語在此，仍然本著神的愛，願你們平安走完你們執法的歲月吧！

一九六九年八月五日

這眞是壞消息中，天大的好消息！

原判決撤銷，發回台灣警備司令部更爲審理。

從昨夜開始，我開始寫一個中篇，以我的狗「苔莉」爲主，刪去一個段落，忽然從「狗洞」裡丟進一個文件，D管理員還喊得樂哈樂哈，我以爲是M的判決無罪，正爲她高興，D卻讓我簽收！啊！是我的判決書，是我覆判的判決書！

「原判撤銷，發回更審！」

這消息一宣布，全女監的牢房中歡呼一片，鼓掌、叫崔阿姨、喊崔小萍恭喜之聲不絕。D管理員打開牢房門向我賀喜，站立在她背後的幾位外役向我賀喜，小鬼阿英跟著叫我請客，當時便請她負責向福利社訂購大批皮蛋（在這裡吃不沾醬油的皮蛋，說是營養），請全女監的難友們吃——樓下男牢房的也傳上來聲音：「恭喜！」在監獄裡，有人判死刑、無期徒刑，卻少有能得到撤銷原判、發回更審的，無論是相識或不相識的難友，都會爲這種改判歡呼！我能得到覆判更審的機會，冤屈得

伸，不會永遠埋在這裡了，M和我相擁而泣！我將判決書簡單記下來：

國防部判決，五十八年覆普繕字第〇九三號

聲請人即被告　崔小萍

選任辯護人　石美瑜律師　仲兆福律師

右聲請人即被告因判亂一案，經台灣警備總司令部，中華民國五十八年四月二十五日初審判決，依職權送請覆判，並據被告聲請覆判，本部判決如左：

主文

原判決撤銷，發回台灣警備總司令部更爲審理。

一、原判主文事實理由及適用法條

(初審判決書例舉罪名)被告及辯護意旨在審理中所稱……均不足採信，分別予以指駁，爰依「懲治叛亂條例」第二條第一項、第八條第一項，刑法第五十九條、第三十七條第一項判處首揭罪刑。

二、聲請覆判意旨

㈠聲請人既非現行犯，調查局竟先逮捕審問，更以威脅、詐欺手段迫供自白。

㈡聲請人在六中時學名「崔玉蘭」，有同學可證，迭次請求向教育部調卷查證，原審皆均置而不問。

㈢話劇「清宮外史」、「雷雨」、「續弦夫人」、「萬世師表」劇本內容，均經政府主管官署審查合格，准予公演，有政府當時各級主管官員可證，原審對此有利於被告之重要證明，未予調查，顯非公允云云，資以指摘原判決爲不當。

三、覆判理由及適用法條。

查原判論處被告罪刑，因非無據，惟按當事人聲請法院調查之證據，法院認爲不必要者，因得依刑事訴訟法第一百七十二條裁定駁回之，但如未經駁回，亦未予以調查，又未於判決書內說明不予調查之理由，其訴訟程序，即屬違背法令。本件聲請人即被告崔小萍及原審辯護人，於審判日前及審判期日，當庭均謂其在六中讀書時，係以崔玉蘭爲學名，四川省調查室調查表所載奸黨份子崔小萍非其本人，請求調查人證莊紉琚、喬文采，及向教育部調卷查證一節（見審理卷第十三、六十四、六十八、一百一十三、一百四十三、一百八十九等頁）原審對此與認定事實有關且非不能調查之證據，既未爲之調查，又未以裁定駁回其聲請或於判決理由內，加以說明。參照前開說明，其訴訟程序自屬不合，遽予定罪，難期折服，應認有撤

銷原判之原因，聲請暨辯護意旨就此指摘，非無理由，合將原判決撤銷，發回更審，期臻翔實。

基上論緒，合依軍事審判法第二百零八條第一項但書判決如主文。

中華民國五十八年七月二日

國防部普通覆判庭

審判長　李明章

審判官　黃述政　朱文溥

中華民國五十八年七月二十三日

本件證明與原本無異

書記官　余錫聰

希望在明天。上帝，請幫助無罪的人，儘速恢復她的清白！

一九六九年八月九日

上午，賀管理員忽然開了牢門叫我出去，說黃輔導官找我有事，他就在女監獄鐵門的走廊裡等我。這位輔導官是幹校七屆本科畢業生，我在教影劇科時，他還在北投讀書。他一開始問我最近好不好，並恭喜我得到撤銷原判更審的機會，最後說到正題──所內有一份簡報，和晨話、夜話要錄音，請我幫忙：「因爲怕你正在用腦筋，不敢來打擾你。」

「反正打官司，也就是那麼點『小』事，寫來寫去，也沒新發展，既然得到更審，也就『照舊答辯』，沒什麼傷腦筋的了。在播音方面，要我做的，隨時通知我──閒著也是閒著，不是嗎？」

「總部有幾位同學，要來看崔老師……」

「請代我謝謝他們！」

❖

又要大清潔，擦洗門窗，據說又有什麼人來參觀──又不是動物園，有什麼好參觀的？像我們這些無罪入獄的人，已經冤枉透頂，怎忍受擺在獸籠裡再供人欣

賞、指指點點？從前我曾去參觀過刑警隊監獄、愛國東路監獄、桃園大溪模範監獄，是和女作家協會的許多朋友們一起去的，當時只想到是社會觀摩，了解監獄情況和犯人的神情，作爲個人寫作和表演的資料，並沒想到被囚人被人「看」的厭惡心情，所以當時只奇怪，他們爲什麼都用「背影」對待我們？如今，自己身處此境，才了解那種被人看見面目的難堪！因此，每有參觀的人來，我們都背對著那個兩吋長方、可輻射的小窗口，他們看不見我們的臉。雖然我們是被冤枉的，誰能知道？你現在坐牢卻是事實！

記得有一次，說是政大的學生來參觀，聽著他們鬧嚷嚷地說：「崔小萍！崔小萍在哪一間？」

我躲在牢房那邊，他們看不到我，他們看見M背對著窗口：「是她嗎？她是崔小萍嗎？」

他們沒見過崔小萍的眞面目，他們只知道她的名字，我很想大喊：「我冤枉啊！」按下我的衝動，沒做出這麼「無聊」的舉動，那會使帶頭參觀的監獄官手足無措，對著那些學政治的大學生喊冤，有什麼用呢？只能做他們談話的資料而已。

晚上十時，臧監獄官來請我，說是錄音，我已一年多未對 mic 說過話，嗓子生

銹，好在是試音，他們讓我聽在四十五年白銀爲他們錄的帶子，他們不知道白銀是我主考她進中廣公司工作的，她現在已經是有房產、有兒子、有積蓄的美滿家庭了，當然不會再想到崔小萍是何許人了。

一九六九年八月十一日

上午將錄音稿送來，約定晚上正式錄音。

雖然是很簡單的報告稿，我還是查閱字典，好好準備。從前在中廣，像這樣的生意（外邊請錄音，有一百元的報酬），我都介紹其他的播音員。沒想到，在冤獄還被邀做這樣的工作，也好，藉此練練聲音，國語發音，好久不接觸麥克風，竟然會緊張地「痰堵門兒」。

晚上黃輔導官來接我，因爲他白天沒時間，他介紹那一位錄音師馬先生，說他是經濟部專員，東北人，只因俄國人接收東北時，他是學經濟的，曾在一訓練班住過一個月後逃出來——現在被判五年徒刑，已被關了兩年多——其人瘦小，頗像日本人，他是今晚負責日語錄音的。

那位愛監視女囚的D管理員要來「看錄音」，被所長請出去，要「清場」，她很不高興。

錄日語時，已過了十一點半，陶幹事送我回牢房，夜晚的空氣新鮮清涼，監獄裡的花牆走廊、獄窗中的燈光，襯著黑色的天空，顯得很美，假使我來參觀，我將讚美他們的設計很藝術，如今，我卻怨恨，是這些花牆阻隔了我的光明，剝奪了我的自由；是因為不平的裁判，才使我連看夜景的權利都沒有了啊！

監中，靜靜的，都睡了，只有幾個外役和賀管理員在等我回來。開了六十號牢房的鎖，又將我暫時的自由囚禁。嘩啦啦地開關牢門的鎖聲我已習慣了，不再覺得刺激。M一覺醒來，說她突然感到淒涼！「吳」出獄了，現在只有我們倆同住，我不在房內，剩她一個人，在青色的日光燈下，是會感到更孤獨淒涼的。

❖

一早整理，等待參觀。

石美瑜律師突來接見，很感高興，他將他的申請覆判之答辯書分析給我聽，有關四川省奸黨調查表、被違法羈押逼供、觀眾劇團演出各劇本、劉厚生報紙認定之

身分等，都有精闢意見，感人有力，不禁使我又泫然淚下也。

他告訴我已見過林紫貴（三十六年時的新聞處長）正害肝癌，希望審判快，否則，鈕先銘（前警總司令）、魏道明（前台灣省主席）都是六十幾歲的人了，恐怕不定在何時會撒手西歸。

但在他的暗示裡，更審不會無罪釋放，不管冤不冤，總要有幾年的牢獄之災，這是他爲此等案件辯護之經驗談。按我在此的觀察，假設判人無罪釋放出獄，這裡這些「高明」的軍法官，都得回家抱老婆孩子去了，否則怎顯得「軍法之嚴厲」！

一九六九年八月二十二日

接到石美瑜律師信及覆判辯護狀二份。

小萍女士賜鑑：速章大函，均已言悉，尊案經研全卷，顯有冤情，既蒙上峰發回更審，伸雪可期。拙擬覆判辯護狀，可供更審參考，希詳細研之。世事虛幻，本如泡影；又似戲劇，倘能善養正氣，身處縲絏，猶居仙府，未知卓見爲然否？專肅

順頌

文祺

律師　石美瑜釋　五十八年元月十八日

感謝他的解嘲，我雖然善養正氣，但處此冤獄生活，惜非仙府，若不是理智控制，和有自由的希望支持，想我早已離此而進天堂了。

石律師的辯護狀：

軍法覆判辯護書狀　五十八年度普字第〇九三號

被告崔小萍　四十七歲山東人　業中廣公司導播

住台北市仁愛路三段五十三號

辯護人石美瑜律師事務所　台北市羅斯福路二段七號之四

爲五十八年度普字第〇九三號，崔小萍叛亂嫌疑覆判一案，恭陳辯護要旨如次：

一、按愼刑恤獄，明辨是非，期毋枉縱，爲我　總統在歷居司法節剴切昭示，尤在反攻聖戰前夕，明令修正刑事訟訴法，除增設第一百六十一條，律檢察官以舉證責任外並在第一百五十六條，第一項硬性規定：「違法羈押被告之自白，不得採爲證據。又於同條第二項明文規定：「被告之自白，不得作爲有罪判決之唯一證據，仍應調查其他必要之證據，以察其是否與事實相符。」核與軍事審判法第一百六十八條之規定若合符節，探求立法眞諦，洵足表徵我元首刑期無刑與民更始之至意。

原判認定：「被告崔小萍意圖以非法之方法顚覆政府而著手實行。」處以無期徒刑，無非以該被告在調查局違法羈押，且以不正方法取得之自白，爲判決基礎，顯屬有違採證法則，所謂：「四川省奸黨份子調查表」，沒有照片，並無原本可稽，揆諸證據法則，已無採取價值，況其中所載「崔小萍」三字，並無證明年齡、籍貫、相貌、特徵等項，查同名同姓者甚夥，於法自不能憑諸臆測推斷即係本案被告崔小萍，且據被告在原審狀述其在四川德陽國立第六中學第二分校肄業時，學名爲崔玉蘭，並迭次請求原審逕向教育部查證（見原審卷宗第十三頁及二百一十頁），茲原審未盡調查能事，率予判決，繩被告以重典，殊屬違反刑事訴訟法第二條之規定，況所謂「奸黨」究係指「漢奸」抑「共匪」，或其他黨派？無從斷言，

原判率認爲「共匪」併嫌無據。

二、按我政府對於話劇電影等劇本，審查極爲嚴格，如發現有違反國策或善良風俗者，均在禁演之列。被告崔小萍於民國三十六年間，在台灣「觀眾劇團」公演之話劇「清宮外史」、「雷雨」、「續弦夫人」，「萬世師表」擔任演員，上開劇本業經我政府主管官署審查合格准予公演，有前台灣省警備司令鈕先銘；前台灣省新聞處長林紫貴，暨前台灣省主席魏道明可以證明。各該官員現均在台，不難傳證，原審對此項有利於被告之重要人證未予調查，僅憑司調局及政戰部審查劇本人員之主觀意見，遽認各該劇本均屬左傾，因繩被告崔小萍「爲匪宣傳」之罪，殊欠公允，蓋果如所云，則當時核准公演之官員、鈕先銘、林紫貴、魏道明等均將成爲共犯，天下寧有斯理？矧就客觀立場，探究上開劇本內容：

(一)「清宮外史」，係敘述清光緒二十四年，德宗帝起用康有爲、梁啓超等實行新政，經袁世凱等向慈禧太后告密，指德宗兵圍頤和園，謀弒太后，因之新政失敗，德宗遭幽禁，由慈禧臨朝，誅殺新黨六君子，後世稱爲戊戌政變。劇中強調中山先生之國民革命已近成功階段，純屬描寫清末暴政，已燃起我國民革命火炬，顯係爲我三民主義宣傳，原判竟認係「爲共匪宣傳」，誠百索莫解？

（二）「雷雨」，係描述一舊式家庭，愛情婚姻因果報應之悲劇，純屬文藝巨構，毫無政治色彩，不能僅以作者曹禺變節投匪，遽認該文藝作品亦因之而變爲共匪劇本。

（三）「續弦夫人」，係由英國十九世紀戲劇作家巴蕾（J. M. Barrie）名著翻譯之劇本，內容敘述一年輕的婦女嫁一老翁後，發現老翁之子即係遺棄自己之舊情人，因此羞憤自殺。純係反映我國知恥自律之固有道德，與共匪毀滅倫常，恬不知恥者迥異，絕非左傾劇本。

（四）「萬世師表」，係敘述在中日戰爭中，一大學教授力主將學校遷移後方，以保持元氣，奸佞之輩從中破壞，欲將校產獻給日人。教授乃率忠貞人士長途拔涉，奔向後方，重建學校，爲後人所景仰。劇情純爲描述忠貞教育家，響應我總統救國之號召，不畏強權，不避辛勞，達成保持我國固有文化之任務，純爲我民族主義發揚光大而宣傳。原判認係「爲共匪宣傳」，殊嫌曲解，何足以昭折服？

三、查梁紹和所撰〈我對崔小萍姐妹的了解〉一文，其中僅記載梁紹和與被告兄姐結識經過情形，描述崔小萍當時年方十二、三歲，文中並無隻字半句足以證明被告崔小萍有參加匪黨情事，原判引用該文之照片，作被告犯罪證據，殊嫌牽強附

會。又按採證經驗法則，報紙登載之文字，恆有傳失實，不足採爲犯罪證據。原判認定主持觀眾劇團之劉厚生係共匪文藝幹員，無非以三十八年七月十五日香港《大公報》之登載爲根據，此項報紙傳聞記載，是否可以採信，固屬疑問，且既令屬實，亦僅能證明劉厚生係於三十八年變節投匪，其於三十六年在台主持「觀眾劇團」時，即非匪諜，而其所公演之「清宮外史」，揭露清末暴政燃起我國民革命之火炬。「萬世師表」，描述忠貞教授如何爲保持我國固有文化而抗日救國，均爲三民主義而宣傳。「雷雨」、「續弦夫人」兩劇，爲純文藝作品，具有因果報應，知恥自律之教育含義。被告崔小萍在各該名劇擔任演員，因演技高超，深獲好評，嗣服務於中廣公司、政工幹校、國立藝專、省立女中，二十餘載於茲，均以反共宣傳爲職責，並著有「重逢」、「勇士之家」、「歸來」等反共劇本出版，忠貞言行，隨時可見、可查、可聽、可讀，堪稱我復興基地之著名反共藝人，不蒙獎勵，反以莫須有之「著手實行顚覆政府」罪名相繩，處以終生監禁，並在判詞內指摘崔小萍二十餘年來，在歷任反共政工之要職，言行正常，著有反共劇本多冊，均屬「故作姿態」。殊嫌憑空臆斷，有違採證法則，親痛仇快，殊引爲憾！

四、讀崔小萍自撰之「聲請覆判理由」，冤情畢露，一字一淚，無一句不中肯

竅，爰引用之，作辯護要旨之補充。

五、綜上縷陳，被告崔小萍屬無辜，冤海茫茫，端賴　鈞庭高懸秦鏡，賜予撤銷原判，另爲無罪之判決，或發回更審，以期伸雪，而勵忠貞。

謹狀

國防部軍法覆判庭公鑑

中華民國五十八年六月二十四日

具狀人　崔小萍辯護人律師石美瑜

看完這篇辯護狀，可明瞭我全部冤情，和初審庭以成見兒戲的態度，和我對其檢察官嚴春輝舉證錯誤，違法起訴而惱羞成怒，將我判以無期徒刑之重刑，以根絕我之上訴，及掩飾他們裁判的錯誤。

重抄寫這篇律師石美瑜請求更審的辯護狀時，我已年屆八旬，對於當年我四十七歲時之誤判，仍然會激動不已。想起軍事法官孟廷杰在問案時心不在焉的態度，抓耳腮，望著庭外人嬉笑，用眼睛打招呼，誰在聽你聲淚俱下，為自己冤情的辯護啊？

❖

坐在四包衛生紙上，伏在人家福利社裝味全的大紙箱上，再寫更審庭的答辯書——伸冤大狀，不知已經寫過幾萬字了，也沒稿費，十行紙、原子筆自備。屁股兩塊突出部分又結了疤，而且感覺痛；兩眼也發現模糊，黑雲飛舞。神啊！讓我健健康康地寫完這些爛帳吧！

在監獄裡，睜開眼所碰上的就是「門」，一重重的門，牢房裡是不透風的鐵門，走廊裡是有鐵柱的門，走廊外是鐵板門，再碰到的是電動鐵門……，被包圍在這麼多的鐵門裡，不怕外力侵襲，也不怕風吹地震，說起來除了恐懼隨便被判罪的危險外，實在是安全之至。食無隔宿，身無長物，更不怕被偷盜，假設是「認命」的話，吃喝不愁，不工作，睡覺聊天，更有多的時間看書，如此被關閉，也能隨遇而安，舒服地過它「一生」。

將生命自由全認爲從不屬於自己，而把應該屬於自己的一切置之度外，眞會覺得監獄是個修身養性的好地方。住慣了監獄的人，還眞怕出獄後無法適應現實環境，像我現在被關了僅僅一年多，已感覺到「沒責任可負」，實在是件很快樂的

事！有事，讓別人去傷腦筋，他做得好與壞，你只要冷眼旁觀，見死不救落得清閒，何必渾身披掛責任？又何必有「人溺己溺」之心？又何必「老吾老以及人之老」、「幼吾幼以及人之幼」？又何必「以天下之樂而樂」？過去是否太傻？太不精明？可是，只爲自己活著的人，他的生命對他有什麼意義？對這個世界又有何意義？冤獄，會改變我對生命的看法嗎？

一九七〇年三月

今天下午「散步」時，穿了裙子未穿長襪，上身穿了件絨布的夾克，覺得一身輕鬆，有的難友已經換上夏裝，未免太敏感，我才覺得是春天，他們已經過夏天了。遮藏了一冬天的雙腿，剛剛顯露出來，是那麼白，簡直像洋人了。有一架飛機凌空而過，我舉起雙臂招呼它：「帶我去吧！讓我自由吧！」我犯了什麼罪？要命定我在這個小圈子裡每天打轉？望著飛機飛越，愈飛愈遠。我頹然低下頭來，唉！自由啊？春天啊！愛人啊！何時才是屬於我的？

給海音寫信，祝賀新春，暗示她記者沈元嫜之死（她的女兒小嫜是我藝專的學

生），死得冤枉！因爲只有身受其害的人，才會徹底明白被誣告的不幸，和被冤枉的痛苦。

雖然，三月是春天，但是寒冷。

又接一份裁定書：「查本案被告崔小萍，前經本部執行羈押，至民國五十九年三月四日，第三次羈押期間屆滿，茲本部認爲尚有羈押之必要，應予延長二月。」

元月二十七日的審理庭，不了了之，律師不來接見，愛人不來面會，在這裡的羈押，即便再兩個月，再兩個月，已經是兩年多了，再押下去，又有什麼要緊？這種「行文」，對於一個不自由的人，對她的說明，有什麼痛癢？

打官司，生命的存在，愛情的有無，似乎對我都是沒什麼重要關係，我現在只想趁此我「尙存在」時，寫一點有價値的文章，坐冤獄也不無代價。人生自古誰無死，能留青史照汗青，死而無憾，也就「是」了。

十三日星期五，不吉祥的日子，那是「第一個」也是「最後」的一個，復活了，我，什麼時候，從這個水泥墓穴中飛出去？飛向自由的天空？

有友人來接見，說些自由世界的事，使我嚮往，使我痛恨誣害我者陷我於不義。無人來，使我悲傷友情喪失，回憶友愛的快樂，彌補空白的時刻。

等待的焦灼，已經變成麻木了，我應該對愛人的變心絕望，但在未能證實他已負心之前，我還擔心他的平安和健康。有些朋友不方便來探監，以為他在照顧我，我的律師費、所有花用，是他在供給我……。其實，我被捕前留給他的二十幾萬元，足夠我的訴訟費和花用。當我在工作時所賺的錢近二十幾萬，也都被他取用——我工作多，無時間去花用，他都替我去消費，他的債、他的家、他孩子的教育費……如今，他竟不來看我這個受難人，眞是太絕情了。在我所交往的男朋友中，還找不出像他這樣的人物。

我想，這是一個很使人思索的問題。

從早到下午，我等待有人來會面——接見時間已過，忽然叫我簽收——僅僅一盒牛肉乾。來人是K君，但時間已過，他人放下東西就走了。這是什麼意思？曉得登記時間，過了四時才來，丟下一點牛肉乾，算是來看過我了。是忙？沒有多餘的時間給我？還是不願意跟我會面？我這個愛情的傻瓜，也是看透這是什麼手法了。我曾為了愛，遠渡重洋，變得無親無故，流浪在台灣；我曾為了愛，在花蓮近七級的大地震中，把所愛的搬移到空地上，從搖擺的街道上去看愛人知己朋友的妻是否被房屋壓傷，沒有懼怕，只想到他是我所愛的，我犧牲自己的生命在所不惜……何

況，我如今身陷縲絏，冤案無力挽回時，這一個我所愛的人，竟如此對待我！往日的恩情竟然不顧，看在過去我對他整個家的幫助，也該給我一點點溫情！

如今，我已被世俗鍛鍊得聰明一點了，所以漸漸參透K君這樣的「表態」，到今天，到今年四十八歲時，才徹悟愛不能解決一切。但是，我也不後悔我所付出的，想想別人的「好處」，對自己是一種安慰，尤其是自己被關閉在冤獄中，即便是愛心如焚，K也許會恥笑我太不自重，彼時此時為何不多用用頭腦思量。我對他已無利用的價值，他已不用靠我扶持他，他如為我焦急傷心，他一定自認他才是傻瓜呢！

一陣春雨過後，又晴了天，在院中放封，但春寒料峭，望著親切盼望的囚人們，畫十字，感到一陣傷痛，我們同是被冤枉的呀！

在我冤獄三十年後，中廣公司重播我四十幾年前所製導的廣播劇，名為「崔小萍風華再現」。我留在台北時，忽接一封「崔小萍啓」的打字信，由中廣轉來，是K君第三個兒子從倫敦寄來的，指責我出獄後出版的《崔小萍獄中記》是片面之詞，對他父親不公平，並説他父親做了紅燒牛肉給我送牢飯，使他們兒女饞涎欲滴而不得吃……。當年他很小，他不明白當年他父親是用我所有的錢去支付他家所有的開

支。他小時候那架照相機，不是我的錢買的嗎？使他現在外國做了新聞攝影記者，他沒想到「崔阿姨」對他們的好，還來信抱怨，三、四十幾年的恩怨，我本不想在這兒寫出，但是，這樣的指責對我是公平的嗎？他這封信的日期是一九九九年三月十日。

❖

看守所圖書室整理了半年時間，昨天重新開放，而且有了借書證。我借到過去屢借沒有的《齊瓦哥醫生》一書。好多年前，曾看過美國拍攝的彩色長片，因爲在台灣上演，修剪的部分太多，所以印象零亂，現在看書才知道該書作者波里斯·巴斯特納克（Beris Pasternak, 1890-1960），他是由幾個主人翁的幼年寫起：從帝俄時期的統治，進到紅色統治的迷茫、混亂，希望的破滅、逃避……。因此我在看電影時，對於那些人物和幼年關係被剪掉，而不能了解他們的情感是如何發展的。這本名著在一九五八年得到諾貝爾文學獎，被蘇俄當局禁止作者領取獎金，譴責他是賣國賊，指稱他的小說是毀謗。當一九五八年十月二十三日，瑞典科學院通知巴斯特納克得獎的消息時，他在回電中曾以六個英文字：「無限的感謝、感動、驕傲、慚

愧」，來表示他衷心的感謝。當西方記者訪問他時，他說他的得獎是一種「寂寞的歡欣」，獎金使他「負起一種新的任務、新的責任」。他又說：「我相信我所寫的一切，我所生活過一段時間，我都可以做見證。」

而且他也料到將引起政治上的風暴，勇敢地說：「我已老了，最不幸的遭遇也不過是死！」他懷疑十月革命會有什麼必要和價值：「在革命時，生活彷彿中斷了，個人的一切都不存在了，世界上除了屠殺、死亡之外，什麼活動都停頓了……。」

巴斯特納克在一九六〇年五月三十日因肺癌與世長辭。

教育部資料查出，證實我在國立六中讀書時，名字是「崔玉蘭」，不是「崔小萍」，推翻四川奸黨調查表上的僞證！石美瑜律師來告訴我這個好消息，也是我的幸運，事隔三十幾年，教育部竟保存了這份學生檔案，眞是感謝上帝憐憫我，否則如何打倒那張發黃的調查表！由此也證明調查局威脅莊氏姐妹，竟不承認我在學校的名字是「崔玉蘭」。石律師告訴我，不要樂觀，因爲法庭的「看法」、「判罪角度」沒有準繩，只要自己清白無辜，冤獄又不是爲我一個人獨享的。石律師說話很幽默，我也明白他的苦心，他還是軍法處的法律顧問呢！他又說：「律師只能替受冤

人辯護，只有法官有權裁判！」

他怕我因此樂觀，最後受到的打擊更嚴重，我告訴他說：「既不樂觀，也不悲觀，看透了眞理敵不過謊言，一切平靜，安心。」

室友M聽到這個消息，跪在地板上磕了三個響頭：「崔小萍啊！我日夜爲你祈禱，能查出你這個崔玉蘭的名字啊！」

我倆都哭了，激動得很。親愛的朋友啊！只有我們相互知道我們的冤情，更清楚法官被X方牽制，受壓力，使我們的一切辯白都不被採納，除了忍受生命被磨損，我們還有什麼希望？我們的國家呀，怎不爲她悲痛！

一九七〇年五月八日．審理庭

我，一點也沒緊張，老角色、老劇本，準備用重演一次——審理庭，通知今天上午開庭。

每次出庭都落雨，上帝似爲我的冤枉落淚。

按程序先開調查庭，石美瑜律師到庭，兩個大孩子法官在公堂上裝模作樣地審

問、寫，老問題、老答案，也許還是老結果——石律師和我都預料到結果，有什麼公平呢？這些孩子懂什麼？經驗？常識？歷史？社會背景？時代？他們在大陸出生，在台灣受教育，竟問我：「八百壯士是共產黨嗎？」眞是讓人笑掉大牙！當年對日抗戰，在上海死守四行倉庫的八百個英勇將士，在「自由中國台灣」軍法官的嘴裡，竟變成了共產黨！調查局的人員，把所有過去的抗日宣傳都誣指「爲匪活動」，還有什麼「理」可辯護？

審訊完畢，他們要吃午飯，叫我下午去看筆錄——這位孩子書記官記得文不成句，把我當時回答得扼要有力的供詞，記得驢頭不對馬嘴，但他也是「官」，只有根據他寫的詞句修改成我的意思，很費了些時間——這是「口供」，不仔細審閱措詞，日後就會變成「罪證」之一了。

法官仍然只問不利於被告的一切，有利於我的什麼也沒提。石律師說：「這是一台戲，我扮演辯護人，你扮演犯人，他們編的結局是他們把握著的！」

唉！語重心長。

早晨，仍然讀《聖經》和《荒漠甘泉》。

「見天上有門開了。」（〈啓示錄〉第四章第一節）

我忍耐祈禱，上帝顯示了祂的愛，讓我獲得三十年前我在六中讀書時，是「崔玉蘭」這個名字，證明了那張所謂四川省奸黨調查表，名字不對。

「我呼叫他，他都不回答。」（〈雅歌〉第五章第六節）

神常常喜歡在賜給我們信心以後，用遲延的方法來試煉我們的信心。我有信心，因爲我沒犯罪，不管在多少年後，自由中國不滅亡，社會有正義，我的冤案終要平反。

❖

「神愛我們的心，我們也知道也信，神就是愛。住在愛裡面，就是住在神裡面，神也住在他裡面。這樣，愛在我們裡面得以完全，我們就可以在審判的日子坦然無懼。因爲他如何，我們在這世上也如何，愛裡沒有懼怕，愛既完全，就把懼怕除去，因爲懼怕裡含著刑罰，懼怕的人在愛裡未得完全。我們愛，因爲神先愛我們。」（〈約翰一書〉第四章第十六～十九節）

一九七〇年五月九日

九點多鐘，仍在第一法庭開庭，仍然是先調查詢問，休息十分鐘，再開辯護庭（我眞不懂爲什麼這麼做）。好的是，在這休息時間能與石律師自由交談，使我眞切地明白了冤案的造成和預料中的結果，是什麼原因。他是一位很敢說話的老人，雖然裁判的權力在法官手裡。

「你就在此當作仙府休養，做尼姑吧！」

「我所悲痛的不是我個人，是我們的國家呀！如此暗無天日的審判，我們的國家還有希望嗎？」

「你是位愛國狂吧？崔小姐，暫時忘了國家，先想想你自己吧。」

像上次一樣，幾位法官在公堂上一聲不響，檢察官未出席，這次是一個很像他的人代替。但我對他記憶清楚。審判長是叫張玉芳，是否是他本人？我不認識他，因爲他們這兒的「法庭」，是像銀幕一樣可以找替身的，臨時演員也有，好在不需要「特技」，只要嘴巴動一動，就大案完成。

「你有什麼話說嗎？」

「說簡單點！」我還沒開口，就命令我說簡單點，他們沒時間聽。

孟廷杰，那位年輕法官，仍然一臉嬉皮像，坐在椅子上，像身上爬滿了螞蟻，動來動去，很不耐煩。我只好「簡單」上訴給大老爺們聽，我也很不耐煩，反正他們在「演戲」，他們也不會聽當事人說什麼，對於裁判已胸有徒刑年數，有什麼可辯解的？石律師的答辯很好，但對冤案無效，最後我提出一個問題：「控告我的是嚴春輝檢察官，爲什麼今天他不出席？」

「我就是檢察官！」那個替身站起來說話，我想他沒讀過我的被起訴文件，只是有列席，人數夠一個辯論庭的架勢就成了。

「檢察官都是一樣的，哪個出庭都是一樣的！」審判長的答覆。我請求請我的證人出席，證明我在台所作所爲，不是「爲匪宣傳」！這些話當然是白說，法官們已經起身準備「撤退」。

「辯論完畢，等候宣判。」審判長帶著「法官演員」們到後台去了！上帝！我不知是跟誰辯論？

我與石律師握手道別，感謝他的協助。他暗示，官司還得繼續，這一判，幸運的是十多年，好在我已「樂觀」得不再有無罪釋放的希望；哀莫大於心死，行屍走肉地活下去，等待另一個世紀的轉換吧！

聽說「金」已宣判爲十二年有期徒刑，在縫紉工場做工。他犯罪了嗎？他也只是跟隨「上海觀眾演出公司」，應劉厚生之邀，來台演戲的一個劇專同學而已。

眞像演完一場情感充沛的舞台戲一樣，累得很。可嘆的是，我這個「假」罪犯的角色，是「眞」的在牢獄裡過日子，不知什麼時候才能下台、卸妝，恢復我的本來面目，從這一個牢獄的「場景」裡走出去？也許，到那時以牢獄爲終歸之所，不願意重見天日了；到那時，或許已是老弱殘軀，即便重見天日，又有什麼用處呢？

寫給黎世芬先生信說：「可嘆！這世界上做假見證的人太多，我沒後代，償付給誰？每展讀《聖經》，祈求神引領我早日歸去，不自由，毋寧死，我願早返天國！」

寫給友人的信說：「如今，我每日閒坐，無聲無息，也許是補償多少年來勞苦奔波。面壁斗室，四大皆空，人生悲劇，我已演盡，只看何時閉幕、下台，遺憾的是，冤氣未能驅除！」

也許這兩封信一定被退回——你被打得體無完膚，還不准你喊疼！

記得我的劇專文憑是交給了法庭——這是我唯一的一張學業證明（小學的因病請假忘了去拿；中學的沒想到畢業被迫離校，是受欺負），它證明我五年裡都在四

川江安念書，沒去過山東省立劇校，檢察官起訴錯誤，這是我冤案的反證之一。

（後來法庭沒還回來，失掉了！）

一九七〇年六月七日．冤獄兩週年紀念

那天上午，十點前，我心中無懼地帶了兩本日記去三張犁調查局審訊室，去按那個淡綠色鐵門的電鈴——本來是爲了證明他們說我在×年去了「陝北」（是指延安吧），事實上我在×年是居住在四川重慶（抗戰期間，尙未勝利）。意外地，一去無歸。

現在，正等待第二次的宣判——雖然調查出來的證據、事實，都可證明我沒犯過罪——我沒有企圖顚覆政府，我沒參加過共產黨，但是，根據第一審的無理裁判：無期徒刑，對這第二審的裁判，能癡想無罪釋放嗎？兩年來的牢獄生活，倒使我變聰明了很多，聽說了很多的黑暗內幕，羊既入狼口，還能清清白白地脫身嗎？這在我生命的旋律中，可說是一段震撼的人生插曲。

讀蘇軾的《刑賞忠厚之全詩》說：「賞疑從與，所以廣思也，罰疑從去，所以

愼刑……罪疑惟輕，功號惟重……欲其殺無辜，寧失不經……春秋之義，立法貴嚴，而責人貴寬，固其褒貶之義以制賞罰！」

唉！可惜近人倒果爲因，賞罰不明，刑罰不清，辜負老夫子著《春秋》之全意，使我這個山東老鄉身試其害！可悲！

明日端午，監獄裡包粽子，動員男女囚人，我實習數次，都是米和粽葉無法合作，只好在走廊跑來跑去，透透空氣，輔導官請吃冰淇淋慰勞，我是無功受吃，也大解饞涎。

一九七〇年六月二十三日

第二次宣判。

罪名：企圖顚覆政府，著手實行！

罪刑：十四年有期徒刑，褫奪公權十年，家產除酌予書寫生活外充公。

午飯前，通知我聽候宣判。

太陽明亮，空氣新鮮，我穿一件綠底白花透紗洋裝，淺色高跟皮鞋，在這樣美

好的天氣裡，我顯得青春活潑，像是去赴愛人的約會，心情愉快。

是在第二法庭宣判——我猜到是由姓呂的法官和那個姓葉的書記官，兩個大孩子。

呂法官宣讀判決書，聲音顫抖，他們兩人都是面色蠟黃，也許對於如此不顧天良的裁判，良知還未泯，因此唸那些違背良心的裁判理由時，內心也不安吧？他們叫我在宣判書上簽名。

「我不簽名，你們的裁判不公平！」我未流淚，也沒心跳。他們等待、勸說，我不理他們，瀟灑地在法庭上漫步。怒氣，不必向這些違背眞理的怯懦者爆發，使一個無罪者坐十四年冤獄，我想在共產黨世界裡，捉住一個國民黨也不過如此吧！我請書記官記錄在案，我不服如此違背天理國法的裁判！我要上訴！

僵持很久，他們叫法警送我回牢房。

我滿臉笑容走回看守所內院，我蔑視法庭。有許多外役男士們正在院內做工，他們關心地問我判了多少？我說：「十四年！」

「不多！不多！比從前少多了！」我不知道他們被判了多少年？但是據他們的經驗談，只要進到軍法處，有罪無罪，有據無據，五年以上是最少的判刑，死刑、

無期徒刑都是家常便飯，十幾年的徒刑已經司空見慣。所以，他們大笑起來。

「我拒絕在宣判書上簽名！因爲我沒犯罪，我不承認他們的裁判！」

「算了！忍耐吧！上訴吧！」他們搖頭微笑，似乎笑我太天眞——你承認不承認有什麼重要，上訴如駁回，十幾年冤獄得坐，反正鐵門重重，你不承認也出不去。

這些外役都是過來人，被所裡信任派做外役，有些在「外面」的職位都不低，現在做些雜事，提水挑擔，不被整日關閉在牢門內，還是感覺很幸運的呢！我不認識他們，他們卻都對我久仰大名——中廣公司廣播劇團導演——崔小萍小姐。

正是發放午飯時間，院子裡的人很多。女監管理員何太太也正指揮女外役打飯取菜，她見我笑嘻嘻地回來，很爲我高興，問我的結果，我先用手指比了一個「四」，她笑了，可是我再比一個「十」字時，她低下了頭。

「十四年！他們判了我十四年啊！」我像報告一個喜訊似地喊著。

進了牢房，M不抱希望地問我，五年？十年？

「怎麼會是十四年呢？」按他們判刑的階層，無期徒刑之役一定是十五年，很少有十四年徒刑的。

「我想是教育部學生檔案，崔玉蘭的名字沾了光吧。管它呢！少坐一年牢，不

也是好事嗎？」我沒哭，氣喘加劇，我把自己仍然放在書本裡，反常的平靜。

有何可憂愁的呢？當我被拘禁在調查局監獄時，他們逼我承認曾參加過共產黨，我很茫然；被押解到軍法處，法官再判我是共產黨，我仍然是茫然。讀書、寫作雖然可殺時間，但是再多的知識學問又有什麼用呢？假設在牢獄的時間短，是準備「出世」再用；假設這麼長的時間，出獄時我已列入老人院的時期了，還能有什麼發揮？思前想後，眞是感到有些悲哀了。

一九七〇年七月十日

又接到判決書——仍是老調，強詞奪理，自相矛盾，眞是欲判其罪，何患無詞！我已無任何反應，只覺好笑，抱坐牢決心，也無可憂慮的，什麼生活不能過？等我變成一個老太婆出獄時，一定很有趣味，會不會像我在戲裡化老人妝的模樣？

K君，又是很久未見人影，本想寄信給他問問爲什麼？在我這樣生死關頭，他都如此漠然。還要什麼證明呢？這是在我純眞的心裡沒有想到的，也是「應該」想到的：「久病無孝子」——「久獄還會有眞情嗎？」

記得一位舞蹈藝術家的話說：「要有過愛，才能成爲一個大藝術家。要了解愛，但也是會沒有愛仍能生活。」

我已學會沒有愛的生活，在監獄裡，我才變成熟，也許是變聰明了吧？

老友王庭樹大哥來面會，帶來引商和雅君送的水果和雞肉，他認識我姐姐，我拜託他，如果我冤死獄中，請他設法告訴我姐姐。

「我給你立長生牌位！」大家大笑，這老頭子慣常避重就輕，免談傷感的話，引起傷心流淚。

王大哥曾和我在中廣共事幾年，他負責寄發廣播劇演員的通知及送交節目部錄音帶，自我入獄後，他常代表同事們來獄中探問，他說，他已老邁「不怕死」，他是個老國民黨，別的人有忌諱不敢來看我，都託他送食物給我，他也從北投家中帶了吃食給我，都是王大嫂烹調的。中風稍癒後，使人揹了他來，這才是有義氣的朋友，我一生感恩於他。王大哥已過世多年，今天想起他，他的「音容宛在」我在眼前和耳邊飄過，他是位名演員，也是一位劇藝的忠誠工作者。

每到「放封」時間，天像是落雨，眞怨天也不疼我們，善心的管理員H開了牢門，叫我們在走廊裡透透氣。

❖

我在工作房，跟「黃」學一首日本歌，L叫我出來看一個人，是從縫紉工廠來送衣裳的——原來是台語電影明星，在銀幕上看過他但不認識他，他已滿頭白髮，叫楊渭溪，後來知道他是中廣第二廣播部同事的父親，他爲什麼坐牢？不知道，記得在調查局被羈押時，那些人曾問我：「你認識楊渭溪嗎？」

「不認識。」

「人家說，在台灣有兩個最有名的人，男的就是楊渭溪，女的就是崔小萍。」

當時，眞不懂他們爲何問我這樣的話？現在看見他才明白，他那時一定也被關在調查局監獄。

「楊樣！你好嗎？」

「我現在縫紉工廠工作，出來做外役四個多月了。」

「判了幾年？」

「十二年。」

「冤枉啊！」

「現在外面做工，空氣好，有陽光，精神好，保住身體健康就好了！保重！保重！」

他匆忙地摸了摸白髮，提著編織的竹筐子下樓去。他身高，面部輪廓、五官都不難看，如今再配上一頭銀髮，眞是一位高貴的紳士人物，可是被禁閉十二年之後，他還能好好地出去嗎？我的同學「金」聽說也被判了十二年，調查局的人曾經誇口說：「凡是我們捉到的人，沒有不被起訴的。」獄外的人會明白我們是被冤枉的嗎？調查局的人曾對我說：「冤枉你也不過一次！」

天哪，冤枉一次就是十四年徒刑啊！眞是輕描淡寫的一句話，我卻要在獄中描畫不盡的痛苦生活。

雨稍小，H善意地叫我們下樓到院子裡走走，呼吸清涼空氣，但無法在院中繞圈子，就是在樓下走廊走走也滿意極了。何況還能望見天空，看見落雨，看見雨落在地面上，積水片片，草地顯得更青了。只是舉頭而望時，看見圍在高牆上的鐵絲網，看見持槍帶鋼盔的衛兵站在守望亭，虎視眈眈地向下看我們時，一點「詩意」

都沒有了。雨漸大，起了風，覺得冷起來，只感到淒涼悲哀，哀悼自己孤獨的歲月。我像獨自站在那裡，望著四周的鐵門鐵窗，像置身在夢境中，奇怪自己怎麼會在這裡站著？有兩個崔小萍嗎？他們所說的那些罪狀，是哪個崔小萍做的？何時能爲我揭開這個謎底？

唉！十幾年將有什麼變化？誰也不能預料，我又何必杞人憂天？騎驢看唱本，慢慢走著瞧吧！天無絕人之路，我本心善良，在大的災難裡，上帝都曾幫助我安全度過，對於將來長期的冤獄生活，我並不懼怕，即使失去自由世界裡的朋友，在患難中會產生珍貴的友誼，只是精神和物質的生活享受沒有了而已。

我猶如降生之後，就落在一個黑暗桎梏的陷阱裡一樣，不應設法去尋找那一絲絲僅有的光明嗎？人爲愛活著，到處都有愛，就看自己如何去活在其中就是了。我了解愛，我會去尋找，我也會學著沒有愛而能堅強地生活下去——對於將來，冤獄後的人生，我懷著莫大的探索意願，以及要等待看到「結果」一樣好奇，所以我希望自己能活著，看到那個自由的將來，不管遇到什麼暴風雨，我都不怕。在戰時的飛機轟炸中，我曾從火車底下逃過死亡，也曾在炸彈的煙火中經過；民國四十年在花蓮六點七級大地震中，我勇敢地幫助友人，在搖擺的馬路上奔跑，忘記自己的安

危，最後我是平安無事！所以，我自信，這次失掉自由的大冤獄事件，絕不相信使我終生不能翻身！

❖

石美瑜律師在「閱卷」後，又寫了一件覆判辯護狀寄給我，很感激他，他爲我的冤案繼續努力，總希望他的當事人能因他的蒐證確實，駁倒法庭的種種違法判決，而獲得無罪釋放。

他的辯護狀扼要提出：

一、教育部學名學籍檔案查證屬實，原判對於此項有利於被告之鐵證棄置不採，妄斷被告在六中之學名爲崔小萍因施以重典，不足以昭折服。

二、按審判上之書證，應以原本爲根據，如以照本呈庭作證，法官應命提出原本以資比對，始能貫徹意見眞實之主旨。蓋現在科學日新月異，照片之眞實性與原本未必盡同，供作本案要證之「四川省奸黨份子調查表」，僅有照片存卷，並無原本可考，辯護人以職責所在，懇請法官調取原本以資比對，均未蒙採納，原判仍憑

此項「照片」施被告以重典，顯屬違反採證法則，況按該照片所載「崔小萍」並未注明年齡、籍貫、相貌、特徵、同名同姓者甚夥，何能憑諸臆斷，遽指即係本案被告崔小萍，且其內容所載既與教育部檔案不符，顯係調查失實，不足爲論罪之根據。

三、辯護人遍閱崔小萍日記，均係愛國文藝作品，並無絲毫叛亂言行。二十九年元月七日日記係記載「在車站等車……是一個敞篷貨車，對面坐的是國立六中高中部的同學，他成了我一路的交談者，車開到繁華的成都……」等情，其中並無加入共匪讀書會之記載，原判理由欄所示，崔小萍二十九年元月七日日記記載「加入匪讀書會的組織」一節顯屬有所誤認，其共判決陷於違誤，更屬灼然！

四、被告崔小萍工於文藝，服務於政工幹校、國立藝專、省立女中、中央廣播公司二十餘載，均以反共宣傳爲職責寫有「勇士之家」、「歸來」、「重逢」等反共劇本，譽以反共藝人，當之無愧。原審對於此項極有利於被告之證據，均不予審究，又不在判決書內闡明其不採之理由，顯屬違背法令……至誣被告在三十六年，因曾在「清宮外史」……（以是各劇內容介紹），現查上開各劇本，當時曾經我政府主管官審查合格准予公演，有前台灣省政府主席魏道明、警備司令鈕先銘、前新

聞處長林紫貴等可以作證，原審均未予以調查，殊嫌疏漏，至於該劇本經找政府主管官署列爲禁劇後，既無各該劇之公演，被告崔小萍更無違反禁令參加演出之可能，於法自不容以新禁令溯及既往而入人於罪。原判未予詳察，單憑政治作戰部之新禁令溯及既往，而繩崔小萍以「爲匪宣傳」之罪責，顯屬違反法律不溯既往之大原則！

五、素仰　鈞庭懲究洗冤並重，崔小萍冤情顯著，爰懇賜予伸雪，以勵忠貞！

謹狀國防部軍法覆判庭公鑑。

中華民國五十九年八月十日

以上是石美瑜律師爲我寫的訴訟狀，很感謝這位老人爲我的冤案如此查證，我寫給他一封信說：

……小萍冤案，得您大力辯證，能伸雪冤枉，復我清譽，這不但是國家法庭嚴正公平之表現，也是您這位權威護法者，爲呼籲正義所得到的勝利！小萍如能得復自由，也將像被誣害一樣地轟動整個中國！

小萍近在獄中，仍以寫讀自娛，近日閱《水滸傳》，及讀駱賓王在獄中《詠蟬》，頗多感慨，其中有「無人信高潔，誰爲表予心？」

❖

這幾天，男女監服役的人、工作的人都很熱鬧，因爲他們要在八月十五日晚會上表演，每一個單位都要參加。扮演女性的男人們，缺少女人應有的各種條件，所以不得不求助於女監，什麼高跟鞋、花領巾、三角褲，還有他們僞裝的義乳、乳罩，都毫無遮掩地被女管理員提著抱著交給那些大男人們。M被拉著趕做服裝，我被派要做兩個男女娃娃的道具，牢門開了，大家鬧哄哄地像過年也像嫁女兒，三姑六婆，七嘴八舌。但在巧婦難爲無米之炊的情形下缺東少西，有的人知難行易，有的人知易行難，而必行不可，有的動嘴不動手，破布爛棉花、破玻璃絲襪，這裡塡充，那裡縫補，我做好兩個一男一女的娃娃，但是畫的技術太差，眉筆口紅都不好塗抹，結果兩個娃娃都像兇神怪物。

「這是崔博士美容院的出品！」大家大笑！好久不笑了，又因爲一次次試驗，捏鼻子、擦胭脂……怪像百出，大家品評一次，便大笑一次，笑得我幾乎犯了氣

喘。

八月中秋月不明——白忙一陣，傾盆大雨。

白雲康樂隊來表演勁舞，鼓樂喧天，從空中飄來不自由中的自由歡笑，露天表演場地不得不搬遷。菜很好也豐盛，破例的是，幾個牢房的囚人們合起來共餐。我氣喘，沒胃口。

K君沒來面會，連幾個月餅也不送來。心火、冤火、受窩囊氣的火，都和在一起了，變成三合一，喉頭發炎，痰多濃，夜間不好睡，吃龍角散，喝水，上廁所。每逢佳節倍思？唉！也無親好思了。

一九七〇年九月十八日

聲請覆判駁回，維持原判十四年有期徒刑，褫奪公權十年。老調再彈，所以我也不必看有無理由，法官已經熟悉了這些「該有的手續」，迅速結案重要，被告者是否冤枉，那就要去問上帝了。M鼓勵我「抗告」，我只有苦笑作答。

寫信給石美瑜律師：「切盼您有生之年，爲我平反此冤案！」該信被退回，法

官不准寄出，理由是：「你爲什麼要說是冤案？」

第九十八個接見日

接見時間，意外地，學生劉明來了，她現在影視界被稱爲「千面女郎」，更意外的是中廣同事王大空來看我，他曾是新聞組長，他的口才最厲害，有些時候幽默中帶著些尖刻。他胖了些，說話神態完全是一副中年人的神情了。我們兩年不見，他竟從一個乾瘦、聰明外露的人，變成個老成持重的人了。他沒有塡寫面會單，所以不知道他來，很使我驚喜。

「崔小萍，坐牢沒使你改變，還是老樣子，『風韻猶存』呀！還擦著口紅！」這是他的第一段話，我說，爲了不讓來面會的朋友們「目睹」我的悲慘而難過，所以每次我都打扮得漂亮些。他告訴我黎總經理去土耳其開世盟大會，約在十月十號回來，我告訴他說：「我是冤獄，希望你們新聞界的人物能主持正義——軍法獨立，是沒有陪審員的，這兒的冤案是無法使外界知道的。」其實，當年新聞界的記者、編者等人，被羅織入罪的人也不少，有的已被槍斃。「王」也是被注意的人物

之一。聽說也有多次進出調查局的經驗，幸運地沒被請「住」進去。多少年前，他生了肺癌，我去看他，送給他兩個我的獄中織物小娃娃，他還感謝我為他「仗義執言」，因為我在調查局被逼供時，他們也曾幾次提到這位「說話」險些遭禍的新聞記者。

我告訴劉明，崔老師是被誣害的。她是從我在藝專教她，在廣播劇團裡訓練長大的孩子，如今是亭亭玉立的女明星了。

告訴王庭樹大哥：覆判已遭駁回，冤獄已定。

不願傷感，不願流淚，將冤苦嚥下去，免得使朋友們帶著沈重的心情回去，因爲哭鬧一陣無濟於事，只有損傷自己而已。以後的命運如何安排，誰也不知道，就這樣「活」著吧？活著總是好的，我沒有殘害過人，如果用我自己的手殘害我自己，是懦弱嗎？

❖

何管理員來告訴我說，康所長請我去談話，他說自他來所後，因事情多，未能和每個受刑人談談聊聊，對我們的生活多了解一些……，我說想了解我的案情，並

告訴他我的刑期長，是否能出押房在所裡做點事，他想到播音室的工作適合我，但馮監獄官說，我是個女人，安全上有顧慮。我告訴他，我不願去那個什麼「生產教育所」去受思想感化，我會得精神病的，可是他說：「如此長期關著也不是辦法呀！」

後來，他決定讓我登記囚人的來信，在所辦公室工作，也給我換了一間牢房，而且把床鋪搬進牢房裡，還預備給我一把椅子……，但是後來出外「辦公」的事情不了了之——因爲有人說了閒話，擔心每日開關牢門太麻煩，尤其是在外活動的都是男外役，男女不便接觸，以防不測。在獄中四年後，我被送到那個思想訓練機構，才算睡上了床鋪，坐上椅子，可在桌子上寫日記。

難得K君來面會，他帶來了許多我在自由世界時的許多照片，經過檢查後還給我。從前，我沒有閒暇的時間多看它們一眼，現在，我才感覺過去的生活是多麼自由自在，滿臉笑容，在成人的姿態上透著孩子似的天眞。有一張我得第六屆亞展最佳女配角銀鑼獎，全國各界聚餐，祝賀我得獎，我起立致答謝詞，得童星獎的張小燕坐在我身旁，她那時有九歲大吧？現在是大明星了。金馬獎宴會上，最佳童星羅宛琳與我合照；以「梁祝」故事電影出名的凌波，我好像在她耳邊說些什麼，還有

老友用中爲我塑的頭像，記得那時候她不願意爲我塑像，因爲她說，她塑過的人，有些都沒好下場！我不信邪，結果呢？她五十六年夏天爲我塑像，我五十七年六月就被關進牢籠裡來了。後來我還把一個張嘴露齒的怪獸瓷器，和我的頭像合拍了一張照片，現在看起來，的確是邪門！唉！人倒了楣，什麼都覺得有邪氣，什麼都看著不對勁兒。

給難友們傳觀我這些舊照，她們都說：「崔阿姨從前好漂亮！」說些我的「往事」糗事給她們聽，引得她們大笑，她們說：「崔阿姨眞勇敢，沒看見你流眼淚！」

唉！不勇敢又怎麼樣呢？在強權之下已變成啞巴，是眼淚倒流啊！

一九七〇年十月十四日

快到吃午飯的時候，何管理員從政戰室拿來許多我從前寫作和出版的劇本，及學校聘書等文件，說是法庭退回來的，叫我簽收後交回政戰室，再決定是被保管，還是交給我私人存取。我心中明白，冤案眞是定了，因爲那位小丑法官孟廷杰，曾

在我交這些東西時對我說：「事情完了，這些東西都會還給你的。」

對於這些東西，還與不還，我都不重視，因爲讀者、聽眾們都曾讀過、聽過，只是我那些二十幾本的日記不還我是件大事，它們記載了我半生的行蹤和故事，如果哪一天我在獄中死去，它們還可爲我證明我清白，崔小萍是個光明磊落的君子，不是奸黨，更不是匪徒。如果被沒收，誰不痛心？哪一個不悲憤？我正和M述說我的那些日記被調查局的人拿去，人手一本，在我寫的字裡行間去找罪行！

「崔小萍是冤枉的！」我忽然大叫起來，我站在馬桶上，朝著後院覆判局的獄門窗戶大喊大叫：「你們不公平！」「你們不講道理！」「你們亂判！」

我已無法控制自己，又哭又嚎，又蹦又跳，雖哭，但是眼中無淚，像一隻受傷的野獸在嚎叫……。

「事情還沒定呢？胡吵胡鬧怎麼行？」他們說是輔導官來了。後來難友們告訴我，是那邊打電話給看守所，說女監裡有個女人瘋了！啊！能不瘋嗎？誰能忍受這不白之冤？十四年，不是十四個月，不是十四天啊！只按一年三百六十天計算，我要在這不自由的牢獄中過五萬四千個白天和夜晚啊！還不殘酷嗎？開了牢門，難友們來安慰我，說她們都吃不下飯，都是眼淚婆娑的！姐妹啊！你們怎能理解我的悲

憤！

康所長上樓來看我，問我怎麼啦？我告訴他我冤氣太重，無法承受了，理智已經崩潰！

「還應該理智下去才好啊！你看你不吃飯，這不是損失嗎？保重身體要緊。」

夜來，頭部劇痛，喉頭發炎，呼吸困難，發燒，何管理給我一顆鎮定劑吃。

後來我發現在發還的文件中，沒有我的劇專文憑，這是我在四川劇專學校中，在抗日戰爭裡，苦讀了五年才得到的一張學歷證明啊！真正的證明被法庭遺失，為了證明我曾在劇專畢業，我出獄後向在台灣的教育部申請補發，但已失去當年那張文憑的寶貴氣質，在戰時我兩條長髮辮的照片沒有了，當年讀書貸金的記載也沒有了。

一九七〇年十月三十一日

蔣總統中正先生，八十四歲華誕。廣播電台播放「萬壽無疆」團樂慶祝。這是我來台時，從南京中央廣播電台借來的，是要為演出「清宮外史」舞台劇配樂用

的。後來由中廣公司拷錄以後留下來，每次總統華誕時都用做節目的前奏。誰料到，在事隔二十幾年之後，軍事法官判我演戲是借古諷今，爲匪宣傳。眞感悲哀，這些法官們既不知「古事」，更不懂「今事」。不知蔣總統是否知曉百姓所遭到的「紅」害？

牢門開鎖，大家唱祝壽歌，吃壽麵大菜，我穿上漂亮的衣裳爲難友們跳舞，大家歡樂。這曾是「錦衣夜行」，但達到自娛眾樂的目的，也算是祝賀吧！

夜靜時，寫信給中廣總經理黎世芬先生：「小萍冤獄似成定案，幾經上訴，聲請再審，皆經無情駁回，假見證竟抹煞眞事實。十四年徒刑，未知我將如何度過？窘乏之憂，布褐藜藿之苦，皆不爲憂苦，只是我四十餘年光輝清白之生命，一旦化爲空白，其悲憤難忍！如我能活著出獄，已齒豁髮禿，誰識我崔小萍者誰？又誰知我之被冤枉也！瞻晤無期，臨書惘然，乞伏日後多所照顧，則感激無涯也！」

日後黎總經理退休，擔任牧師的職責，宣揚信、望、愛的福音。他逝世後，中廣當局三十幾年來無人過問我。一九九八年八月，新任中廣總經理李慶平突然來台中探訪，引起新聞界注意，「崔小萍」三字開始在媒體上再見太陽。李也是我們的弟兄，感謝李先生的關懷，也為我出了一口三十年蒙冤之氣。

中國廣播公司在一九九八年十二月二十九日，以「風華再現」為題，舉行茶會招待記者，歡迎崔小萍回「中廣」，我的影戲劇界朋友以及曾參加廣播劇的學生們和社會賢達，二百多人到場，為了感謝，在會上我高唱：「我愛唱主的歌」。

一九九九年元月三日開始，重播我過去在中廣製、編、導演的廣播劇，已將錄音帶製成CD，引起海內外的共鳴。廣州同學會《南雁》的通訊上，也登載了台灣《聯合報》的新聞，及在台同學的報導。

❖

兩位女士，一是屬於調查局的前職員，跟隨丈夫坐牢的M，和從大陸來台，眞正爲「匪」工作的「非共產黨員」羅，相互大吵，各顯個性。羅說她是邵力子的外甥女，M是廣西名門之後。唉！何苦！其實都是優越感作祟而不自覺，言語灼人，水火不容。人，沒有十全十美的，有其優點也有缺點，只要別人的缺點不危害自己，又何必斤斤計較誰高誰低？

在這裡的人已經沒有「過去」，總依「過去」比較現在，問題怎能不多？誰都有滿肚子的委曲，誰也不願忍受誰的指責和教訓，而且都是在社會上工作多年的職

業婦女，年紀及經歷都是那麼多，何苦爲了一點不愉快而口出惡言？

〈箴言〉十三節說：「愚昧的婦人喧嚷，她是愚蒙，一無所知。」「你們愚蒙人要捨棄愚蒙，就得存活，並要走光明的道。」近三年的牢獄生活，使我學會了忍耐、沈默，禁止我自己遷怒於人，除了冤獄十四年使我發瘋，其他一切有什麼可爭執的？何況羅的丈夫也被囚在同一個監獄裡，也許是和M的另一半同室，他們的長子留在大陸做人質，他們被迫來傳訊，舊案重提，不也是一肚子的苦水嗎？

下午「散步」時，已是斜陽西照，靜靜的冷風吹亂了我的「秀髮」，我獨自沿著無情的洋灰地走來走去，已經走破了好幾雙鞋子。

我沒與別人交談，我在思想，如果就這樣圍著這個小院子，就望著這一小塊天，轉來轉去，再轉上十年，我將會變成什麼「人」啦？

一抹斜陽照獄牆，
萬般榮華付東流，
血海深冤誰與共？
青燈螢魂白髮淚！

收到海音姐的信，以及寄來多本「純文學」出版的書，她告訴我美麗和咪咪兩個女兒都將在十一月裡結婚。她信上說：「我不知道怎麼勸你，也很惦記你，盼你多保重。」

語重心長，我寫回信給她，祝賀她並請她代爲問候於梨華，她是我三十六年剛到台灣就結識的「小友」，那時她念高中，現在也是名作家之一了，曾因從美國去大陸一趟，而被禁止返回台灣。

借到《冰點》一書，是日本女作家三浦凌子的作品。該書由《聯合報》出版時，我就看過，也看過日片，台語電視劇也製作過，現在讀起來仍被吸引。對作者所啓示的意識，更有一番新的認識，尤其是「生存的價值」這個問題，也使我有了懷疑：當對別人、對自己都無「是」處的時候，生存還有價值嗎？當那個肺病者已經痊癒，在出院的前一天跳樓自殺，因爲他感覺到世界少了他，世界上的一切仍然在活動，並未因減少了他而受影響，他覺得他已無生存的價值，所以他自殺了。因此，想到我自己。當我在此冤獄中，尙能忍辱偷生地活下去，假設在恢復自由時，我會不會也發現已無「生存的價值」而自殺呢？啓迭醫生說：「他治療了他生理的病，忽略了他心理上的病。」想到我自己，我現在想活下去，是因爲覺得我還有應

該寫的「表演藝術理論」還沒寫，應該寫的書還很多，例如我在廣播和電影方面的書，可是十幾年的冤獄生活這麼長，當我把該寫該做的都完成了時，我還有什麼理由繼續活下去？對我，對世界有什麼價值？到那時，世界變成什麼樣？我變成什麼樣？誰還會記得曾經有個崔小萍？有誰會曉得想當年這是個大冤案？

我看到女兒陽子的部分——純潔無辜的陽子，被那些表面上充滿了愛、內心卑鄙的大人們，在僞裝父母的假面具下，被逼上自殺之路。她是像雪樣的純潔。從前父母的愛，過去的時代所留下的罪惡，能讓她來贖罪嗎？我淚流滿面，我爲她哭，也爲這個醜惡的社會、卑鄙的人們哭！

基督說：「愛你的敵人。」誰能這樣偉大，當敵人把你粉身碎骨時，你怎能去愛他？

冤獄，也許是「時間上的治療」，當你在長年的冤獄中恢復健康時，你已破碎的心，無能爲力，已不得不愛你的敵人。

一九七〇年十二月二十四日．聖誕節

第二百零一個接見日。

學生引商來面會，送來大批食物，其中有我愛吃的韭菜水餃，我從小就喜歡吃，尤其是愛吃烹破了水餃，在餃子湯裡撈起的碎肉和韭菜丁兒——山東人嘿！而烹餃子的湯最好喝，「原湯化原食」呀！

但是，我們倆隔厚玻璃通電話的時候，卻都哭了。因爲我跟她談起一個計畫，就是請她以第一屆大姐的身分，約四個跟我比較親近的同學組織一個儲蓄小組，這筆錢算是爲我存的，每人每月存二百元，「零存整付」，第一次以五年爲限，假設我在五年內死去，以一萬多元爲我買棺材，其他可做他們子女的教育金。我在獄中所寫的作品文件，一定要回去——尤其是我幾十年日記，就是我的遺囑，因爲不定什麼時候我就不會言語了。引商不願意我說得這麼悲觀，她說我的壽命很長，十四年一會兒就過去了，儘管放心在獄裡住下去。

「像這樣的事，還是早說明白的好，誰知什麼時候我會死？你想如此被冤誣的事，事先誰會想到？」

談到冤屈，激動的情緒使我久久無法說話，引商拍打著玻璃大聲地叫著：「老

師！老師！不要這樣，不要……。」

善良的女兒啊！你怎能徹底了解你老師所受的侮辱和冤屈！

今晚是聖誕夜，沒有音樂，也沒加菜，更沒收到卡片，我和M同住的牢房布置沒有前兩年漂亮，缺少光亮花俏的禮物紙，因爲送來的禮物少了。去年貼在牆上的十字架、聖誕樹還在，我在十字架上補貼上1970x'的字樣，再加上一些襯在水果盒裡的那種紅紅綠綠的紙條。M今年的心情很壞，她爲我織好幾條花邊兒，叫我縫在臃腫的棉背心上，我送她一部英漢字典作爲聖誕禮物，在封面裡我寫上：To older sister Maun, with my attention, that remember we were together, long ways for a tales accusation. Don't cry, my dear, please.1970.12.24

我們倆沒有哭泣，沒有說話，低著頭做針線。

上帝！你在哪裡？應憐憫我們無罪受冤誣的人吧？祂使我儆醒、忍耐，等待黑暗過去，光明就來了，可是，我懷疑我們熬過十四年能有奇蹟嗎？

沒有走不通的路，沒有難倒人的事，沒有過不去的日子，一個堅強的人，在愛裡生活得愉快，在沒愛的生活裡相信更堅強。記得有一個作家朋友張君穀曾說我是個「不倒翁」，當時我並不了解他說這話的眞意，現在想起來，他是比喻任何打擊

都沒打倒我。可是，我現在被那些僞愛國者、潛伏的眞共產黨門徒，陷害進牢獄裡，我能屈服嗎？我會被打倒嗎？不會！我崔小萍要活得好好的，比從前更充實了。每天每時，我將眼淚嚥在肚子裡，鼓勵自己不要軟弱，要堅強地活下去！做最壞的準備，去迎接未來那些痛苦的日子。當我被壓抑得要瘋狂的時候，我就高聲唱歌，把那陣陣怒氣在歌聲中消散，因爲我不能瘋！我警惕自己，如果瘋了，就是眞的被毀滅了！可是，可是，被冤誣爲叛亂犯，被誣指爲「企圖要顚覆政府」，被愛人拋棄，被朋友冷淡，整日被封閉在不通風的牢房裡，又怎能不瘋啊！

《聖經》說：「Whoever shall gain his life, shall lose it. But whoever shall lose his life, shall preserve it.」（凡想要保全生命的，必喪掉生命；凡喪掉生命的，必須救活生命。）（〈路加福音〉第十七章第三十三節）

我相信，我一定要活著出去。

每晚，去國外的班機從屋頂上按時飛過，九點……十點……什麼時候，我能借它的臂膀，飛出這黑暗的牢籠？

飛出去呀！飛向太陽！即便被灼傷、融化，也值得！飛出去呀！飛向自由的世界！假設用死亡調換，我也願意！

我伸展雙臂，仰望白色的獄房頂，呼喊著，像看見上帝朝著我微笑！

「崔大導演啊！我看你眞要瘋了！」M抬起昏花的眼，笑著對我說。

「好大嫂！好媽媽！好太太！你不想飛出去嗎？」

我們倆擁抱在一起，我們的淚水相互浸濕了我們的衣裳。

「五十九年」，眞的已經飛去。

❖

軍營中的起床號，已衝破了破曉時的寧靜。

天，又亮了。

今天是六十年元月（一九七一年）。

在獄中的生活仍然是一樣，我仍然沒能飛出去。

沒有落雨，陰天，氣溫很低。獄室內冰冷，不開牢門，不放封，不慶祝，大家都躺進被窩內取暖，全獄死靜，只聽見北新公路上來往的汽車聲、天上的飛機聲、遠處有鞭炮聲……自由的世界裡，在做些什麼呢？

今天是六十年開年，西曆一九七一年。我沒希望什麼，更沒計畫什麼，只想

到，我要到七十一年六月出獄，那時是一九八二年。啊！多長的年月，像讀歷史似的，假使那個七十一年，是一九七一年有多麼好！那就是今年六月我就可以自由了！我的數學成績，一向很少及格，現在把中華民國七十一年，算成西曆一九七一年，不但是不及格，簡直是白癡！無罪入獄，本來就會氣瘋，被判十四年冤獄，假設不瘋，那才眞是白癡！眞的瘋子！

意外地，K君來訪，他告訴我一個消息，說BCC（中廣）的李荊蓀副總經理已失蹤月餘，據港報載是被台灣調查局拘捕，報上的消息說我是「他太太」——眞是非常奇妙的想像——我問他：

「是不是說我和他一塊做間諜工作？」我禁不住哈哈大笑，「是不是說我前兩年因匪諜案被捕，兩年後證實『我的丈夫李』，也是匪嫌被捕？」

唉！人要怎樣編我的故事？有人說我是共產黨的重要人員，在被捕時已「吞藥自殺」——在假牙裡裝毒藥（還是法國製的呢）；說我在高跟鞋裡有發報機，家裡有電台，正向匪方發報時被捕；又說我在去菲律賓講學時聯絡……，其實，我只在《福爾摩斯探案》裡，喜歡一些推理的故事；在美國電影「〇〇七」裡看過那些奇特的間諜故事。至於《六法全書》，是在監獄裡才知道有這麼一本書去讀它，以便

答辯——但是對軍法無用，任何有利答辯一概不採納。記得在調查局受審訊時，他們問我的身分，我回答說是大專院校戲劇藝術教授、中廣公司導播、廣播劇團導演……，惹得他們拍桌子罵我「裝傻賣呆」，我有什麼身分？中共的重要間諜人物嗎？如果現在大陸的同學劉厚生，他們說是他領導我的，他不會笑的臉也會大笑：「崔小萍是做哪一國的共產黨啊？」

李荊蓀先生曾任中國廣播公司副總經理、《大華晚報》主筆，審理時香港及中外記者到場採訪，上午審理，下午即宣判無期徒刑，後減刑為十五年，出獄一年後病逝台灣。

一九九九年四月，赫然發現一九七〇年香港《工商日報》舊報登載：「李荊蓀為匪諜，其妻崔小萍已被槍斃」之消息——一九七七年，我出獄後到美國訪友，他們在電話中聽到我的聲音大為驚訝：我竟然還在人世！遇到許多廣播劇老聽眾，他們只知我的「名」，未見過我的「人」，面對面，竟然問我：「你真是從前的那個崔小萍嗎？」啊，多麼可怕的不實新聞報導！我變成活死人了啊！

台共諜案主角李荊蓀

其妻崔小萍係同黨
在兩年前已被槍決

【台北十五日路透社電】官方消息今日証實中國廣播公司副總經理李荊蓀已被捕，並指他是中共在台灣高級間諜之一。

一位不願公佈姓名的有地位人士說，在十一月十六日李荊蓀未被捕之前，他曾經長時期被嚴密監視，直至保安機關搜集所有的証據時，才將他拘捕。他的妻子，在兩年前由于被判定爲中共間諜，被秘密處

萍，是中國廣播公司一個著名劇作家及廣播劇的導演。

她被捕及後來被判死刑的消息，從未有過報章發表或報導。

【台北十五日美聯社

共間諜案調查工作，已伸展至高雄市進行。這些人士說，該區若干個記者已被調查，但顯然一直無人被捕，外傳有人被捕，可能是由謠諑所引起。

●一九七〇年十二月香港《工商日報》報導崔小萍已被槍決。

❖

「光陰似箭，日月如梭」，童年時寫作文熟識的句子，但在冤獄裡卻是度日如年。可是，一年容易又春風，「年」還是來了，還是過去了。加菜吃飯，年初一，我和M都刻意打扮一下自己，沖沖喜。M用毛線做了一付長耳環（夾耳朵的是襪口上的夾子），描眉畫眼，抹上口紅，使我又年輕十歲，誰說我老了？就這樣活埋十幾年不殘酷嗎？我想，只要我心地永遠保持純潔，對事達觀，對人充滿愛心，坦白爽直，我會永遠年輕！

牢門鎖著，誰也見不了誰，只在「狗洞」內向外喊：「恭禧！恭禧！」迴響熱烈，連樓下男囚室也有了回聲：「恭禧！恭禧我們又平安地活過來一年。」

高貴的友情，使我相信這生命仍有價值，每晨向上帝祈禱，祈求賜我平靜、理智，不使我愚昧和暴怒，因爲魔鬼欲毀滅人，就使人發瘋，我不變成瘋子，就永遠不會被毀滅，所以我可以放膽地說：「主是幫助我的，我必不懼怕，人能把我怎麼樣呢？」（〈希伯來書〉第十三章第六節）

今年獄中大事記，是我被准許有「特別接見」的待遇，因爲我「熱心公益」，

那是說我曾爲軍法處寫軍法教育的小說，爲所裡簡報錄音等。有效時間是從九月起至十二月止，不限人數，不限時間，不用電話，沒有錄音，能跟親友們「促膝談心」。引商來接見時，我把這個消息告訴她，她高興得大叫起來說：「好哇！我一定去號召同學們來看你！」

看完《約翰·克利斯多夫》（羅曼羅蘭著），就要還書，想記下些可愛的句子。「勇敢啊！只要有一雙忠實的眼睛，相對哭泣的時候，就值得我們爲了生命而受苦！」

記得這句話，更記得我可憐的婚姻。這句話就印在我跟四哥S在三十幾年前（一九四八年）結婚的喜帖上，藉此紀念我倆不平凡的結合。爲了這一雙忠實的眼睛，使我狠心地、絕情地拋棄了另一雙忠實的眼睛——爲了與S，八年抗戰後的重逢，我離開跟我相戀六年、即將結婚的雁子。

在上海終夜談話以後，我來到台灣找到了S，那個年輕時常在崔府流連的四哥。他那時（一九四六年）剛從戰場上回來，多少年無法遮掩的愛情，使他無法離開這個他叫慣了「小妹」的我，難得的重逢，於是我毫無考慮地和他結了婚，那是因爲我的任性，忘了他早婚的妻——他是他父親威嚴下的犧牲品，他和她失散八

年，她竟在我們結婚的第二年就找到台灣來。失去理智的糾纏，終於迫使S跟我離婚，那是在忍受了九年之後，才結束這段婚姻關係。

爲了愛情，我拋棄了我的戲劇藝術生活，滯留在台灣，幸好經過二十幾年的努力，我爲自己重造了我的藝術王國，充實我孤獨的生活。我說：我們的愛情是淚水泡大的，自從再見S之後，和雁子之間就在矛盾中掙扎，最後，相信了「一雙忠實的眼睛，爲生命受苦」。但是，我現在懷疑，值得嗎？我覺得，我是一個容易受騙的人——也許藝術家的性格，像是沈醉在前人的那些愛情故事裡，自欺也被欺。

忽然想起劉家昌寫的那一首歌：「時光一去永不回，往事只能回味。憶童年時竹馬青梅，兩小無猜日夜相隨，春風又吹紅了花蕊，你已經也添了新歲，你就要變心像時光難倒回，我只有在夢裡相依偎。」

我曾在廣播劇裡寫出這段不幸的婚姻「芳華虛度」——我跟S算是青梅竹馬的摯友吧！在劇裡，我也用一首歌表現兩個人童年時的那種愛戀，那首歌名叫「本事」，也是回憶「往事」的意思：「記得當時年紀小，你愛談天，我愛笑，有一回並肩坐在桃樹下，風在林梢鳥在叫，我們不知怎麼睡著了，夢裡花兒落多少？」那時，S、我，和我哥哥常在四里山的草地上、樹林間游玩，在人家的古墓上跳來跳

去，跟著風箏跑得要斷了氣，那眞是我快樂的童年！但是，S總是憂鬱的，因爲他已經屈服在父親的棍棒下結了婚——和一個沒有愛情的女人。

在我「芳華虛度」廣播劇本的首頁，我寫下一段經句：「你們不要論斷人，就不被論斷。你們不要定人的罪，就不被定罪。你們要饒恕人，就必蒙饒恕。」（〈路加福音〉第六章第三十七節）

但是，我們不是神，是人。

❖

英國作家狄更斯的《塊肉餘生》，我又看了一遍。記得在五十七年（一九六八年），剛被羈押在這個監獄時就已看過，使我相信，藝術不朽，無論隔了幾個世紀，現在研究，仍然不失它的「現代觀」。

狄更斯的幼年生活很苦，他所描述的小市民的生活，精采的對話更是句句珠璣，在文字中如見其人；在他的筆下，人性的美醜、愛的崇高，在他的筆下，使讀者深受感動。他生活在十八世紀的英國，但在書中，我們「看」出了現代的社會，如在高位的對底層人民的欺壓，人們的勾心鬥角、爲利忘義的故事，就跟我們生活

在現代社會沒有兩樣。他是英國的寶，不亞於劇聖莎士比亞。

我出獄後在一九九二年，曾拜訪倫敦附近一個城市，就是狄更斯的家鄉洛徹斯特（Rochester）正在舉行紀念狄更斯的第十四屆節慶。當天城裡的人都穿上十八世紀的服裝，凡是在狄更斯書中的角色都出現在我們面前，熱情地跟遊客們握手打招呼；有的地方，正扮演他書中的一個場景。在他的紀念館中介紹他的生平和著作（可惜我的相機忘了裝底片，太遺憾）。我購買了一件紀念品，是一條棕色的小皮帶，作為書籤用的，上面印了金字，那上面是如此記著：Charles Dickens（他的頭像）（1812-1870）,City of Rochester Upon Medway 14th Dickens Festival 1992,「Great Expectations」。

我還和該城的市長合照了一張照片，也跟狄更斯書中的人物拍了許多照片，我也像真的回到十八世紀的英國洛徹斯特。

在倫敦時，我也曾去拜訪過英國詩人華斯華茲（William Wordsworth,1799-1808）的Dove Cottage小屋，還有其他許多英國著名詩人的博物館，可惜去時已晚，未能仔細觀賞詩人們的照片和詩作。在華氏的小屋裡，看見他當時的生活狀態，有些從前來拜訪過的詩人的名字都記寫在窗户上，很富詩意。

同時，我也在一處墓園找到共產黨的老祖宗——馬克斯的胸像，他也曾像世界一般的革命家，在大英博物館苦研他的革命理論。此時墓園荒蕪，很少人注意到他的大頭像。那一天，我卻看見兩個年輕人獻了一個小花圈在他的碑下，也許，他們還是他的擁護者呢。

當我去大英博物館參觀時，看到圖書館書那麼多，大部分是精裝的圖書，使我聯想到孫中山先生也曾在這兒研究過他的革命思想——民有、民法、民享——三民主義。有一次去對海岸訪友，有一位先生在席間也談到孫先生，他說：「孫中山先生，是你們的國父，是我們這兒的革命思想家。」

北京天安門的門樓上掛著毛澤東的畫像，而在街上大看板上則畫著孫中山先生的像。當然，已經看不見那個舉著火炬、象徵自由民主的女神塑像，但在天安門廣場上的血跡還未乾，坦克車鐵輪壓過的痕跡還留在柏油馬路上。

那一年，是一九八九年，我是在兩岸相隔五十年後，參加一個台灣觀光旅行團回鄉探親——其實，我已無親可探，老一輩的在戰爭中死去，平輩的所存無幾，只有姐和哥哥的幾個孩子們，在美國居住的親戚打聽到他們的下落後，我才能找到他們。他們都已成家立業，各有子女，除了那個曾在蘭州見過的三歲男孩，如今已是

中年人的姪子小超以外，其他都是陌生人，姐和哥都已在反右的文革時期被下放，鬥爭死去。突然從台灣飛去一個崔家的阿姨和小姑輩的人物——唯一的親人——他們都很高興，這算是崔氏家族的大聚會，姪子、姪女都和我一樣有雙大眼睛，他們跟著我遊杭州、去上海、去北京，那還是一九八九年六月四日，北京學生們反貪、反霸、反統治的大運動，那是全國學生響應的民主活動。

當我們的飛機落在北京機場以後，天安門廣場已不能通行，上千萬的學生們正在絕食。我們被迫在郊區的一間飯店住宿，他們已無法供應餐飲，當晚沒辦法只好給每人一個麵包充饑。第二天旅行團只好去蘆溝橋、萬里長城、動物園看熊貓，因為城裡已不准通行，幸而是「全陪」女士的丈夫管飛機，否則我們可能無法離開北京。那時，火車不通，而且車站起火。北京城已是機槍掃射，坦克壓死人，學生們的血染紅了廣場——這些殘酷鎮壓的畫面，等我返回台灣才看到錄影帶，當時中共封鎖新聞，我在欣賞故鄉美麗的山河時，怎知道有這樣震驚世界的流血事件發生？

❖

Yesterday is experience, Tomorrow is hope. Today is getting from one to the others as

best we can.（昨日是經驗，明日是希望，今日曾盡心盡力好自爲之。）

可嘆，昨日經驗未給我幫助；明日，如今我無有希望；今日，是否做得好，生命能否勉強維持，皆隨其自然，只希望不要瘋——也許，這就是明日的希望。

To handle yourself,use your brain. To handle others, use your heart.（律己用腦，律人用心。）

可惜，大多數人，用頭腦待人，用心腸待己；有些人更沒有心腸。用心腸待的人，往往被人視爲「壽頭」、大傻瓜；用頭腦律己的人，會被人認作是無情感的人。

The game of history is usually played by the best and the worst over the heads of the majority.（歷史往往是由最好的人和最壞的人來主導，多數人沒份。）

用我們中國的話來說，那就是歷史人物，不是「留芳百世」，就是「遺臭萬年」吧？所以，做一個平庸的人，眞是白白糟蹋了一生。由於我遭此冤獄，使我醒悟：最壞的和最好的人都能名揚千古，褒和貶是後人見仁見智，最可憐的是夾在中間不

好也不壞的小人物，被侮辱和被損害，犧牲的是他們，但沒人記得。

因此，我想，假設我曾對政治有興趣，無論在共產黨或國民黨中，都將是顆閃亮的明星；一旦遭「難」，都會引起兩黨的注意。那麼，我就會像調查局人員說的，我坐牢有了「資本」，不會白白被誣害，弄得兩邊都不是「人」，更不會像那些「賣黨求榮」的人，牆頭草兩邊倒，一轉身就會居高位，拿些小人物的性命做他們的墊腳石。可憐我們這些小人物，像螞蟻一般在兩黨的鬥爭夾縫中被擠死，在歷史上沒有記載——像我，一個小人物，一個戲劇藝術工作者，既無前台，也沒後台，我是憑自己的力量，才能獲得美好的果實；我是個平庸的、不好不壞的小人物，我無力創造歷史，更無法扭轉乾坤。如今，被埋葬在這個大墳墓裡，度此沒有光彩的餘生，多少年後會被人忘記，會有人爲我這冤獄平反嗎？

記得「岳飛」劇中，那個金人軍師說服奸臣秦檜誘害岳飛時說：「你不能留芳百世，也能遺臭萬年了！」

啊！我清白無辜，如今，不能留芳百世，卻眞遺臭萬年了！當我死後，誰能清楚地了解我是被誣害？被誤判？

❖

接見時，王庭樹大哥告訴我說，學生左紀屏辦了一個演員訓練班，將請引商和王錫瑞去教課，我很高興，這些學生也都將爲人師，希望他們不「誤人子弟」，我寫信給引商：

聽說你將爲人師，很高興。不管學生好壞，你自己得立志做個好老師，不能誤人子弟。雖然你曾遇到過混蛋老師，也許，他們現在還得意揚揚在混蛋中。

用「像眞」的情感表演是美的，因爲它是藝術化了的，能深刻感人；如流於機械式，現代的機器人可以代替，則不必訓練演員——這段可做你第一課的開場白。

俄國「心理寫實表演體系」的大師史坦尼斯拉夫斯基的弟子梅耶荷德，反對他老師的方法，而利用傀儡做演員，最後失敗，因爲傀儡沒有人性，沒有靈魂，沒有智慧，只憑導演來操縱，無法表現人類內在的精神及深刻的情感。像布袋戲，無論幕後人的唱腔多精采，小舞台上的傀儡們的動作只靠幕後人操縱，面無表情，這樣少心肝的演員，怎能感動觀眾？梅耶荷德的導演技巧是專制的，演員沒有表演藝術創作的自由，所以他只能用傀儡做他的演員。

❖

晨起，讀《聖經》：

I'm your patience ye shall win your soul.（你們常存忍耐，就必保存靈魂。）（〈路加福音〉第二十一章第十九節）

Whoever shall seek to gain his life, shall lose it. But whoever shall lose his life, shall preserve it.（凡想要保全生命的，必喪掉生命；凡喪掉生命的，必救活生命。）（〈路加福音〉第十七章第三十三節）

一線曙光，在難友之間傳送著，她們的臉上帶著微笑望著我，發生了什麼事？軍油犯的難友們在走廊裡做工，管理員大發善心，讓我和M藉口幫忙她們剪衣裳上的線頭，開了牢門，放我們倆出來透透風，實在是功德無量。

出了牢房門，才知道她們傳說的是什麼消息：「六十年開國紀念，將有全國性的囚犯得到赦免和減刑的幸運。」她們都爲我高興，希望能得此幸運早日出獄。她們還告訴我，「必須『運動運動』，才能有希望」。

神啊，我能如何「運動」？我從來沒用錢去做過醜陋的事，我是個藝術工作者，我在獄外無任何勢力可運用，官府方面的「前」「後」台，我都沒靠山，我的「台」僅是舞台，我是「演員」下台，卸妝後回住處，跟我關係密切的是那些布景、燈光……。連我最親愛的人都已敬而遠之，我能「運動」誰？我沒犯罪，是他們裁判錯誤，我要出獄時是清白的出獄。爲什麼我要做那些無聊的事？也許，她們的經驗多，「打通官府好做事」——但這不是我這種人應該做的事。難友們的關心，我感謝她們，可是我告訴她們：「多關幾年沒關係，頂多受幾年苦，但是名譽、清白最重要！」

唉！她們怎能了解崔小萍是個什麼樣的人？她們還擔心我出獄後，就不認識她們這些無名小輩了呢？可是我知道，一旦我在獄外遇見她們，她們都會裝作不相識，因爲誰敢承認她們曾和所謂「政治犯」關在一個監獄裡？在這裡，在監牢裡，無論什麼大人物，都是「一視同囚」，皆大平等，沒有貴賤高低之分呀！有一位女管理員，對我就特別歧視，她的觀點就是：你是囚犯，我是管你們的，我就比你們高人一等！

❖

春已去，秋又來，八月又近中秋。

「歷史無事可記，即人間極樂之時。」（Mankind happiest times are the blank paper.）

今日無事可記，但並非極樂之時。

貝絲小姐（颱風名），今天夜裡來了，睡在地舖上，覺得天搖地動，幸好所裡有發電機，「光明」仍在，否則黑暗中更增加恐怖，心裡的恐懼較在自由時也增加了，因爲在這兒，當災難來臨時，你沒有逃避的自由，門是鎖著的，窗戶是高的，要是牆或窗戶塌下來，砸在你身上，你只有硬碰硬的承受，因爲你跑不出去。在自由世界裡，我從不害怕，因爲權利和命運是操在我自己手上的。

強風急雨，那陣勢像是把所有物都撥起來又拋出去似的，有倒塌的聲音——無法睡著，正好「光明在望」，在此時夜讀會有更強烈的記憶，也正好借到《雷馬克的生命的光輝》，該書是寫在第二次世界大戰要結束時（一九四五年），在德國集中營裡的美軍俘虜，被德軍不人道虐待的故事。種種殘酷的作爲，眞叫讀者不忍看，

使我胸中作嘔，渾身發軟。我的普通常識，沒聽人說過這樣的故事，有關戰爭被俘虜的英美兵士及德國殘殺猶太民族的情況，只在銀幕上看過，沒有親耳聽過，現在書裡才發現，在世界上竟有「人」有這種虐待「人」的殘酷方法！我想是戰爭的緣故，使人失掉了人性——人未死，火葬，減少口糧，不給兵士們吃飯，吊死，以人犯做臨床試驗（日軍的部隊也曾把中國人做藥物試驗，稱爲「原木」）；以人犯作爲活靶，以骨灰做肥料，用香菸燒眼睛或睪丸，或用鹽酸燒睪丸……，一個個人，被虐待得失去了人形，饑餓使他們無力直立，只能像獸般地爬行。人的尊嚴，在那兒是完全被毀滅了！但是，有些「人」活下來，只等到二次大戰結束，他們帶著渾身的烙痕，缺鼻子少眼睛，回到人間，是什麼力量支持他們活著？雷馬克說：「在歷史最黑暗的時代，它給我們一種希望，它給我們一種鼓勵，支持我們爲保衛人之尊嚴而勇敢奮鬥。」「能挨過一切的苦難而生存，不被折磨死——要做見證，要戰鬥下去！」

也許，這就是這些不像「人」的人，能繼續活著，重見光明的力量。

在牢獄裡的人，才有這種經驗——那就是要活著出獄的意志，能忍耐一切折磨，因爲只有活著出去，才能對這不公平的裁判做見證，否則，死了就被人忘了。

再有就是一個人必須「忘記」一切，否則無力應付現實生活的折磨——假使我個人沒有身受其害，對這些話一定無法理解，如今我們在獄中和德國的集中營比較，那眞如天堂和地獄，但失掉人的尊嚴都是相同的。

「我寧爲灰燼，不爲塵土。寧隨烈燄燦爛一炬而滅，不願爲枯草腐木窒息而死。」這是傑克．倫頓（Jack London）說的，我想他沒坐牢的經驗。人爲的危害，大於自然的危害，因爲它毀滅人的意志和尊嚴。

一九七一年九月二十八日．教師節

所謂「政治犯」，現在獄中的有四個，其中三個「師表」被囚禁：虎尾男中的李金，台中女中的商老師，還有在政工學校藝專、世界新專的副教授崔小萍，在此共度佳節。

李老師教書二十餘年；商則教了二十五年，是最優良數學老師，曾得獎，她的先生也是物理老師，子女們都是理化博士；崔小萍在藝專教表演藝術，在世新教大眾傳播等課程，在她的教導下，影視戲劇界有些出名的學生們——但是，這三個

「師表」，在莫須有罪之認定，現「閉居」於監獄中，她們的年紀都處於正當學養豐富、鴻圖待發之際——我們互祝，要熬得住，不能從監獄的太平門躺著出去，要挺著腰板走出去！

後來，又進來一位「師表」，她是衛理女中的國文老師——梁老師。她是嚮往自由中國的自由，從香港來，虔誠的基督教徒。她很瘦弱，我們勸她不要禁食十二小時，神也會憐憫她。她沈默寡言，不幸被判「無期」。在懲處叛亂條例解除了以後，在思想訓練的那個「仁愛莊」關了門，她被送往一救濟院居住，在香港無親無故。

一九七二年十月二日

十月中的大事記——八月中秋——「特別接見」。

今天，又是一年的中秋節，下午允許我們女監在院子裡散步，男監的外役們忙著分裝瓜子、糖果和月餅。我們女人似乎好久不見，嘰嘰喳喳地說個不停，忽然有位管理接送東西的人，從通往外面的小門拿進一大包東西，告訴女監管理員說是崔

小萍的，她把簽單給我看——葛香亭，是戲劇界的朋友，他怎麼會突然來看我？今天不是接見日呀！而且今天我要在外面接見，不用大玻璃擋著的——原來今天是外役自由接見的日子，年節都有的規矩——我不是外役呀！怎麼會有我呢？管理員叫我上樓趕快換「服裝」，李阿媽幫我把東西送上樓，楊監獄官又上樓來催我：「來請你哪，外面很多人等著看崔老師哪！」我謝謝他，急急忙忙走出「小門」，這個門雖小，但有重要關係，出庭受審、醫病、出所，或者出監執行槍決。

「崔老師！崔老師！」遠遠看見警衛室門口站著很多人一起向我揮手，葛老兄第一個前來和我握手，這時我才看清楚有劉明、蔡慧華、王錫瑞、劉引商跟她的長女肖文華，她出生三天我曾到醫院去看她，現在已經三歲多了。孔監獄官告訴我在律師接見室談話——在那兒的小桌上已擺滿了水果，後來康所長又請福利社老闆送來果汁，我們坐在沙發上談話，這是好幾年沒有的情景了，因爲我心理上沒有準備，當場似乎想不出應該說些什麼話，我只讓他們明白我是冤枉的，請他們相信崔老師是清白的！

劉明說：「趙琦彬現在是中華電視台的製作中心主任。宋屏已離空軍台，現在是華視副主任。」我請他帶口信給他倆，待我出獄後，請兩位主任賞碗飯吃。

葛老兄告訴我，李行的電影請陸廣浩配音（他是我政戰學校的學生，現在是他的女婿，已生一女）。「秋決」的老奶奶請傅碧輝擔任，她的孫媳婦是請從美回來的唐寶雲擔任，我未遭事前，李導演已跟我預約，給我飾演老祖母這個角色。寶雲是我中影訓練班的學生，她很小就寫信給我說要做演員，後來考進中影公司，擔任主角，第一部片子是「養鴨人家」。後來唐寶雲因為跟她高中時畫家老師發生戀情，在她電影事業最好的時候，竟跟他結婚赴美。好景不常，八年後離婚，返回台灣，得精神病住療養院多年，在一九九九年五日病逝。

蔡慧華告訴我，她的丈夫江明（也是我藝專的學生，我們曾合作電影「日出、日落」，李行導演，他飾重病的作家，我演他的母親，他也是中廣廣播劇團的成員之一）拍戲不能來，劉明又告訴我誰……誰……拍戲……有事，不能來，他們現在演藝界都是重要人物了。

「我從小就是聽廣播劇長大的，我是最忠實的聽眾，一邊做功課一邊聽，九點播完，接著是丁秉鐩的『猜謎晚會』，星期日的晚上，這是最大的享受。」楊監獄官告訴學生們，算他有幸，今天能面對面跟我說話（很少人看過我本人，因爲我不送照片），而且還有權管著我呢。

今天，我跟他們又相聚在一塊兒，想起從前我們一塊錄製廣播劇的情景，他們在廣播劇的藝術裡已漸漸成熟長大。現在，我們中間沒有鐵絲網，沒有鐵門，沒有厚玻璃擋著，他們可以擁抱我，我能用手摸到他們……，半小時的時間限制，霎時而過，我目送他們到看守所的大鐵柵欄門外，他們個個歡天喜地在陽光下，我被留在鐵門這一邊，我向他們揮手說再見——眞像電影裡的一景：何時，我能跟他們一塊走在太陽底下？

大門外，有些兵士在練劈刺，他們用奇異的眼光看看這一群「明星」們：「老師再見！」「太老師再見！」——那是三歲的肖文華喊的。

我又跟他們分離，看不見這些可愛的臉龐，聽不見這些親切的聲音，我又回到淒冷的現實裡，剛才像是一個夢，突然消逝，但是那些親切的語言，還停留在我的耳邊。

❖

最近感到牙齒有了毛病、敏感，刷牙時發現牙根疼痛。我的牙齒最整齊，沒有壞牙。在牙醫來所裡行醫時，我請管理員帶我到醫務室去診療。

這位牙醫先生久仰我的大名，聽別人告訴我，當我被羈押在調查局審訊室時，他來所裡看「牙」，就大肆向這裡人宣傳：崔小萍是匪諜，有發報機！因此，我剛被押解到看守所時，就聽見她們傳話說：「眞的來了！」因爲M已跟她們同住過一年多，她們曉得「她是假的。」

這位牙醫很健談，他告訴我，外面對我的傳說很多，尤其說我的牙：用假牙裝了毒藥，是法國特製的，說我是做美國的情報。他還說，他有情報方面的朋友告訴他，崔小萍已經死了，他那個朋友看見過我，我穿著旗袍。眞是可笑，在監獄裡還穿旗袍？我一件布袋裝穿到破。

「嘿！奇怪，你的牙齒很好，沒有一個假牙！」

他很失望，我沒有法國特製的、裝毒藥的假牙！他一定也聽見說：崔小萍咬破假牙中之毒藥，自殺身亡！

「屁話」

六十年已作廢，六十一年（一九七二年）又見曙光。天寒歲暮，獄中日月長，

獄外時間短，所記之事皆是冤苦。

自從坐牢以後，發現「屁」特別多，我想是因爲受冤氣、閒氣太多的緣故。從前自由時，工作整日，胃脹腹鼓，但是沒在人前出過醜；等到晚上，回到家裡，將緊衣脫去，坐在馬桶上，按摩腹部，於是一屁到底，全身鬆軟。在監獄裡，大家視放屁爲生活中不可少之要事，美其名爲「下氣通」，下氣一通，百病全消。所以對放屁也不覺羞，更不必顧慮，有屁則放，不必選時間。我初來時，屁頗少，忍不住突放一個，頗感不好意思。最近半年來，屁量突然增加，尤其在飯後，像是腹中冷氣被飯食的熱力追趕似的，連續衝出無法控制，一洩千里。

同室友M也慣於下氣通，但其屁有聲有色，常聽其一氣呵成，氣足聲宏；我則聲顫弱，嗶嗶剝剝而出，如遇障礙重重。因之M之屁，如大風起兮雲飛揚；我之則如古道、西風、瘦馬。我之屁出，又如小橋流水；M的則似大珠小珠落玉盤。

晚飯時，管理員忽贈紅燒狗肉三塊，是樓下班長們的傑作。日前，已久涎狗肉香味，由空氣中傳來，今晚食之，如獲至寶。在獄中食此肉，頗非易事。前年，黃輔導官在此工作時，也曾贈我狗肉數塊，並曾因錄音至景美宵夜，吃沙茶火鍋，這也非獄外人能想像得到也！飯後，照例屁如潮湧而出，因吃狗肉，故美其名曰「狗

屁」。

我告訴M，我放「狗屁」，引起兩人大笑。隔壁商老師一個人獨居，很羨慕地問我們因何事如此開心，我們告訴她因談「屁事」。於是，M隔牆由漏洞中告訴她一則有關屁的故事，引她發笑。

M的「屁」故事：從前有人赴試，名「下氣通」。縣長與上面所派之監考官同席時，此監考官忽覺屁來，便以「下氣通」遮羞。縣長誤會其暗示為一名「下氣通」者說情，於是遍閱考生試卷，果然有「下氣通」名者在焉，但其文才低劣，礙於監考官之情面，於是此一「下氣通」者，因其官一「屁」之故，而名列金榜。

商老師大笑，如果我們再告訴她我們剛才放「狗屁」，她定會更笑！在此獄中，難得暢快開懷大笑。今晚，我們因屁詩、屁事大笑，雖不盡開懷，可也出氣不少，此之謂「上下通」也。

前幾日溫暖如春，昨晚半夜風雨，今天突變嚴寒，窗外呼呼北風，室內卻因狗肉、狗屁之事而忘憂忘冤也！

談到屁事，不忘與屁有密切關係之「屎」事，M出口成章，有詩為證：

「頭砲府門開，二砲狀元來，黃龍出游金缸內，五爪金龍送扁來。」

「遠看是座廟，進來無神道，廟裡面坐個人，像哭又像笑，手上拿張無字票，上面有塊糖，誰人猜中誰便嚐」。

有一「廣播劇老知音，讀過我出獄後在一九八九年出版之《崔小萍獄中記》「屁話」之後，才解除了心上超大壓力，淚流中蹦出哈哈大笑。因此我忽然想到，何不在此再補上此篇「屁話」，以解除我最親愛的讀者、觀眾、聽眾心上之壓力。

❖

寫信給引商和淑貞，感謝她們幾年來的照顧，身陷獄中無禮物送她們，只有紙上人情，拾人牙慧，把我最喜歡的文句抄寫給她們，希望和我共勉：

凡是憑本性善爲人、不矯揉造作的女性，對人愈忠實，處世也愈豐富，也愈有感應，於是愈受歡迎，因此也愈令人難忘。

難忘的女性必須很賢慧，她們不一定總合乎常規，但是品性端淑，和藹可親，勇敢仁厚。女性缺乏這些美德，絕不能長久保持魅力。因爲賢慧之美，比什麼美都更難消逝。小氣、怨毒、卑鄙、貪婪，都可以輕易地在女人臉上刻下醜惡的痕跡。

愛情就是一座仇恨與殘酷所不能鑽透的堡壘，它會支持我們越過難關，光耀我們的生活。

凡食物以愛與恨做作料，出自愛人之手，其味必甘。

愛是在於愛人的心裡，而非在於被愛的人。

失意事來，治之以忍；快心事來，處之以淡。

做難做的事，要有力而怨。處難處的人，要有知而無言。

沒事時，心地應該澄淨。有事時，心地應該堅定。得意時，心地應該淡泊。失意時，心地應該舒泰。

引商的性格跟我差不多，很容易得罪人而不自知。我在獄中看了許多修心養性的書，已學會了「忍」，幾年來的逆來順受，應該說練的工夫到家了吧，但總在節骨眼上「小不忍，亂了大謀」，尤其是人家冤枉我的時候，我就會激動得大叫，把修練了很久的「忍」之功，一怒而敗於一旦！

勸人容易，寫文容易，自己做起來頗不容易，我想如果我在獄中住完十四年，應該修練成爲「正身」了。

今年，我五十歲了（竟然五十幾了，沒思想過，我會有五十歲這一天），在監獄中度過四個年。從前，我想自己活不過五十歲。如果眞到五十歲，我一定自殺，免得人變得雞皮鶴髮時，使人看了不舒服，也破壞了我的形象。現在可好，住在監獄裡，很少熟人看見我。但是，我攬鏡自照，竟看不出我的容貌有多可怕：少有白髮，還是烏雲蓋頂，細皮白肉沒有皺紋。身體沒有發胖，腰身還有曲線，沒成水桶，胸部仍挺。看起來，還不使自己厭惡，生命還値得憐惜。因爲無重責在身，倒變得年輕活潑了。如果到我六十歲出獄，仍然顯得青春的話，那麼，這十幾年的冤獄，還有代價。保持愉快的心情、樂觀、逆來順受，以不變應萬變（在監獄裡也無戲法變），使任何事都安然度過，不損傷我自己，更不傷害別人，責己（不必太厲害）恕人，律己用頭腦，待人用心腸，相信我會永遠年輕！

爸爸死前，從濟南市家中寫信給我說：「保貞爲童」。因此，我活到五十歲，仍然是童心未泯呢？爸爸希望我是個能獨立而意志堅強的女孩子，他絕不會想到他小女兒會在監獄裡過五十大壽的生日。

朋友們記得我，還送來一個大蛋糕及好多吃食，眞是感激他們對我的關心，諸難友們分享我的快樂，她們都說：「你的朋友們，對你眞好！」

她們不知道，卻有一個是眞正負心的人。

❖

「西線無戰爭」，獄中又過了一年。

六十一年（一九七二年）九月十八日，在九一八國恥紀念第四十一週年以後，我開始了另一種生活方式。

只有感思，沒有怨恨，以後還有十幾年的歲月，我必須堅強地活下去。

18. 移居仁愛莊受感訓的日子

就在今天，我被通知移居生產教育所監禁。

一九七二年九月十八日

我到該所受思想感訓時，已改稱為「仁愛莊」。它像一個大學校，除了圍牆上的鐵絲網及大鐵門以外，看不出是個關政治犯的地方，校園很大，有花有樹，有小橋也有亭台，還有一個很大的荷花湖，湖邊有垂柳迎風招展。每當荷花結蓮蓬的時候，男同學們（政治犯，通稱同學）下湖去採摘蓮蓬，剝了蓮子，送給我們女同學吃。男同學大多是從綠島移送過來的，當他們長期徒刑還剩最後一年時，便用船押解他們到仁愛莊來，使他們適應「開放的生活」，以備出獄時能有個清楚的頭腦，不會走到馬路上撞到汽車。有幾間大教室，分甲乙兩班上課。授課的教官，有專門政戰出身的，有立委，有國民黨的資深黨員；所教的課程，有「匪情研究」，還有

現在，外面的世界是什麼樣子了？

共產黨員所學的「唯物論」。我不明白，爲什麼在這個學校裡思想感訓教育，要讀「唯物論」。有一位教官教了一學年，還「說」不完「一章」。上課講點閒話，一堂的時間很好混，反正他也講不清楚，我們也根本不懂，三個月考試一次。這些課程能混個及格就好了，即便是考第一，刑期未到，也不會早出獄。

我和幾個女老師算是「女政治犯」，編在甲班，和男同學一塊讀書——甲班的「男生們」年紀都比較老，有公務員，有將官，還有幹過報館的。另外的「女生們」又各成一班，她們是受保安處分的一些女人及不良少女們：有偷雞摸狗的老太婆，偷了一隻雞，被判五年；有一個女扒手，被判十年，她叫阿妙，我請她幫我做些雜事，每月貼補她一點錢，她有丈夫有兒女；還有一個小太妹，未婚生女，帶了孩子跟她一起坐牢；還有一個老女人，在外面拐帶婦女爲娼，在這裡卻什麼也不幹，有吃有喝，養得胖胖的；也有做舞女的，這些女孩子們，大都沒有完整的家庭，只好出來混，個個都生得眉清目秀，但爲了偷竊少許的金錢，卻得賠上五年到十年的青春在監獄裡。我不明白所謂保安是怎麼一回事，爲什麼判刑這麼重？她們專稱爲「代管」。

初來時，我們是跟她們共住一個宿舍，晚上一塊在教室裡自習。她們不准出女

生班大門，活動範圍限在女生班這個大院子裡。後來，在後院增蓋了宿舍和自習室，我們才跟她們分住。女生班有共同的廚房，年紀大一點的「代管」在廚房工作，有一位老兵負責去菜市買菜。學校的辦公人員都在女生班包伙，他們說女生班的菜好吃，因爲女生吃飯少，把米賣給男生班。多出來的錢，購買的肉類多，蔬菜也精緻——我被派爲伙食主任委員，跑腿、設計菜單、監督廚房——記得有一次，我曾教訓那個老兵，大發脾氣，因爲他以爲我們都是共產黨而出言不遜，她們「代管」的叫我們是「紅頭」。我曾打了那個女孩子一個耳光，後來她跟我很好。

自從我移居仁愛莊以後，被派了很多職務：「榮譽主任委員」，管理「代管」們的紀律；「康樂主任委員」，教演戲、跳舞、唱歌，每年布置教室；後來莊裡增設了廣播電台，我又變成「台長」、「導播」。除了上課，我還得管這麼多事，所以在這一段時期我沒時間讀書和寫作，每天跑出跑進，身體卻鍛鍊得較在看守所監獄裡時強壯多了，更年輕了許多。

梁老師被軍法處看守所班長送來仁愛莊，重見的喜悅、悲戚的心情，兩人都是熱淚盈眶！她被安排住在我的鄰床，她仍然很安靜，依靠主的力量，心中無罪的人，已將死置之度外的人，有何憂愁的？

主日崇拜

星期日，我們幾個「女老師」一起去中正堂做主日崇拜，明長老每次都是叫我起來祈禱，每次每次我都會淚流滿面。在這兒參加崇拜的男生不多，我想他們不相信神會救他們，跟著我去崇拜的女孩子們，心中也沒有神，她們只是藉故到柵欄門外去散散心，看看男生們的模樣，有的也會暗通情意，因爲在這兒是不准男女戀愛的。每個主日，我帶她們出「門」，必須負責帶她們「回」來，如果哪一個偷偷溜到我找不到的地方，她以後便永遠失去了星期日出「門」的機會。

「崔小萍呀！看著她們，別叫她們溜到男生班裡去，別叫她們和男生說話，別……你要負責呀！」這是訓導的命令，我變成了「監婆子」。

這些「代管」的女孩子們，如果心中有神，相信會改變她們的人生觀。

小包車的貴客

眼睛不好，視線模糊，右肩抬不起來，據說是「五十肩」，人到了五十歲都會害一次這種病。所裡沒有醫生，必須「出」去到醫院裡看醫生。他們派了一部黑色小汽車，有訓導跟著我。起初，我拒絕他們這樣的安排，我覺得他們是監視我，是對我的一種侮辱，最後，我接受了他們的好意——所謂「聽人勸吃飽飯」，何樂而不爲呢？於是換上便服，坐上汽車駛出仁愛莊的大門。

我已五年多沒有見過台北的街景，車多人多，多年在獄中的靜養，已不習慣如此髒亂的城市。我請司機繞路到中廣公司的新大樓，也看到中視公司大樓，那個地盤是我住過的中廣公司狹小宿舍拆了改建的，我在那條公園路上曾來來去去十六年，如今，連一個熟面孔都碰不到了，時間會磨滅人們的記憶，誰還記得當年有個崔小萍？

車至三軍醫院，以「崔小萍」的名字掛號，現在誰也不知道崔小萍是何許人，但是……「啊！崔大姐！你？你怎麼……」碰見一個電影公司的工人，他張大眼睛瞪著我，說不出話來，他一定奇怪，報上不是說「崔小萍已被正法」，他今天看見的是鬼魂還是眞人？

「你好嗎?好久不見了!」我像在攝影廠裡一樣跟他打招呼。

「你?你住在……」

「我住在鄉下,再見。」

他仍然懷疑地離開,不敢說再見。

護士叫我的名字,進到診療室不到五分鐘,醫生就叫我走了,等了一上午,醫生只看了一眼病歷單,也沒說二話。也許,他也覺得「崔小萍」這個名字有點邪氣吧?

同時掛號看眼病,矮小的大夫匆匆而來,手也不洗,翻開我的眼皮,我倒怕他傳染我眼病——飛蚊症,沒什麼大礙。

我請訓導和司機先生在山西餐廳吃飯,老闆還是那個胖子,只是他現在不認識「崔小姐」了。從前,我常在他餐館請客,很後悔,我還給了他小費,他們連謝一聲都沒有。到全祥茶莊去買香片,老的已不站櫃台,換了子孫輩的人,當然,他們更不認識崔某人了。

女人們都好吃,出莊時受託到「義美」買甜點,反正小包車方便,於是大盒小盒,種類很多。店裡的伙計們忙著計算價錢,還奇怪,這是哪家的大小姐,坐著包

車來買甜點，還有「管家婆」跟著。

近黃昏時回到莊裡，女生班裡是一陣歡呼！「謝謝崔阿姨！好好吃啊！好多年沒吃到義美的點心啦！」

可憐的女兒們！崔阿姨在有限的自由裡爲她們做了一點事，使她們如此的快樂。我接受了人家安排的好意，心中也有喜樂，人爲什麼要固執己見呢？

楊組長來班裡問我出外的情形，我謝謝他，並告訴他，我很快樂。

除夕晚會

二月裡，準備過春節，大掃除，我負責設計布置場地。從前，她們都是請男生過來布置，還得付一筆「招待費」。今年僅有的二十幾塊錢，還不得不付買釘、電線的布置費，只好利用去年剩下的金銀紙條、花球、彩色的縐紋紙、黃緞布帶，布置得富麗堂皇而不落俗，一新她們的眼目。她們總是說「從前」：「從前是那樣、這樣……如何如何……」，我告訴她們說：「今年是崔小萍設計布置，跟從前不同了！」

活潑嚴肅，又有教育意義。

年初一，允許男生班來女生班拜年，他們都稱讚說布置得「又藝術又大方」。他們不知道，崔小萍在劇專所學的舞台設計，成績還不錯呢？在這兒是大材小用了。因此，在仁愛莊居住五年，每年都得我負責布置，不單要設計，還得爬梯攀高，敲敲打打，好在那時五十歲的年紀，還「動」的了。

除夕晚會是每班各別舉行，大家吃喝、笑笑、唱唱、跳跳，大家都很高興。我叫本房間的兩個寶貝——劉淑美和嚴阿妙扮演夫婦「過年回娘家」的滑稽劇，尤其惹笑——國台語合作，雞同鴨講，惹得全班大笑。

年初一上午，在中正堂全莊團拜，並有抽獎猜謎節目，我竟抽得一件衣料。下午，淑貞同四哥S一塊來看我，這也是多少年的第一次。

每個除夕，S必須「過河」去拜望「老娘」，初一被「放」回來便蒙頭大睡。記得有一年，他從基隆帶回來一條約半呎長的大紅魚，是漁民朋友送他的，可是他無福享用，因爲他必須去「簽到」，那時我們窮得沒有冰箱，我怕臭了丟掉可惜，於是，獨自一個人在轉身不易的灶間，洗切大魚、烹魚，在木炭爐上做了一夜的魚，做成了美味的魚鬆，裝成大瓶小罐分送朋友，他們稱讚我的烹調術高等，但是他們

不知道，這些美味魚鬆是混合著多少崔小萍的眼淚及除夕夜的悲淒呀！

爲了息事寧人，在台灣的除夕都是如此過去的，因此我沒有一個完整的家。在牢獄裡的年，我生活得反而快活，不必忍受屈辱，不必忍氣吞聲，跟難友們高聲地歡唱，有大鍋飯的美食，不需要我獨自蹲坐在木炭爐前，呼吸著使人窒息的炭味，以淚洗面了。朋友們更不知道：名揚海內外的廣播劇大導演崔小萍，她的家庭生活是如此的悲慘。

放了幾天年假，朋友們都來探訪，送來很多吃食。上課開始，教官們也是「寒暄」一、兩個鐘頭下課，誰能安心聽課？樂極生悲，他們都在思念著監獄外面的「家」。

據聞，范氏夫婦已出獄，祝福他們度完七年的冤獄。

五十一歲生日

自從五十七年六月失掉自由，至今六十二年（一九七三年），我已在獄中度過了五年，今天是我五十一歲生日，今天過得很快樂。

學生們帶了菜，帶了大蛋糕，到仁愛莊來爲我慶祝，王大哥也陪同戲劇界的朋友葛香亭來，劉瑞敏帶了她與宋屛的兩個兒子來，宋屛和尹傳興都是第一次來，引商、小蕭是長期採訪者，劉明穿得最漂亮，長髮飄逸，還有岱明、李虹、江明、蔡慧華夫婦跟他們的兒女們。中廣公司的張凡、徐謙、國棟、陳蕃薯，也送了蛋糕來。今天，眞是星光滿園，小蕭負責攝影，班主任朱、訓導組長楊，也都到女生班跟這些女生們合照留影。

熱鬧了半天，曲終人散，祝壽歌聲好像還飄在空中，他們都已駕車離去。

我活著，我能活過以往那些被侮辱、被損害的五年囚禁歲月，就是由他們給我愛和情誼的鼓勵，我要活得有尊嚴，不要使他們爲我哭泣。

二十一日星期四，是我生日的正日子，莊裡也有慶生活動，是在文康中心舉行。也有男壽星，我們都佩戴了「壽星：×××」的紅條子，一共三桌，由教導長汪夢湘、訓導組長楊，及一男訓導作陪。女生壽星十人，仍然由我帶隊，她們都還守規矩，不像在女生班那麼頑劣。以果汁代酒，免得喝了酒鬧酒瘋。每人發一個小蛋糕。酒席是男生班廚房負責的，口味是大陸味，那邊是從大陸來的人多。菜肴有一品鍋、珍珠丸子、青椒竹筍炒豬肝、蒜苗魷魚，還有炸雞腿，色香味俱全，眞感

謝那幾位大陸廚師傅的手藝，使我們吃得比外面餐館的菜都好吃。這樣的慶生會，每兩個月舉行一次。

今年，五十一歲，在此慶生，明年，我仍居此莊上否？

我的花園

「三月裡來百花開……」記得老明星趙丹演的「十字街頭」裡的插曲。春天來了，我的花園裡雖沒百花，可也是有花盛開。這個花圃是師大女學生「邱」留給我的，當時枯草滿地，樹枝枯萎，她被關了六年，怎有心情整理花園，她的怨恨似乎也感染了花園。現在經我翻土、灌溉、除草修枝，它們已恢復了生命力而欣欣向榮！唯一的一株玫瑰，如今是滿枝鮮艷的花朵，而且有十五、六朵，遠看像一束束的花球。白色的茶花，本已枯萎，被蟲腐蝕的滿葉瘡痍，現在潔白的花朵謝了又生。淺紫色的美齡蘭，三株像在競賽似地此起彼落。深紫的鋪地草，粉色小花鑲在枝葉間，灑滿晶瑩的露珠，使人看了頓忘塵世的惡俗……，經我晨昏愛顧，它們都變得美而脫俗。

它們充滿生命力，因爲它們有了愛！我覺得，人像一棵小花草，培植它們，很費時日，但毀滅它們的時候，卻在分秒之間——政治的殘酷，就是這樣，尤其是冤案！在這裡有多少被毀滅的花枝呀！

引商送我菊花兩株，陳姐送我玫瑰兩棵，祝我像花一樣的美麗、健康，並充滿生活的力量，我衷心感謝她們，我會細心照顧它們，因爲它們比我脆弱。陳姐將在今年七月期滿出獄，她被迫離家時，抛下襁褓中的小孩現在已經初中畢業了；她的丈夫被關在綠島，是否能一塊兒「回家」，現在還不知道。

在《讀者文摘》中讀到，說植物是有靈性的。將心電器通到植物的枝幹上，人如果說愛它，或是要拔掉它，在心電圖上都有不同的變化，我很相信此一說法。我不是用心電器，而是用我的愛心，用愛心灌溉，比什麼都有力量。當我澆水修枝時，我唱著歌，我舞動著鋤鐮，它們會聽見、會看見，有人歌頌它們的美麗，它們當然會高興開花結果。從前人說，對不通言談的人，形容說是「對牛彈琴」，但現在科技證明，讓乳牛聽音樂，牠們的乳汁會增多；當然，當牠們聽見霍霍屠刀時，也會悲號流淚呢！

老阿媽送我的玫瑰已經開了兩大朵，我把她送我的桂花樹，從盆裡移植在我的

花圃裡，和其他的花草結成姐妹。據說台灣的桂樹不分季節開花，相信再過幾天就會看到金黃的花朵和聞到甜甜的香氣——我想起在四川劇專校園裡的桂樹，在八月裡滿園芬芳，每當桂花香時，想起八月中秋月，但在艱苦的抗戰時期，我們流亡在外，吃不到月餅。

那年我讓女工尹媽買了一杯桂花醬來煮酒釀，但是吃起來卻是鹹的，原來桂花醬是用鹽來醃的。尹媽是安徽合肥人，我叫她「老母ㄗ」，她待我很好，我在校五年，她一直是盡心地服侍我，不像對待其他女同學那麼兇、亂發脾氣。我畢業離校時，她還在江安劇專工作，我竟忘了留點什麼紀念品給她，我那時是一個二十二歲的大孩子，怎麼會懂得這些人情世故？老尹媽那時大約四十幾歲，無子無女，跟著學校搬遷流亡，今隔三十幾年，想她已去天堂。

❖

時間，把我改變得聰明和有耐力。監獄的確是個修心養性的「好」地方，有人讚美我脾氣好、性情不急，我只有用微笑回答，只有我自己知道，我是如何在壓抑自己，因為在「不自由」的環境裡，一切被人控制，有什麼可值得發脾氣和著急的

事？

在一篇剪報裡，有一篇〈時間的修練〉小方塊，是如此寫的：

當時光流逝，事物對你的損害就愈來愈少。

時光流逝，你的性格就漸漸變得沈著，你培養了內心的生活，使你不致受外面世界大大小小的干擾。你學會了明哲的修養，以前你覺得很大的不幸，現在你能忍受下來，連一滴眼淚都不流。一年復一年，人生會給你補償。少年時的花已凋謝，美麗也消失，心靈上那種深深的痛楚，也同樣隨之而消失。

該篇小文是由周增祥先生翻譯的。

不經一事，不長一智，這眞是經驗之談。如果我不是在監獄裡生活的話，我怎能深刻了解時間裡的哲理？在日月星辰的變化中，時間雖已流逝，在不覺中，你人生途中的巨大傷痛，也會被它磨平。

仁愛莊新居落成

四月裡有一個好消息：女生班要新築宿舍，將和「代管」的女人們分開居住。負責設計和建築的，是有名的傅工程師，早年的日月潭教師會館、陽明山中山樓都是他跟太太共同設計建造的。記得教師會館開幕時，是當年省主席周至柔來主持，我曾和學生陳萬里、張敦志一同來台中採訪，周也熟知我的廣播劇，還合照留影。那年還碰到藤田梓與鄧昌國正在台中蜜月旅行，鄧昌國當過藝專校長，所以我認識。中山樓啓用時，是開全國文藝大會，蔣中正總統來聚餐。現在傅是階下囚，利用他的智慧，再為仁愛莊留下點什麼吧？他也是所謂「老帳新算」，說他小時候曾做了些不該做的事吧？反正，被捕到的老少，說破嘴唇也沒用，認定是「犯了罪」。

拆舊屋，房頂上掉下一個麻雀窩，裡面有兩隻小麻雀嗷嗷待哺，鳥媽媽已被嚇飛，不知去向，他捧來送給我，因為在軍法處看守所裡的男囚曾送我的那隻小鳥，我取名牠為「cheer」，已亡命獄中，耳聞我悲痛難抑。現在他又使我做了「鳥媽媽」，他說：「本想，等房子建好時，給你建一個『鴿巢』，買幾隻鴿子送你，每天放牠們出去，等牠們歸巢，使囚困的生活有點樂趣……但是，在這種環境裡，『疑

心』太重，還是想想算了。」

傅工程師跟我本不相識，只是久仰各自「大名」而已，他也是我廣播劇忠實的聽眾之一。

寢室、自修室建好時，我們幾個女老師跟「代管」分居兩院。傅工程師已獲假釋出莊，有一位監工的山東老鄉送我一個大鳥籠，又送我幾隻美麗的鳥，跟長大的三隻麻雀同居，我開始和鳥兒爲友。

忽見笑面殺手

有一個星期六，下午的兩堂課不上，因爲要到中正堂聽演講，我忽然發現，陪件演講者的兩個人，是屬於調查局的「僞學生」，心口突然巨痛。我在那兒被違法羈押時，有一天早上被無理逼供，就是如此疼痛的。

那天，他們在我拒絕回答問題時走出去，將小房間的門大力「碰」上，告訴我再「考慮考慮」。這種傷害、侮辱已深植意識之中，這種巨痛已久未發作。未料見到這類人物時，昔時被威脅的景象會忽然重現，當時刺激所留下的傷害也會重現。

情斷義絕

一個上午四節課，精神困乏，從早上五時起身到十二時，已經像走馬燈似地轉了七個小時。我正似敗兵，從教室「睡著覺」走向宿舍，忽見班主任朱向我招手，可是我的雙腿卻快不起來，慢吞吞地走到他的面前，他沒說話，叫我隨他到門房裡。看見王庭樹大哥和那位K君坐在那兒，頗感驚訝。那位趙先生（K）胖了些，他跟我已有三年未見。我在六十一年九月來仁愛莊，至今已有一年多了，他才來看我，也許是莊上有關人員通知他來見我，對於「我們的事」做個了斷吧？今天不是接見日，是以拜訪主任的名義，所以不必寫報告，幾年不見，話不知從何處開始，我問他答，簡短，他低著頭不看我。我想知道他的孩子們生活情形、他帶歌星到歌廳作秀等等，他說他離開中廣公司後，找不到正式工作，是受我的影響，所以他不來看我，他的退休金已經散光。

「很抱歉，你受我的影響而找不到工作，那你爲什麼不向別人聲明，你跟我已經絕交？」

最後談到律師費，其實都是用我自己的錢去請的，從外面朋友那兒了解，他爲我請石美瑜律師，人家並沒有索取高價。我請他把我存在他家的衣物搬到我學生引

商的家裡，以便我取用時方便。另外，有關宋先生的服務證件、我的首飾交給王大哥，還有吳興街房子的文件……。他帶來一萬五千元，算是還「債」，唉！他花掉了我好幾十萬的積蓄，怎能還得清？我交給王大哥一萬三千元，是償還他爲房子緊急墊款，才不被土地銀行拍賣，因爲K君並沒按時繳分期付款。

本來，情已盡，義已絕，這些身外之物還有什麼好談的，既然他來了，把話說明白了也好，以後他來不來，那就看他了。

災難能磨練人變得無情冷酷，也會變得能體諒人。今天，看見這個從前我所愛過的人，竟會無動於衷，而且懷疑自己怎麼會愛上這麼一個人？傷了的心，是會變硬的，當然，我應該感謝他在我剛遭事故時的照顧，不管他是多麼無情，反正事情已經過去了，多少怨、多少恨和愛，都已過去，還想他做什麼？

在多少年後，我已出獄，在王大哥兒子的婚禮上見到他，他只問了我一句：「你好嗎？」二十幾年再未見面，聽說他已病死。

❖

一切罪惡，只有兩種救藥——時間和沈默。

一九六八年六月七日十點三十分，我依約抱了兩本日記，親自到三張犁調查局審訊室接受調查。他們把我扣押，經三個月疲勞審訊，以「叛亂」罪名，把我送到軍法處看守所接受正式審判，初判「無期」，經覆判撤銷原判，二審判我十四年徒刑，算日子，我已經被禁錮五年了。

已無所感，已無所覺，正像法國大仲馬的著作《基度山恩仇記》裡說：「一切罪惡，只有兩種救藥——時間和沈默。」

眞正被冤枉受害的無辜，才能眞正了解這句話的眞義。

時間無法治癒舊創，沈默卻可使創痛暫時安息。哮喘病按時來，每夜坐待天明，坐在走廊裡，可望見朝霞慢慢從東方升起。晚來，熄燈後，人聲消逝，感覺到黑暗慢慢向我襲來，穿過黑暗的夜，我希望朝日快快升起，因爲在破曉以後，氣壓升高，我被窒息的痛苦也將漸漸放鬆。

五年過去，還有未來的九年，被禁錮的這條老命，未知能否抵抗得住殘暴的風霜，它的襲擊和侵蝕？

鳥事可愛

傅工程師送我的三隻小麻雀，一隻已夭折，另外兩隻長得胖胖的，我叫牠們是「醜八怪」（我還未分得出公母性別），已不安於籠，牠們嚮往藍天白雲，牠們渴望自由飛翔，每當我把牠們的小籠子掛在樹枝上，牠們在籠中跳躍，展翅伸腿，想一衝而出。

每看到牠們這種表現，我對於「放牠們出去」的意念便會增加，但是擔心牠們不能認路回來而失蹤，又使我猶疑。不管我如何明白「自由可貴」，但是私心使我害怕牠們一去不歸。我愛牠們，反覆思索，既愛牠們就應放牠們出籠自由，不必擔心牠們是否會回來。

我拉開了籠門，兩個小傢伙站在籠門口，一定奇怪這籠門怎麼會開了？牠們猶疑地看著我是否會把牠們再推進籠裡去。我眞喜歡看牠們出籠時的那種神情！「大胖」一下就衝上青天，「二胖」跟著飛上去。第一次，一個中午回來，一個到傍晚回來，似乎是遊了一天筋疲力盡，這使我放了心，因爲牠們知道「倦鳥知返」。以後我便在早上放牠們出去，直到牠們飛得盡興而歸。有時中午，我呼喚牠們回來，牠們頑皮地跟我捉迷藏，像要回來，然後又飛走，參加另一群麻雀飛上天空，飛上

電線桿上，停腳在圍牆上，驕傲地朝下看著我。以後我便吹口哨叫牠們，牠們便很聽話地回到籠裡。有時天氣太熱，牠們有意休息會自己回籠，很像兩個聽話的孩子。

這證明我們之間已有了信任，我想是：自由雖可貴，但這裡有愛和溫暖。

人事可怕

四哥和其前妻的「戰鬥」，已入白熱化——她印了誣告誹謗的申請書，向政府各有關單位投送，散播四哥和我種種可怕的謠言，說四哥跟我是匪諜，請海關禁止他出境……。他們「夫妻」間的戰事，從他在民國三十五年時結婚開始，直到現在已四十幾年了，可謂是世界上最長、最艱苦的「夫妻之戰」，假使不是當事人，誰也不會相信。一個被害者已進了監牢，另一個也已老弱，爲什麼還窮追不捨，一定要治他死嗎？

每晨，我向神祈求，幫助四哥早日脫離苦海，免去惡魔的糾纏，讓他活得好一點。他的命運太慘了。

往事

「代管」姐妹給我看了一份五十七年五月「生教所」的新聞刊物，有一篇寫每日電影欣賞的文章（從前生教所也是每星期三放映電影），是批評「貞節牌坊」這部電影，提到是我和柯俊雄主演。

另一位告訴我說，要給我看一張最美麗的照片。原來是從前《國際畫報》上登載的，我演「貞節牌坊」中老寡婦領著小孫子在海邊尋找投海自盡的媳婦（艾黎飾演）的一個畫面。那是在淡水海邊拍攝的，爲了等太陽等風，一個畫面竟連續拍了兩個星期，一、兩百個臨時演員吃喝都坐在海邊的沙灘上——李行導演的態度一向是很嚴格的。老寡婦呆立在海邊悲傷，悔恨堅持小寡婦要守節，不能再嫁。我穿著漁婦的破衣褲，海風吹散了頭髮，蒼老的面容，下垂的嘴唇（後來我覺得面部悲痛表情很難看），假設這張照片不是注明：「崔小萍飾演老寡婦演出精采」的話，別人一定以爲是個通緝犯或者是大陸難民。

另一張是和艾黎、柯俊雄、崔福生（我的學生）、唐美麗（改名丁珮，是我中影公司演員訓練班的學生）合影。這部電影是五十三年（一九六四年）拍攝的。

她們在廢紙堆裡，又找到一張美國新聞處所編的《今日世界》，刊物中登載著

一篇我的介紹，題目是「中華民國的女導演崔小萍」。那時我導演瓊瑤的第一部作品「窗外」，改編爲電影。還有幾張照片，有我得第六屆亞洲影展女配角銀鑼獎，導播廣播劇時和學生黃萍、劉引商，還有一張「窗外」拍外景的工作照。她們還找到一本中廣公司雜誌，上面登載著我編的戲、我導的戲，及我演播的戲……。

她們笑嘻嘻地拿給我，叫我留作紀念——我像是在做夢，什麼都已成過去，我現在獄中，「他們」說我是「叛亂犯」。

官事

前國防部警總政戰室指揮官廖祖述先生來仁愛莊做主任，他是我在政戰學校教戲劇系時，負責訓導工作。

仁愛莊副主任也新舊交接——新來的李永寬副主任是來自警總政戰室，我初步對他的印象是位工作認眞也相當嚴格的人，他很關心我們幾個女老師的生活，在我們的大自修室建築好以後，他讓工人抬了一架大電視進來，他覺得老太婆們擁擠在一起看桌上一呎大的小電視機（這是允許我拿進莊裡來的），太可憐。廚房裡的冰

箱，學員不可以存放食物，但面會時親友送來的吃食不冷藏，隔天就不能再吃，他允許我請淑貞送一台大冰箱進莊，可以方便我們幾個使用，代管同學有必要，也會允許她們寄放。冰箱是屬於我，但可使受難人大家方便。有了電視，有了冰箱，大家生活得像個「家」，在被拘禁的心理上，稍微得到平衡些。冬天裡，他爲我們整個學員製作了厚厚的夾克，寒冬裡不會感到凄冷。但是他沒做多久便被調差，我們送他走的那一天，全體學員依依不捨，尤其是在這種環境裡，有人眞心關懷你，是更使自己感激不盡的。

傅工程師出獄

兩隻醜八怪已有一個多月未見回來，鳥籠移掛後院的樹枝上，牠們失去了歸路的目標，漸漸地失去了對主人的記憶，最後回返自然。我心裡雖然難過，但也欣喜牠們還能高飛遠走，重獲完全的自由。「山東人監工」送我的兩隻美麗的鳥代替了牠倆的位置，鳥名是「胡錦」（不是那位美麗的女明星），是一對夫妻，以後生了多隻子女，比麻雀聰明，使我的生活裡又增加了不少情趣。

傅工程師走時送我一本書，是美國皮爾博士著，彭歌翻譯，原名是《積極思想的驚人效果》，譯名爲《人生的光明面》，祝福他們夫婦重獲幸福的生活，災難已經過去，把握難得的、「被屠殺的」大好光陰，和寶貴的自由，快樂生活。

小鳥「胡錦夫婦」也一同祝賀。

一九七四年·信心和希望

一年容易又春風，我在仁愛莊中又過新年。

一位善心的教官，爲我購買的賀年卡片上有幾句話，值得在這又一年的開始時，記下來：

希望，是在恐慌的守望長夜誕生。

信心，也是在敗退及挫折之下來臨的。

史直老伯來信很傷感，他對逝世老妻的思念，每日一封寄不出的情書，已超過

八百多封。他現在只有一個希望，希望在他活著時我能出獄，我寫信跟他說：「不可挽回的事，如果一定要去做，不但於事無補，還會敗壞自己。」

有一個大喜的信訊是，教導長汪夢湘先生（他跟家姐同名）告訴我說：海音記掛著我，要寄些書給我；另外，我的刑期在執行一半時，計畫爲我辦「特赦」的事。

這是今年最大的希望。神，將藉他們的手，釋放我這個無辜被冤誣的人。

政治犯標本

本來預備今天要出外看我疼痛的左臂（是五十肩，我已經五十三歲了啊），已經疼了幾個月了。可是通知有貴賓來參觀，除了大清潔，更告訴我把我的貓兒女們看好，因爲按照獄所規定是不准養小動物的，這是對我「特別的照顧」，以防我在長期的拘禁生活裡會變成精神病——這種「照顧」是紓解不平的情緒。

貓兒們跟我關閉在小浴間裡，牠們跟著我會很安靜，沒有恐懼。我也不願被

「參觀」，做「政治犯標本」，但是訓導們命令我一定要出面，因爲是「名人」，一定要爲仁愛莊撐場面。不得已，站在廚房裡，假做指導「代管」的姐妹們烹調。那天正好加菜，紅燒雞肉的香氣四散，參觀的「聞香隊」竟然湧到廚房裡來，要親眼目睹我這位被謠言說成了「頭號匪諜」的眞面目。參觀者很失望，他們現在看到的「崔大導演」，如今竟是一個短頭髮、穿著臃腫的「女孩子」，滿臉笑容地站在一個角落，歡迎他們到仁愛莊來「觀光」，並誇口說：「我們的伙食很好，要不要嚐一塊紅燒雞？」來賓中有一位前海軍司令「馮」，因我曾爲海軍擔任過康樂競賽的評審，最後他才認出我曾是他們盛宴席上的「崔導演」。

「崔小姐，你好嗎？保重啊！」跟我握手道別。

「你們待『他們』（政治犯們）太好了，太享受了。」有一位女立委深感「不平」，她的意思是我們應該囚禁在黑暗的地獄裡，她忘了我們這兒標榜的「仁愛」呀！希望她有一天也能關進這個感訓機構，和我們幾個女老師們共享仁愛。

參觀者笑哈哈地走了，這一場戲又演完了，但我卻不能卸妝回家，這齣連續劇還得演下去。

這就是獄中的人生，強迫我扮演「叛亂犯」這個角色，那些「導演」、「編劇」

卑鄙無恥，違背良心，為了歌功頌德假造「破案紀錄」，把我們這些被害的善良百姓玩弄在他們的手掌心裡，翻雲覆雨；把「白」的築成「紅」的，是他們的特權。

參觀者走了，把我的貓兒女們從浴間解放出來，牠們不明白為什麼會失去行動的自由，一個個的小貓臉、幾對小眼睛注視著我，似乎在問：「為什麼？」「為什麼？」我也在問「為什麼？」問誰？問那些禍國殃民的劊子手嗎？

❖

六年，我在獄中已安然度過。

六年，我沒在哭泣中過去，我的笑臉鼓勵自己和影響別人。在這個小環境中，我願是一支小蠟燭，發一點點小光，燃燒自己，使自己不致被囚禁的生命無光，照亮別人，雖然光小力弱，被人利用總比無用要好，不管怎樣，總要使生命有些許意義。

除了哮喘的時候，我時時在高歌，唱出鬱悶和憂愁，更唱出我的快樂，想想這一點小挫折又算得了什麼？最大的安慰是，我純潔的心靈不被罪惡玷污，所以我有天地良心，我的眼睛是明亮的，我的眼前更是光明的。

我不是說夢話，任何時候我都清醒，除了我被非法逼供的時候。

❖

自從我來到這個思想感訓學校之後，「良材良用」，訓導組就成立了一個廣播電台，叫我來主持所有「業務」，當然包括編播。

商、梁兩個老師寫稿，劉、李擔任廣播，另外也邀請了男生班的兩個大學生擔任男廣播員。早、午、晚三個時間播放音樂、京戲及勵志對話，效果還不錯，同學們都很喜歡這個電台的廣播節目。從前一開始叫「生教之聲」，因爲該所改名爲仁愛莊之後，這個電台就改名爲「仁愛之聲」。我們幾個老師都很喜歡這個工作，練習說話的，喜歡寫稿的，除了日常的功課以外，大家都忙得很有勁兒。可惜好景不常，因爲年輕的男女播音員發生了戀愛事故，「仁愛之聲」停播了一貫的節目進行，只派一個男生管機器放音樂，於是我這個「仁愛之聲」台長，也只好鞠躬下台。不過這一對年輕人在結訓後，有情人終成眷屬。

四隻小貓仔很頑皮，常常進入一些「危險地區」。

牠們本來在自修室居住，可是因爲牠們的灰塵把飯碗弄得很髒，同室友建議把牠們關在洗手間。可是，牠們是「活物」，怎麼能關得住？一個個大膽地跑到寢室中遊逛，而且都鑽進鐵床的抽屜裡去玩耍，不小心抽拉就會傷到牠們，這是我最擔心的事。最怕的事，還是發生了——其中一隻名「小白臉」的，被壓到脖頸，四肢癱瘓，奄奄一息，怎麼辦哪？哭泣、難過，除了那位肇禍者的年輕女孩，我們都像小孩似地追悼牠，心愛的、玩笑似的，淚眼婆娑、哭哭啼啼，爲牠尋藥急救，爲牠按摩，然後將玫瑰花、茉莉花撒在牠的身體四周，爲牠祈求上帝救牠。

我不敢多看牠一眼，牠那癱瘓的小身體，我不忍看這小生命就這樣離我而去，我幾乎痛哭失聲！我跑出去，徘徊在蓮霧樹下，我已無心情欣賞那紅色纍纍的蓮霧藏在綠葉中，我理智地要爲牠尋找一個墓地——就埋在鳳凰樹下吧！記得在菲律賓的麥堅納島上，美軍七千個白色十字架，就是被腥紅的鳳凰花朵遮蓋著的。

❖

一個「代管」姐妹找來了雲南白藥，和上水灌給牠喝，已見牠略有起色，大家

都很高興，人家說貓有九條命，我想牠是死不了了。可憐的小白臉竟然活回來了，只是後腿有點跛，頭部可以轉動，口齒不靈活。在「咪咪」餵牠奶時，大概咬痛了咪咪媽媽的乳頭，她生氣地踢開她，唉！小白臉啊！希望牠不要成了殘障兒童。

引商夫婦來，談到去K家搬出我的衣物之事——世上少見此無情無義之人。

又是八月中秋夜

莊上舉行中秋節晚會，本預備在操場上舉行的，但是一連陰雨，中秋無月，改在中正堂。我做主持人，有猜謎節目，除了歌舞、短劇，前後我湊興高歌一曲「白雲故鄉」，再唱一曲「問」，圓滿結束。這一次最高興的是從星期六至星期一，一連三天假。

在猜謎節目前後，短劇演出中，有一段時間我在台下休息，我坐在舞台的一角，有一位管猜謎節目的男同學坐在我旁邊，因爲看到「代管」女孩子們化了妝，換上花衣裳，都顯得比穿那套黃卡其衣裙漂亮。

「一分人才，三分打扮，你看今天她們多好看！」我說。

「化了妝，穿女人的衣裳，當然會比穿那身黃皮漂亮！」——「你不化妝，一樣漂亮。」他話頭一轉，忽然轉到我身上。

「啊？謝謝你的稱讚。」

「我很想和你做朋友，我喜歡你，我愛你，我願意在外面等你，雖然你比我年齡大幾歲，我會等你。」

突如其來，簡直像是台詞，我只有謝謝他，不好翻臉斥責他——在這個莊上「發電者」，精神不正常的很多，受了多少年的冤氣刺激，弄得心理失常，見者不怪，聽而不聞，好在我已「修行有術」，不會聽了這種台詞心旗搖盪或者暈倒，只有當作笑話聽。這位男士曾留學日本，他要宣揚「台灣獨立」，很會「蓋」，也是個「自我陶醉多情者」。

這也算是八月中秋夜的插曲一首吧？現在聽這些愛情的絮語，只覺得滑稽可笑，但是，在這莊上的年輕人還在嘗「偷戀」之苦酒——這裡是不准有男女愛情的，「仁愛」有限度也。

在這裡的生活，對一個眞的叛亂犯來說，眞是天堂。但對於一個無辜者來說，在此無論如何「仁愛」的待遇，在心理上被侮害的冤屈，卻不會因仁愛而消逝，只

是理智地不去思念過去造成冤獄的他們所施的那些卑鄙方法和手段，更不能想自己手創的事業前途被劫殺。至於以後，更是不敢想，想起來會憤恨得使自己瘋狂！

被打了「紅印」的人出獄以後，被知道的人指指點點，如何生活？如何找工作？聽說，從這裡結訓出去的人謀生難——人家懷疑不信任，而且怕親近你會爲自己找上麻煩。那位醫生，不就是有個不認識的人去找過他，而惹上八年的牢獄之災嗎？找房子住，人家也害怕。

處人難，受得了人家特別歧視的眼光嗎？因此，我在仁愛莊倒有長期居住養老到離開人世的打算。不用爭名利，有國家糧食供養，看書寫作，在此倒能自得其樂，養鳥、種花、餵貓，一日三餐不愁，當作陶淵明的桃花源也不錯。我沒犯罪，忠於國家民族，我上不愧天，下不怍地，並沒糟蹋糧食，所以，能在此養老，也不算過分。

神貓黑子

貓咪咪的夫婿大黃貓，不受限制自由出入女生班，致使咪咪懷孕，每三個月一

次生產、三個月又生產，貓仔不斷增產，也使我的獄中歲月一年年冬去春來。貓家族繁多，不能隻隻撫養，只好在牠們滿月之後，擇仁愛之家庭送出去收養，我也把自己喜愛的貓仔留在身邊。

貓孫黑子滿五個月後，其體型已大於其母，毛色光亮，聰明伶俐，而且武藝高強，能捕捉飛鳥、蜻蜓、螳螂、蝗蟲，四腳蛇、小青蛙更是牠爪下敗兵，就是壁虎，牠都能捉來玩耍，小麻雀是經常玩弄於牠的股掌之中。我不喜歡牠如此殘忍，常從牠嘴中救出這些小生命。可是牠每次在捉到什麼獵物，都回到我面前來炫耀牠的勝利，有時把牠的勝利品擺在地上讓我看，大家說小黑子在蒐集標本。

牠很聽人話，也會撒嬌，夜來睡在自修室，如果我不特別去撫慰牠睡覺，牠一定會大叫，我必須再從寢室趕過去制止牠，再勸慰一番牠才會乖乖就寢。牠自己會開關紗門，但無法不弄出聲響，因此，每聽到紗門呼呼拍拍地響，大家就知道是「黑少爺回來了」，或者「黑少爺出去了」。牠是四班女生群中，第三號可自由出入的「男性」，第一名是男主任，第二號是伙夫老張。牠吃東西有禮貌，不爭不搶，大家都說我的「貓教」很好，牠喜歡睡老姑婆的海綿椅墊（老姑婆卻不愛牠），牠更喜歡到甲班教室，坐在窗台上聽教官講「唯物論」，惹得教官語無倫次。

黑子，可稱爲「神貓」；後來的如意、吉利也都是貓中俊傑。牠們跟我相依爲命，使我在不自由的生活裡，混忘獄中日月長。

一九七五年

今年第一大事記：取回被劊子手污染的日記。十一本日記，從司法部調查局「追」拿回來。

新年、放假、不上課、不考試，都沒有這件事值得記載。因爲它們是從劊子手「搶救」回來的。感謝莊上安全室張主任幫忙，拜託私人關係，才把這些我自認爲「寶貝」的日記要回來，這是我從二十六年（一九三七年）離家，到五十七年被捕，三十幾年的生活紀錄，但是少了兩、三本，它們已是支離破爛，霉氣撲鼻，它們跟我一樣被活埋六年半，而且在調查局審訊時，被調查局人員人手一冊，做出記號摘要登記，斷章取義，張冠李戴，作爲我的罪行證明。我現在看到它們時大都爲分屍，每本都貼滿了小紙條，注明年月日，以資證明哪一年、哪一日，我說了什麼話，我看了什麼書……他們認爲是罪行。但我重閱那些篇章，使我啼笑痛心，因爲

那些「心聲」，都是一個年輕人愛眞理、愛國家民族，在抗日戰爭中，在國民政府的指示下爲宣傳抗日做一點事。他們戴了「紅」色眼鏡，審定那些都是爲「匪」工作，把一些在戰時抗日的團體組織都認定是共產黨主持的，使一些像我一樣的人，在老來被捉來算舊帳，雞蛋裡挑骨頭，作爲犯罪證據。

我從前寫日記都是長篇大論，發表感想，文筆通暢秀麗，他們認爲我十四、五歲的人，不可能有如此「高超」的文筆，所以他們懷疑我的年齡。他們不知道，像我們從前在大陸念小學，國文、作文都是最重要的課程；作文和寫日記，我們小學生都是以此練習寫作，不像如今的大學生們，寫出來的文章像幼稚園的小朋友。也好，讓這些調查員們藉我的這些日記，多了解一點歷史，多懂得一點「人性」是什麼，多付出一點點「良心」，不要爲了一點辦案獎金把清白的人推入監獄，害我們一輩子——我因此被判了十四年啊！

又是一年除夕

仍然像我過去的生活一樣，在「忙」裡過去：忙著排練我編的「仁愛之家」短

劇，我還女扮男裝上台演「一家之長」。好像沒發生過任何事情似的，也像是突然從夢中醒來，還沒弄清楚，是眞是假？好像是沒有思想，跑東跑西，滿腦子都是晚會的節目，都是「戲」——排起戲來，很自然地，我會忘記一切，只有夜深人靜時，躺在大宿舍的雙層床鋪上時才會想想：「這是爲什麼？」多麼無聊！到這兒來哄這些孩子們「玩戲劇」！但我是江山易改，本性難移，當我做起戲劇工作時，我的心靈充滿了戲劇，什麼愁苦憂慮，甚至寃獄，都沒去想了。雖然出獄的日子還是悠悠漫長，都不會使我煩惱，我很快樂，因爲我的精神——戲劇靈魂又找到了歸宿。

年初二，陰雨。冷雨中過春節倒別有情趣。

新主任大開放，破例允許男同學來女生院參觀。更特別的是，有男友的女生可公開在教室會面，這眞是難得的機會。有的人，從早上就來了，一直「泡」到四點半，面會時間到，才戀戀不捨地走出女生班。有的女生，也大膽地離開女生班到男生班去找自己的「相好」會面，一對對，一組組，這眞是仁愛莊上的「仁愛」。聽說，這是從未沒有過的事。兩性交往在監所中認爲是大忌，一旦惹出事，大家都麻煩，我希望「他們」能理性利用這種特殊自由，不要濫用，發乎情止乎禮，也不會

失掉來年的機會；能成眷屬的，也可藉此培養信任，以免出獄後，外邊的人認爲曾是囚犯，男人忌諱娶這種女人，女孩子找配偶也難。

我也到男生班去拜年，打個招呼隨便聊聊，平常是沒有時間閒談的，也順便看看他們教室的布置——過年嘛，有沒家人在台灣或是已沒有家屬的，望著花花綠綠的布置，在被囚禁的心靈裡也會添一點喜悅吧！

春節又將過完，我們何時「回」去？回到自由的天地？

葡萄成熟時

在仁愛莊裡的每一個星期三晚上，等於小禮拜，在「苦讀」了三天之後有一次小舒解，這眞是仁德的措施。據說，這是從前有一位李才將軍，在負責這個「政治犯」的感訓學校的功德，他曾寫了《沒有休假的四年半——從事感化教育的回顧》一本書，才使我們在這個被關閉的校園裡享受到「自由」的生活，以及覺得有了「人」的尊嚴。我還知道從前男女學員還可以到「外邊」去演話劇（誣告我的那位莫同學，曾在這裡服刑七年，她還寄了一張劇照給我）。我現在此能排戲、舞、歌

唱，使全莊的男女能在寃苦裡得到一些些心靈上的放鬆，眞得感激那位李才將軍呢！

我聽說的三小禮拜，從前是放電影，我在這裡看了不少二林（林青霞、林鳳嬌）二秦（秦祥林、秦漢）的瓊瑤式電影。後來我向主管建議，何不請軍中康樂隊的朋友來演場話劇呢？（當時軍中康樂隊尚未被國防部裁撤，我曾擔任過評審，有好些演員、歌舞人才，在這些隊中造就的很多），這個建議被接納，因此有好多參加比賽的隊伍都先在仁愛莊的舞台上做了試演。

這個星期三來莊上表演的是國防部歌劇隊，有歌有舞、有特技表演，訓導組曾先生給了我一張節目單，只給我，因爲要請我做評審呢。我可以坐在第一排，和莊裡的主管們同一排。

我發現了一個熟人的名字：汪曉鐘小姐。我在開演前到後台去找她（別的同學不能自由活動），後台工作的晚輩們已不認識我是何許人，不耐煩地喊了一聲：「汪曉鐘，有人找！」

「啊！大姐！」她跑過來抱住了我，一陣暖流通過我的心靈。在這個隊裡她擔任唱歌，她雖年紀不大，但結婚很早，是山東人，她說起她的兒子小寶已經很大

了。隊長來催她準備上台開幕，原來這位隊長是我在政戰戲劇系教過的學生，可能他不敢認我曾是他的老師吧？汪是這個晚會的主持人，當她獨唱時，她說：「我今天很高興，在這兒看見我的老朋友，名演劇家崔小萍小姐——」

這眞是一語驚人。竟然「敢」說我是她的老朋友，而且在大庭廣眾之中，不怕被××人捉去坐牢嗎？我佩服她的勇敢和義氣！

「我今天要唱一首歌，給各位聽，也特別送給崔小姐！」

她的歌聲很美，詞意更佳，同鄉多年，這還是第一次聽她唱歌，而且是在這麼一個特殊的場合，歌名是「葡萄成熟時」，我記得的歌詞是：

一時的離別，用不著悲哀，
短暫的寂寞，更需要忍耐，
將滿懷希望，寄託於未來，用滿面笑容愉快地等待；
金色的陽光，爲我把歌唱；溫煦的和風，爲我把路開。
親親哟！親親！親親哟！親親！別後多珍重！
葡萄成熟時，我一定回來！

觀眾熱烈鼓掌，我卻是熱淚盈眶！她接著又唱了一首「第二春」。

在第二天，當我去班上聽課時，男同學們湧上來稱讚這位姑娘夠朋友，女同學們說她們都哭了！

當葡萄成熟時，我們的「親親」會回來嗎？會等我們嗎？我們的第二春在哪兒？

❖

送走一年，又迎來一年，每年春節，我過一次生日，學生們各自帶了他們的兒女們，帶了蛋糕，來爲他們的崔老師祝賀生日。蛋糕請眾女生班老少姐妹們吃，然後「請准」可以到介壽園附近去拍照，小橋亭閣，滿園杜鵑花，楊柳條垂入湖中，在這兒看不見圍牆和鐵絲網，風景優美，外人看起來眞如世外桃源。孩子們都很高興地在草坪上翻滾，跳來跳去，爲太老師唱生日快樂歌。

日後，訓導處楊君把照片拿來，看照片上那些熱情純眞的大小孩子的臉，笑得合不攏的嘴，使我得不少安慰。看到我自己好像比去年更年輕了，穿了V字形的背心，一襲長褲，新燙的短髮，笑容甜美，姿態活潑優美，不輸我那些「明星」女弟

子們。和孩子們嬉戲在草坪上，藍的天，大王椰飄飄欲仙，紅紅白白的杜鵑花包圍著我……看這照片，誰相信我在坐牢？是在監獄裡？唉！也算是幸運吧？遭此不白之冤被判十四年，而能生活在仁愛莊這種自由舒適的環境中，眞是不幸之萬幸！

假設，我仍被關閉在牢房裡，不曉得我今日會變成什麼樣子？有些朋友來看我都驚訝我爲什麼不老？反倒比從前年輕了？在他們沒見到我之前都以爲我飽受折磨，一定是老態龍鍾了吧？豈知在照片上的崔小萍都倒退了二、三十年，誰相信我在獄中已度過了七個年頭了呢？

黑色清明節

國定假日不上課，放假，可以不早起，我坐在自修室裡看書，平常我都比別的同學睡得晚，在白天做不完的事都得趕夜車。今晚，我是等我的貓孫子小黑子，牠出去幾天了，沒有回來，可能被人劫持了。有一次貓媽媽咪咪失蹤三天，我在校園裡呼喊了三天，最後看見她頹喪地回來，在頸部上的繩痕顯然存在，肚子扁扁的，看得出來她在這三天裡都「絕食」抗議，「劫」貓者不得不放她回來——他們曉得

●我是主耶穌的小羊。

這是「崔小姐」的寵物，在女生班上允許我養貓，有關我的「貓婿」大黃貓，那是男生班大廚房餵的，不影響班規。

夜很靜，沒覺得有風，但是自修室的紗門，一會兒開，一會兒關，像是有人站在門口向內張望，這時，我突然毛骨悚然，我是個不信有鬼說的人（但是在我童年時，的確看到過小雜貨店的小夥子的鬼魂，他是被人謀害的）。

「誰？」我衝著門口喊，這樣可以壯壯自己的膽。

據說，這個莊從前是塊野地，還有一副棺材埋在我們飯廳旁邊的地下，爲了不自己嚇自己，我急忙地回到寢室，風愈來愈大，吹著電線發出「日又日又」的聲音。霎時，傾盆大雨也來了，雷聲很大，寢室裡的人都醒了。唉！小黑子哪兒去了？這樣的天氣，牠怎麼受得了？

我們的寢室是在主任辦公室的隔壁，突然電話響了——夜裡三點多了，有什麼事夜裡還打電話？

第二天，是星期日，但是緊急集合，副主任報告：「領袖……蔣總統，已在昨夜心臟病突發去世。」

他已泣不成聲，我們也跟著哭了，雨還在落，雨淚交流。我在懷疑，當一個偉

人謝世時，眞的會驚天地泣鬼神嗎？（毛澤東在一九七六年去世，據説也曾雷雨交加，驚天動地。）無論這位人物的功過，褒和貶總是相對的，尤其對於一個政治軍事家的批評定論，更是多方面的指責，而且嚴格尖銳。對他從大陸撤退來台後的建樹，對台灣人民不能說沒有好處；當然在政策方面的措施，傷害了無數的無辜老百姓，也是應該檢討的——統治對岸的毛澤東不是一樣嗎？反右，十年文革，不也死了無數的知識份子和百姓嗎？我的姐姐崔夢湘在反右時期打入右派勞動致死，我的哥哥崔超在文革時被整，我在台灣遭到政治迫害，如今還在「坐牢」，都是這些政治人物造的孽！當然，他們的才幹是不容抹煞的。

報紙遲到，公布蔣公去世的消息：「全民哀痛，舉世同悲，總統蔣公昨夜病逝——逝世前還一再垂詢蔣院長工作……降半旗一個月，全國民眾服喪。今日十時，嚴副總統（家淦）就任總統職，接掌國家重任。蔣院長（蔣經國行政院長），哀痛逾恆，曾提出辭呈，挽留。」

❖

四日，台北市禮教公會是一棟老寺院建築，連同周圍的違章建築，全被大火焚

燒，在電視新聞中，看到火場火光衝天。剛來台時，因交響樂團曾居住此地，我曾去拜訪過，後來被窮苦的百姓占居——如今，他們將移居何處？是不是台灣的「禮」、「教」，都被火燒毀了？

有多少人去總統官邸跪哭，有多少披麻戴孝……

九日星期三，總統棺木從榮總醫院移櫺至國父紀念館，以供民眾瞻仰遺容。十日到十四日，到國父紀念館瞻仰總統遺容的人有幾十萬萬，從夜晚到天亮……我們身陷囹圄，這些感人的場面都是在電視新聞中看到的。

四月十六日，移櫺至桃園大溪慈湖安厝。

二十一日的大消息：減刑

在仁愛莊，這個官走，那個官來，除了感念有的官長對我們這些受難人照顧以外，其他都不會引起我們的大驚嘆，但是，這個全國性減刑的消息，確實震撼了整個仁愛莊。

聽說，減刑包括「叛亂犯」（雖未犯，也不能摘掉這頂帽子，而且包括範圍很

廣，幅度很大）。報載，「因爲行政院長蔣經國追念故總統蔣公生前仁德愛民的慈懷，指示司法行政部依法定程序，積極研商全國性的罪犯減刑事宜，以實踐蔣公矜恤囚黎之德意，希望藉此德政感化誤入歧途、偶蹈法網的受刑人，提前結束刑期，啓發改過遷善之心，重新做人……。」

到教室上課時，男同學們都湧上來和我握手，他們很關心我的刑期，知道我被判十四年，到今年六月就滿七年，受刑夠二分之一，已有獲得減刑的資格。

我想，我就快要出獄了，很高興，可也感到茫然。七年，過去得太快，我浪費的時間太多，總以爲，十四年，離開出獄的時間還早呢？誰料到幸運卻來得如此之快！在這黑色的四月裡，這個大消息使囚人、囚人的家屬們，或是關心政治的人們，綻出笑容，破啼爲笑！

教室裡出奇的熱鬧，大家相互交談議論，這是我們最切身的問題，誰不渴望自由？誰不企盼早日恢復自由的生活？尤其在監獄中，度過了青年，又越過了壯年，已經老態龍鍾的囚人們，更渴望早過一天不被禁閉的日子、沒人管制的生活，在未死之前，能自由自在地「活」一天！

可是，出了監獄，面對的現實問題如何解決？有的囚人已是毀家無業，家破人

亡；有的囚人，從大陸來台尋求自由，下船就被囚禁，在台灣無親無故，更無立錐之地，「自由」不能當飯吃。幾十年，已習慣了獄中生活，突然一聲「出獄」，被壓抑的生命，會有一陣復甦後的喜悅，但是興奮之後，想到怎麼辦呢？我，雖然被囚禁的年月不長，可是我在社會上築造的一切已經破產。錢沒有、財產沒有、職業沒有，馬上出獄，我無立足之地，去寄人籬下嗎？還有個大問題：出獄要有人保，要擔保該受刑人出獄後不再犯罪。神啊！什麼人敢做此擔保？

❖

今天是四月三十號，我的貓孫子黑子還沒回來，牠是在上星期四傍晚出門的。記得那天晚飯後，我帶著牠們娘兒四個在院子裡散步，兩個小仔兒歡跳得厲害，牠卻玩得鬱鬱寡歡，坐在一邊，叫牠參加也不來，只是用那雙綠眼睛望著我，一會兒就不見了，我以爲牠是例行去獨自散步、遠足，可是在夜裡也破例沒回來。

平常，牠總是玩回來以後吃一點東西，然後洗洗手臉，鑽到我帳子裡，睡在我腳下。早上，有時跟著我起床，有時就睡到午飯時間，懶洋洋地伸展開四隻長腿，很有「大少爺」派頭。抱起牠，有十幾斤重，全身烏黑賊亮，眞是一表貓材！尾巴

粗長，走起路來孔武有力，撒起嬌來卻又像個小姑娘。自從兩個小仔移居自修室後，我對牠的照顧是疏忽了些，尤其是最近幾天，小如意忽鬧眼病，不吃不喝，精神萎靡，請工友抱去獸醫院（在板橋）診治，打了兩針，醫生說小如意營養不良，如此，更使我冷落了小黑子。兩個小仔兒占據了牠的地盤，使牠很不高興，食慾減少，我應該注意牠心理上的變化、情感上的刺激，雖然牠是隻貓，但牠是隻特殊的貓，牠似乎懂得我們人類的情感。因此，牠竟捨我而去，每天夜裡，我聽著紗門開動，聽見牠吃東西。每天早上，牠開門出去大小便，每天中午叫牠回來吃午飯，只見牠玩得滿頭滿身都是土，歡喜地像一匹黑色的駿馬一樣，四「蹄」撒開，向我飛奔而來……如今……

「小黑兒，小黑兒！」我呼喚牠，不見牠的蹤影，我的呼叫聲淒慘，最後是眼淚、哽咽，喊不成聲。姐妹都因小黑子的失蹤難過，因爲牠善解人意，爲我們這死寂單調的生活增添不少生之樂趣，每當在無望中抱著希望呼喊小黑子時，她們都感到悲慘，也像她們失掉了一個可愛的孩子一樣。

心愛的寶貝容易走失，唉！小黑兒，你爲何離我出走？親愛的寶貝，我盼你回來。